Thomas Knellwolf   **Die Akte Kachelmann**

Thomas Knellwolf

Die Akte Kachelmann

Anatomie eines Skandals

orell füssli Verlag AG

Umschlagabbildung: © Keystone / EPA, Roland Wittek
Umschlaggestaltung: Nadja Zela, Zürich
Druck: fgb freiburger graphische betriebe, Freiburg

ISBN 978-3-280-05443-7

Bibliografische Information der Deutschen Nationalbibliothek: Die Deutsche Nationalbibliothek verzeichnet diese Publikation in der Deutschen Nationalbibliografie; detaillierte
bibliografische Daten sind im Internet über http://dnb.d-nb.de abrufbar.

Inhalt

Vorwort

Über ein Jahr lang durften oder mussten wir bei der unfreiwilligen Kachelmann-Peepshow zuschauen. Alles begann Ende März 2010, als bekannt wurde, dass der Wettermoderator ein Vergewaltiger sein soll. Von Anfang an bestritt Jörg Kachelmann den Vorwurf. Doch das hielt die Medien nicht davon ab, sein Privatleben zu sezieren. Kaum besser erging es der Frau, die ihn angezeigt hatte, und zahlreichen Personen in beider Umfeld.

Die Zwangshauptdarsteller boten uns eine Tragödie mit vielen komischen Elementen. Der Spannungsbogen war allzu menschlich: Es ging um Liebe, die sich als halbe Liebe entpuppte, um Sex, um männliche Macht, um Unterwerfung, um Mehrfachbeziehungen, ums Verlassenwerden, um Kränkungen und um Rache oder Sühne. Der Fall Kachelmann machte nicht nur Konsumenten von Boulevardblättern, sondern auch solche von seriöseren Zeitungen zu Voyeuren. Halb fasziniert, halb angewidert verfolgten Deutschland und die Schweiz, wie wenig die Persönlichkeitsrechte Jörg Kachelmanns geachtet wurden und wie wenig die Intimsphäre seiner Liebschaften.

Der letzte Akt spielte im Saal 1 des Mannheimer Landgerichts. Er zog sich schier endlos hin: Die Justiz schaffte es nicht, dem Alltagsfall Herr zu werden, den die Medien zum Ausnahmefall gemacht hatten. Die Beteiligten und auch das Rechtssystem waren an allen Ecken und Enden überfordert. Die juristische Auseinandersetzung zog sich unzumutbar lange hin. Sie belastete die Betroffenen zeitlich, finanziell und vor allem psychisch mehr, als es für die Wahrheitsfindung erforderlich gewesen wäre. Erst nach über acht Monaten und nach mehr als vierzig Verhandlungstagen fiel das Urteil.

Es ist kaum vermessen, beim Fall Kachelmann von einem Medien- und einem Justizskandal zu sprechen. Die Frage, wie es dazu kommen konnte, wurde bislang zu wenig gestellt und nie vertieft beantwortet. «Die Akte Kachelmann» soll dies versuchen. Wir wollen die überlange Peepshow nicht fortsetzen, sondern nacherzählen und analysieren, wie es dazu kam.

Das Buch beruht auf unzähligen – meist vertraulichen – Gesprächen mit Involvierten und auf der Auswertung umfangreicher schriftlicher Quellen. Basis bilden also Informationen, die dem Autor nach gründlicher Recherche zu Verfügung standen. Das Ganze bleibt aber ein Bericht aus subjektiver Sicht und damit eine Bewertung des Schreibenden. Einzelne Begebenheiten mögen sich tatsächlich anders zugetragen haben und Aussagen nicht wortgenau wie dargestellt gemacht worden sein. Äußerungen von Prozessbeteiligten, Zeugen oder sonstigen Personen, die wiedergegeben werden, stellen nicht die Meinung des Autors oder des Verlages dar. Die Namen aller Personen, die im Buch mit abgekürzten Nachnamen versehen sind, wurden geändert. Zum Schutz der Betroffenen wurden auch biografische und andere Angaben geringfügig verändert.

Die Nacht von Schwetzingen

Die Jeans knöpft er sich zu und vielleicht auch das Flanellhemd. Er schlüpft in die geliebten Cowboystiefel, sogar zu Anzügen trägt er diese Schuhe. Der Ein-Meter-Neunzig-Mann huscht am Kaktus vorbei, der fast so groß ist wie er. Er gelangt vom Wohnzimmer mit der holzverkleideten Dachschräge in einen schmalen Flur. Dort schnappt er sich vermutlich seinen Wintermantel, den er auf den Boden hat fallen lassen.

Nichts ahnend war er zwei Stunden zuvor eingetreten – oder waren es eineinhalb oder drei? Nun verlässt er für immer die Dachwohnung im zweiten Stock und bald auch das Städtchen Schwetzingen im Rhein-Neckar-Kreis in Baden-Württemberg. Dazwischen liegen die verhängnisvollsten Stunden des Jörg Kachelmann. Und die verhängnisvollsten von Sonja A., der Moderatorin von Radio Sunshine Live, für die der Schweizer Wetterexperte die Liebe ihres Lebens war. Bis eben noch.

Eineinhalb Monate später wird Jörg Kachelmann das erste und einzige Mal mit den Ermittlern über seinen letzten Besuch im Kleinen Feld reden, einem Wirtschaftswunderwohnviertel, wie es sich in fast jeder westdeutschen Stadt findet. Er, mittlerweile Untersuchungshäftling H 08 1008 100 553, will die Behördenvertreter im Mannheimer Amtsgericht glauben machen, wie harmlos alles verlaufen sei um Mitternacht vom 8. auf den 9. Februar 2010. «Wir haben uns normal, aber emotional verabschiedet», wird Jörg Kachelmann aussagen.

Sonja A., nach seiner Darstellung eine dauerhafte Gelegenheitsgeliebte, immer virtuell und ab und zu sexuell, habe «keine Vertrau-

ensbasis mehr für eine Beziehung» gesehen. Und er habe «nicht gekämpft». Er habe niemanden mit einem Messer bedroht. Und schon
gar nicht jemanden vergewaltigt. Das schwört Jörg Kachelmann,
«bei allem, was mir heilig ist». Der Amtsrichter, der ihm zuhört, wird
ihm kaum ein Wort glauben.

«Das war es wohl», will Jörg Kachelmann in der Schwetzinger
Nacht ganz zum Schluss gesagt haben. Und Sonja A., so erzählt er,
antwortet: «Ja.» Dann sei er – so heißt es im Protokoll über die Vernehmung des Beschuldigten vom 24. März 2010 – «ganz normal runtergelaufen». Draußen sind die Hecken, die Holzzäune und die Reihenhäuser dunkle Schatten.

Wie Dreck, wird Sonja A. aussagen, habe er sie liegenlassen.
Nach einem gemeinsamen Jahrzehnt und etwas mehr. «Wenn Du
irgendwas erzählst, bringe ich Dich um!» Das sollen seine Abschieds-
worte gewesen sein.

«Am Dienstag sind wir überall im Dauerfrostbereich», hat Jörg
Kachelmann angekündigt, als er am Samstag davor das «Wetter im
Ersten» ansagte. Die Sendung hatte er mit einem sonderbaren, aber
für ihn nicht abnormalen Satz begonnen: «Die radikale Minderheit
der noch warm temperierten Menschen wird immer radikaler und
kleiner.»

Der Mann, der jetzt in die kalte Nacht tritt, beendete seinen
letzten Auftritt in der ARD-Wettersendung mit Pathos in der
Stimme: «Es ist wichtig, dass Sie jetzt dranbleiben im Ersten. Eine
der tollsten und ältesten und traditionellsten Sendungen kommt
jetzt: ‹Das Wort zum Sonntag›.»

Nun, ganz früh an diesem Dienstag, dem 9. Februar, liegt auch
Schwetzingen, wie vorhergesagt, im Dauerfrostbereich. Doch Jörg
Kachelmann, dem Wind- und Wettermann, macht Kälte nichts aus.
Er steigt in seinen Volvo S 80 und fährt los. Aber wohin? Bereits zum
Frankfurter Flughafen? Von dort will er nach Vancouver fliegen, zu
den Olympischen Spielen, allerdings erst am Mittag. Und bis dahin?

Die gestreifte Bettdecke ist voller Blut und anderer Körperflüssigkei-
ten. Die Flecken werden in der Strafsache Jörg Kachelmann eine

zentrale Rolle spielen. Sonja A. liegt da, lange, gelähmt vor Angst. So wird die 37-Jährige den Anfang der verbleibenden Nacht schildern, in der nicht nur ihr Schicksal eine tragische Wende nimmt und jenes von Jörg Kachelmann, sondern auch das Leben unzähliger weiterer Menschen in beider Umfeld, die noch nichts davon ahnen. Nur langsam habe sie in jener Winternacht realisiert, was ihr widerfahren sei: Was der Mann, den sie über alles geliebt habe, ihr eben angetan hat. Irgendwann steht Sonja A. auf.

Doch was genau hat er ihr angetan? Hat Jörg Kachelmann Sonja A. bloß gedemütigt, indem er zugab, dass er sie mit einer anderen Frau betrogen hat? Indem er einräumte, «nicht in jeder Phase meines Lebens monogam gelebt» zu haben? So wird er sich in einem tränenreichen Interview zitieren lassen. Kränkte er sie, indem er über ein Jahrzehnt Liebesbetrug mit zahlreichen Parallelbeziehungen gestand? Oder war es dramatischer und so verbrecherisch, wie Sonja A. es sagt? Hat er sie bedroht, in Todesangst versetzt, sie seelisch und körperlich schwer misshandelt?

Nur zwei kennen die Wahrheit. Die eine Person, der mutmaßliche Täter, sitzt hinterm Steuer in jener Februarnacht. Knapp 70 Kilometer sind es von Schwetzingen zum Frankfurter Flughafen. Tagsüber fährt man eine Dreiviertelstunde, nachts ist man schneller unterwegs. Die zweite Person, welche die Wahrheit kennt, geht auf die Toilette, dann wie ferngesteuert durch die Wohnung. Sie ertappt sich selbst beim Aufräumen. Beim Sortieren der CDs. Alphabetisch. Unter Schock. So schildert Sonja A. die langen Stunden, bis sie Jörg Kachelmann anzeigen wird.

Solche und ähnliche Dinge, Irrationales, machen schwer Misshandelte nicht selten, wissen Fachleute, die viele Vergewaltigungsgeschichten gehört haben. Wahre, falsche, halbrichtige, halberfundene.

Jörg Kachelmann wird dem Haftrichter erzählen, er sei zuerst nach Mörfelden-Walldorf bei Frankfurt gefahren, wo er ein Hotel kannte. «Dort war die Parksituation schlecht», wird er sagen. Deshalb habe er einen anderen Ort zum Übernachten gesucht. Spuren hinterlässt

Kachelmann in jenen frühen Morgenstunden nur elektronisch. Irgendwo unterwegs findet er Zeit, um geschäftliche und private E-Mails zu schreiben. Um 2.50 Uhr hilft er aus der Ferne mit, gegen technische Probleme bei meteorologischen Anlagen anzukämpfen. Niemand bei seinem Wetterdienstleister Meteomedia ist überrascht, wenn er zu jeder Tages- und Nachtzeit Nachrichten vom Chef bekommt. Jörg Kachelmann scheint immer online zu sein, wenn er nicht ausnahmsweise einmal schläft.

Jetzt, kurz vor drei Uhr in der Früh, versucht der Nachtaktive, via Internet mit seiner Exfrau in Kanada zu regeln, wann er seine beiden Kinder während der Olympischen Spiele sehen kann. Jörg Kachelmann chattet mit dem Informatikchef seiner Firma. Es läuft nicht rund mit den bald noch wichtigeren Übertragungen der Wetterdaten aus Übersee.

Schreibt hier einer E-Mails am laufenden Meter, der kurz zuvor eine Frau vergewaltigt hat? Oder sind die harmlosen Nachrichten ein Indiz dafür, dass Jörg Kachelmann sich nichts zuschulden kommen lassen hat? Die nächtlichen Botschaften zeigten, so wird die Verteidigung argumentieren, dass der Angeklagte «normal funktionierte».

Sonja A. hat irgendwann mitten in der Nacht den Staubsauger in der Hand. Plötzlich fragt sie sich: Was mache ich hier eigentlich? Alles so Sachen, wird sie sagen, so bescheuertes Zeug. Unten schlafen die Nachbarn. Duschen möchte sie. Doch das, so viel habe sie gewusst, darf sie nicht, wenn sie zur Polizei gehen will. Stattdessen spült sie einen Teil des Geschirrs, von dem Jörg Kachelmann und sie gegessen haben, sie reinigt eine Pfanne.

Handelt so ein Vergewaltigungsopfer? Kann sein, sagen Experten. Es wäre, erklären sie, wie beim Motorradfahrer, der an der Unfallstelle seine Maschine poliert, während sein Sozius entstellt im Straßengraben liegt. Welt-, Fremd- und Selbstbild sind aus den Fugen geraten. Bizarre Handlungen drücken maßlosen Schrecken aus. Vielleicht aber ist Sonja A. auch nur schockiert durch den plötzlichen, so schmerzvollen Weggang des Mannes, mit dem sie in ihren Träumen alt werden wollte.

Dieser Mann tritt nun durch die Glasschiebetür in die Lobby des Holiday Inn Express Frankfurt-Airport, dreizehn Kilometer südlich des Flughafens, mitten im Stadtwald. Die Rezeptionistin erkennt den Fernsehpromi nicht, wofür sie sich am vierten Tag des Vergewaltigungsprozesses etwas schämen wird. Aber immerhin erinnert sich die erste Augenzeugin nach der mutmaßlichen Tat noch an einen «sehr angenehmen Besuch». Der Herr habe «freundlich alle Personalien ausgefüllt». Und die Hotelangestellte fügt hinzu: «So würde ich mir die Gäste immer wünschen.» Sie weiß von «Smalltalk, ganz sympathischem Smalltalk» zu berichten. Ob sie eine Verletzung bemerkt habe, will das Landgericht Mannheim wissen. Sie verneint. Im Holiday Inn bezieht Kachelmann das Zimmer 201. Check-in-Zeit ist 3.26 Uhr.

Ob er Verletzungen bei Sonja A. bemerkt habe, wird Jörg Kachelmann eineinhalb Monate später vom Mannheimer Haftrichter gefragt werden. «Sie muss sich diese Verletzungen selber zugebracht haben», wird der Verdächtige aussagen. «Als ich die Wohnung verlassen habe, hatte sie keine.» Auch mehrere Rechtsmediziner werden es für wahrscheinlich halten, dass sich Sonja A. eigenhändig schier unerträgliche Schmerzen am Hals und an den Oberschenkeln zugefügt hat. Und dass sie sich zudem in den einen Arm, in ein Bein und den Bauch schnitt.

Rächt sich Sonja A. an dem Mann, von dem sie seit Wochen oder sogar Monaten ahnt, dass er sie hintergeht? Führt sie einen hinterhältigen Plan aus, den sie vielleicht seit Längerem ausgeheckt hat? Oder beschränken sich die irrationalen, die seltsamen Dinge, die Sonja A. in jener Nacht tut, aufs Aufräumen und Abwaschen? Trägt sie in diesen Nachtstunden einen Annäherungs-Vermeidungs-Konflikt aus? So benennt die Aussagepsychologie das, wovon die Schwetzinger Radiomoderatorin erzählt. Bei einem klassischen Annäherungs-Vermeidungs-Konflikt ist ein Gewaltopfer hin- und hergerissen: Soll ich zur Polizei? Muss ich? Was spricht dafür? Was dagegen?
Gepeinigte wägen ab: zwischen möglichen Sanktionen und Re-

aktionen auf der einen Seite, und dem Wunsch nach Bestrafung des Täters und dem Schutz potenzieller Opfer auf der anderen. Viele gehen nie zur Polizei. Andere wiederum, die nicht misshandelt worden sind, tun es. Sie versuchen, sich in Falschaussagen ähnlich zu äußern wie Vergewaltigte.

In ihrem Kopf habe es gerattert, wird Sonja A. später sagen. Was wird er tun? Sie töten? Kann sie es totschweigen? Kann sie die öffentlichen Reaktionen ertragen? Als Sonja A. einmal im Fernsehen von der Dunkelziffer hörte, so wird sie erzählen, von Frauen, die solche Taten nicht anzeigen, habe sie sich immer gedacht: Mein Gott! Das darf doch nicht sein! Man darf einen Vergewaltiger nicht frei herumlaufen lassen!

Aber nun, in ihrem Elend, habe sie auf einmal all diese Frauen verstanden. Die Scham. Die paradoxe Situation, den Konflikt. Mit der Zeit sei sie zu der Überzeugung gelangt, dass sie so etwas nicht verschweigen dürfe, er dafür büßen müsse und keiner anderen Frau Ähnliches antun dürfe.

Ein stundenlanges Hin und Her sei es gewesen. Dann habe sie sich entschieden, endgültig: Ich gehe zur Polizei. Er darf damit nicht durchkommen. Zuvor will Sonja A. noch mit jenen reden, die ihr am nächsten stehen. Sie zieht sich warm an und geht hinüber ins Nachbarhaus, in dem ihre Eltern wohnen. Es dämmert schon. Vater und Mutter, beide Rentner, schlafen im oberen Stockwerk. Sonja A. setzt sich unten ins Wohnzimmer. Gegen 7.30 Uhr an diesem Dienstag erwacht die Mutter. Die 70-Jährige sieht unten im Haus Licht brennen. Völlig aufgelöst und weinend sitzt ihre Tochter auf der Eckbank. Der ganze Körper zittert. Nicht aufregen, sagt Sonja A., sie müsse zur Polizei. Sie sei vergewaltigt worden. Von Jörg.

Sie schiebt das Tuch, das sie um den Hals trägt, herunter. Sie deutet auf eine Rötung über dem Kehlkopf. Acht Zentimeter lang, zweieinhalb Zentimeter breit, horizontal, wird ein Rechtsmediziner noch am selben Tag notieren. Dort habe der Täter ihr das Messer hingedrückt.

Die Mutter rennt die Treppe hoch und weckt ihren Mann. Es ist etwas Schreckliches passiert, sagt sie zu ihm.

Die Eltern hören sich die Schilderung ihrer Tochter an. Von Flugtickets im Briefkasten. Von der Diskussion darüber mit Jörg. Vom Betrug. Von seinem Geständnis. Wie sie ihn wegschickte und er über sie herfiel.

Jörg, der früher hin und wieder in diesem gastfreundlichen Haus saß, bei netten Gesprächen, über das Wetter, über Unverbindliches. Der gute Herr Kachelmann, der auch den 60. Geburtstag des Vaters in Schwetzingen mitgefeiert hat. In ihm sahen die Eltern einen zwar unkonventionellen, aber festen und geschätzten Partner ihrer Tochter. «Das waren Small-Talk-Treffen», wird Jörg Kachelmann später im Amtsgericht Mannheim sagen, «bei denen man über Tagesdinge, über das Wetter gesprochen hat.» Als sachlichen Menschen wird ihn Vater A. bei der Polizei bezeichnen.

Doch nun, um 8.11 Uhr, wählt der pensionierte Berufsschullehrer die 110. «Ich gebe Ihnen», sagt er nur, «gleich meine Tochter.»

Es wird ganz still im Saal 1 des Landgerichts Mannheim, als ein halbes Jahr später eine Aufnahme der Funkleitzentrale der Heidelberger Polizei vorgespielt wird. Jörg Kachelmann in seinem grauen Anzug senkt den Blick. Eine zittrige Frauenstimme ist zu hören.

«Guten Tag. Mein Name ist Sonja A.»

Der Polizist am Notruftelefon: «Guten Morgen.»

«Ich bin heute Nacht vergewaltigt worden und ich weiß nicht, was ich jetzt machen soll.»

«Von wem?»

«Von …», Sonja A. zögert, «… von meinem Freund.»

«Ok, ich will da gar nicht am Telefon großartig nachfragen.»

Jörg Kachelmann verharrt in einer Art Gebetsstellung, als das Band abgespielt wird. Er verschränkt die Hände vor dem Mund und lehnt sich mit den Ellbogen auf den Tisch, zeigt keine Regung.

Hat er gerade gehört, wie sein Opfer eine der schwersten Straftaten anzeigt, die ein Opfer selbst anzeigen kann? Oder bilden die Worte den Auftakt zum bekanntesten Rufmord in der Justizgeschichte der Bundesrepublik?

Die Stimme von Sonja A. sagt: «Ich geh jetzt rüber in meine Wohnung.»

Darauf der Polizist: «Wären Sie da allein oder wäre ihr Freund auch noch da?»

«Nee, der ist weg. Definitiv.»

«Kurze Frage noch: Wie geht es Ihnen?»

«Es geht, ok ...»

«... So rein körperlich momentan?»

«Ok. Alles klar.»

Der Tag danach

Sonja A. ist zu durcheinander, um allein zur Kripo zu gehen. Ihre Mutter fährt sie. Kaum eine halbe Stunde nach dem Notruf treffen die beiden Frauen in der Schwetzinger Polizeidienststelle ein. Sie haben eine Tüte dabei mit einem dunkelbraunen Strickkleid und einem weißen Slip. Das sollen die Kleidungsstücke sein, welche die 37-Jährige vor und während der Vergewaltigung getragen hat. Die beiden Frauen sind aufgelöst. «Es ist eine Persönlichkeit des öffentlichen Lebens», sagt die Mutter noch auf dem Flur, «es ist furchtbar.» Eine Kriminalhauptkommissarin nimmt sich der Tochter an. Sie war die erste Frau bei der Schwetzinger Kripo, sie hat mehr als drei Jahrzehnte Erfahrung mit, wie sie es nennt, «Sittlichkeitsdelikten». Mutter A. muss draußen vor der Bürotür warten.

Zum Auftakt der «Festlegevernehmung» – so der Polizeijargon – erkundigt sich die Beamtin, wer der Mann sei, der sie vergewaltigt habe. Sonja A. stockt. Die Antwort ist ihr sichtlich unangenehm. Dann antwortet sie: «Jörg Kachelmann.» Ob sie den aus dem Fernsehen meine? Es kommt ein Ja. Auf die Vernehmungsbeamtin wirkt es erleichtert, irgendwie.

Dann erzählt Sonja A., sie sei seit elf Jahren mit Jorg Kachelmann liiert. Er besuche sie sporadisch, wenn er in der Nähe zu tun habe oder auf der Durchreise sei. Gestern sei er vorbeigekommen, weil er heute von Frankfurt nach Vancouver fliege.

Der wartenden Mutter bringt eine jüngere Kripobeamtin ein Glas Wasser. Die ältere Dame schwatzt zusammenhanglos. Vom langjährigen Freund ihrer Tochter, Jörg, Jörg Kachelmann, in dem sie sich so getäuscht hätten. So wird es Karen M., diese jüngere Kripobeamtin, am fünften Prozesstag wiedergeben.

Drinnen erzählt Sonja A. von der schlimmsten Nacht ihres Lebens: Kachelmann sei spät gekommen, gegen 23 Uhr. Sie hätten gegessen, gestritten, weil sie am Nachmittag im Briefkasten ein Kuvert gefunden habe. Darin lagen zwei Kopien von Flugscheinen und ein Begleitschreiben, alles anonym. «Er schläft mit ihr!», habe darauf gestanden und sonst nur die Adresse von Sonja A. Das eine Ticket war auf Jörg Kachelmann ausgestellt, das andere auf einen ihr unbekannten Frauennamen. Damit habe sie ihn konfrontiert. Jörg Kachelmann, so ihre Version, stritt ab, die Frau zu kennen. Doch dann gab er zu, dass da mal was war. Dass er untreu sei. Sie habe ihn gebeten, ihre Wohnung sofort zu verlassen. Statt zu gehen, habe er sie zurechtgewiesen. Du hast mir nicht zu sagen, wann ich gehen soll. Du entscheidest nicht, wann es vorbei ist. So erzählt sie es. Dann, plötzlich, sei Jörg Kachelmann in die Küche verschwunden. Sie, perplex, hinterher. Er habe sich ein Messer gegriffen, es ihr an den Hals gehalten, sie an den Haaren gezerrt. Sie flehte ihn an, so sagt sie, ihr nichts anzutun.

Während Sonja A. auf der Schwetzinger Polizeidienststelle ihre Beschuldigung erhebt, verfasst ihr vermeintlicher Peiniger in Hotelzimmer 201 geschäftliche und private E-Mails. Ob alles o.k. sei, hat eine Managerin seiner Meteomedia elektronisch nachgefragt. Müde, antwortet Jörg Kachelmann. Fünf, höchstens sechs Stunden hat er zwischen dem Einchecken im Holiday Inn und der ersten E-Mail schlafen können.

Wenn es so war, wie Sonja A. es schildert, kann Jörg Kachelmann kaum Ruhe gefunden haben. «Halt die Klappe», soll er zu ihr gesagt haben, als er ihr das Messer an die Kehle drückte und sie ins Schlafzimmer schob, «oder du bist tot». Mehr als ein halbes Dutzend Mal schildert Sonja A. im Strafverfahren, wie er sie dann vergewaltigt habe. Doch das erste Mal ist besonders bedeutungsvoll für die Wahrheitsfindung, da sollte die Erinnerung frisch sein. Ganz ruhig sei er gewesen, überhaupt nicht hysterisch, erzählt sie sieben, acht

Stunden, nachdem er sie verlassen hat. Sie habe gefürchtet, dass er sie umbringt. Aus Todesangst habe sie nicht geschrien. Es hat sich angefühlt, sagt sie noch, wie eine Ewigkeit.

Der angebliche Vergewaltiger im Holiday Inn chattet mit der PR-Beraterin Herta C. aus dem appenzellischen Weissbad. Was Sonja A. nicht weiß: Mit der Parallelpartnerin teilt der Beschuldigte am Fuß des Ostschweizer Alpsteingebirges bereits seit dem Frühling 2008 ein Chalet. Die Hauskatze blutet an diesem Morgen aus dem Maul. Kachelmann und die Frau im Appenzellerland tauschen sich über mögliche Ursachen des Leidens aus. Sie vermutet, das Tierchen habe auf etwas gebissen. Vielleicht sei es auch ein Milchzahn, der wackelt, mutmaßt er.

Solche elektronische Korrespondenz ist privat, selbst wenn ein Beteiligter der prominenteste Wettermoderator im deutschen Sprachraum ist. Doch später, im Mannheimer Vergewaltigungsprozess, werden die Chatauszüge zu entlastenden Beweismitteln, denn nicht das kleinste Detail in den E-Mail-Auszügen deutet darauf hin, dass Jörg Kachelmann wenige Stunden zuvor eine Frau brutal misshandelt haben könnte.

Die Vernehmung von Sonja A. wird bereits nach einer Dreiviertelstunde abgebrochen. Die Polizistin, die sie befragte, hat nicht das Gefühl, dass an der Darstellung der brutalen Tat etwas nicht stimmen könnte. Allerdings erweckt sie in der Mannheimer Hauptverhandlung nicht den Eindruck, als würde sie Aussagen von angeblichen oder tatsächlichen Opfern von Sexualdelikten allzu sehr hinterfragen.

«Fix und fertig», so sagt die Kriminalhauptkommissarin vor Gericht aus, erschien ihr Sonja A. an diesem Morgen. Die Möglichkeit, dass dem so sein könnte, weil sie gerade eine folgenschwere Falschbezichtigung begeht, spielt bei der Schwetzinger Polizei keine Rolle. Wenigstens nicht in diesem frühen Stadium der Ermittlungen. Dem mutmaßlichen Opfer, in den Polizeiprotokollen «Geschädigte» genannt, wird geglaubt. Das Hinterfragen hat Zeit. Zuallererst gilt es,

Spuren zu sichern. Sofortmaßnahmen zu ergreifen. Eine eventuelle Flucht des möglichen Täters zu verhindern.

Kurz vor zehn Uhr findet sich Sonja A. auf dem Rücksitz eines Schwetzinger Polizeiautos wieder. Die junge Polizistin Karen M., die fährt, wirft einen Kontrollblick in den Rückspiegel. Sie sieht hinter sich eine fahle Frau. Es ist niemandem nach Reden zumute. Nach wenigen Minuten hält der Wagen vor der Heidelberger Frauenklinik. In der Notfallambulanz untersucht eine Assistenzärztin Sonja A. Den Intimbereich, den Hals und die Verletzungen an den sportlichen Beinen, die das mutmaßliche Opfer soeben entdeckt hat. Oder eben erst entdeckt haben will?

Die Untersuchung nach Vergewaltigungsanzeigen ist standardisiert: Blut wird entnommen und eine Urinprobe gehört dazu. «Am Hals, am linken Unterschenkel und am linken Unterarm zeigen sich rötliche Striemen», hält die Medizinerin in ihrem Bericht fest, den sie vor Gericht erläutern wird. «An beiden Oberschenkel-Innenseiten zeigen sich handtellergroße rötlich-bläuliche Hämatome. Die Patientin äußert Schmerzen in dem Bereich.» Auf die Gynäkologin wirkte Sonja A. sehr ruhig, gefasst. Sie weint nicht.

Um 10.32 Uhr checkt Jörg Kachelmann aus dem Holiday Inn Express Frankfurt-Airport aus. Er, der so gern flirtet, scherzt noch mit der Rezeptionistin, weil er nicht richtig im Computersystem der Hotelkette eingebucht ist. Dann müsse er ja auch nicht bezahlen, witzelt er. Die Rechnung über 85 Euro begleicht er dann doch mit der Kreditkarte.

Die Assistenzärztin in der Heidelberger Frauenklinik hat in ihren wenigen Berufsjahren etwa zehn Frauen untersucht, die sagten, sie seien vergewaltigt worden. Unterschiedlichste Verletzungen hat sie gesehen. Darunter, einmal, ähnliche Hämatome wie bei Sonja A. «Sie können entstehen», wird die Gynäkologin erklären, «wenn die Beine auseinandergedrückt werden.»

Um 11.01 Uhr parkt Jörg Kachelmann im Parkhaus des Terminal 1 des Frankfurter Flughafens. Etwas schief steht der Wagen auf Stellplatz Nummer 29, eineinhalb Monate lang.

Jörg Kachelmann telefoniert kurz mit einer früheren Partnerin, die nach dem 14. Prozesstag viel Aufsehen erregen wird: Jana B., eine Försterin aus Norddeutschland, früher deutsche Meisterin im Luftgitarrespielen, besetzte als Umweltaktivistin mächtige Bäume an einer Allee bei Berlin. Unterstützung bei der erfolgreichen Rettungsaktion erhielt sie auch von Jörg Kachelmann, mit dem sie eine lose intime Beziehung unterhalten hat. Der Zufall will es, dass sie ihn just an diesem Februarmorgen kontaktiert.

Erst ein halbes Jahr später, nach der Freilassung ihres Exgeliebten und nach langem Ringen mit sich selbst, wird sich die Försterin bei den Mannheimer Ermittlern melden. Sie wird von einem Telefongespräch berichten, das sie am 9. Februar mit Jörg Kachelmann geführt hat und das sie verstört habe.

Staatsanwalt Lars-Torben Oltrogge wird der Aussage dieser Zeugin höchste Priorität beimessen. Persönlich reist der Anklagevertreter im August 2010 durch halb Deutschland, um 29-Jährige zu befragen. Bei allen weiteren Zeuginnen und Zeugen hat es ausgereicht, wenn Polizisten die ersten Vernehmungen durchführten.

Auf der Polizeidienststelle in Lüneburg hat Jana B. Oltrogge dann so viel zu erzählen, dass für die Vernehmung ein Arbeitstag nicht ausreicht: Als Studentin habe sie Jörg Kachelmann vor vier Jahren kennengelernt. Die Beziehung, die daraus entstanden sei, schildert sie als unkonventionell, nicht sehr verbindlich, sporadisch intensiv, mit unregelmäßigen Treffen. Sie berichtet auch von Kontroversen, Unterwerfungsritualen und Übergriffen. All das bewegt sich im legalen Rahmen. Jedenfalls wird es den angereisten Mannheimer Staatsanwalt nicht dazu veranlassen, die Anklage auszuweiten.

Lars-Torben Oltrogge protokolliert, wie Jörg Kachelmann auf die Zeugin gewirkt habe. So komplett aufgelöst, sagt die Försterin, habe sie ihn noch nie erlebt. Sie befürchtet wegen des kurzen Gesprächs Schlimmstes. Ist seiner Mutter etwas zugestoßen? Seinen Kindern? Das habe sie sich gefragt an jenem 9. Februar.

Der Schwetzinger Kripo-Ermittlungsleiter Horst D. greift zum Telefonhörer. Der Kriminalhauptkommissar informiert Oberstaatsanwalt Oskar Gattner im nahen Mannheim, dass der Tatverdächtige nach Kanada fliegen will, um fürs Fernsehen über das olympische Wetter zu berichten. Laufen lassen oder verhaften? Das ist die Frage. Die Staatsanwaltschaft muss entscheiden. Sie steht unter Zeitdruck.

Nach dem Gespräch, das sie so bewegt habe, kurz vor Mittag, erhält die Försterin aus Norddeutschland eine SMS. Ihm gehe es nicht gut, hat Kachelmann getippt, aber er habe sich, wie versprochen, nochmals melden wollen. Schreibt hier ein Vergewaltiger? Würde ein Sexualstraftäter eine solche SMS verfassen, die in einem Verfahren gegen ihn verwendet werden kann? Geht es Jörg Kachelmann aus einem anderen Grund schlecht? Die Kurzmitteilung jedenfalls wird ein Indiz in der Strafsache Jörg Kachelmann werden. Doch wie ist sie zu deuten? Gerichtspsychiater Hartmut Pleines, der den Angeklagten begutachten wird, wird eine Erklärung liefern: Die «Entlarvung», wohl von Kachelmanns Mehrfachleben, habe «alle Auffälligkeiten» hervorgerufen.

Sonja A. gibt eine Speichelprobe ab. Wieder und wieder fragt sie, ob er schon festgenommen worden sei. Die Beamtinnen aus Schwetzingen, die sie begleiten, wissen es nicht.

Nach 12.20 Uhr drückt Sonja A. dem Leiter der Rechtsmedizin der Universitätsklinik Heidelberg, Professor Rainer Mattern, einen Stift an den Hals. Sie soll simulieren, was ihr widerfahren ist.

Jörg Kachelmann passiert die Passkontrolle. Er wird nicht festgenommen. Durch hastige Abklärungen hat die Staatsanwaltschaft Mannheim zwar erfahren, dass der Schweizer Staatsangehörige in Deutschland keinen festen Wohnsitz hat. Trotzdem hat sie entschieden: Nicht herantreten! Sie lässt Jörg Kachelmann fliegen. «Wir hatten», wird Oberstaatsanwalt Gattner später erklären, «seinerzeit Bedenken hinsichtlich eines dringenden Tatverdachts.» Ihm liegen noch keine Bewertungen der medizinischen Befunde vor und noch keine Spurenauswertung vom angeblichen Tatort. Die Staatsanwaltschaft verfügt erst über eine Abschrift der 45-minütigen «Geschädigten-Befragung» der Anzeigeerstatterin. Die Angaben darin findet sie dürftig. Die Beweislage ist dünn. Bei erfahrenen Kriminalisten schrillen die Alarmglocken, wenn sie von Vergewaltigungen nach Beziehungsstreitigkeiten hören. Wer länger im Dienst ist, hat schon zu viele Falschbeschuldigungen gehört. Gerade bei Prominenten sind Ermittler besonders vorsichtig, denn sie wissen, dass eine öffentliche Karriere schnell ruiniert ist, wenn ein solcher Vorwurf ruchbar wird. Bei Jörg Kachelmann wird dies sechs Wochen später der Fall sein.

Als der Wettermann seinen Flieger besteigt, wirkt er «lässig». So wird sein Sitznachbar aus der Businessclass sagen. In den weiten Jeans, im Hemd und im Mantel, wie ihn Cowboys trügen, habe Jörg Kachelmann ausgesehen «wie ein Kanadier».

Die medizinischen Untersuchungen sind abgeschlossen. Der Dienstwagen der Kripo Schwetzingen bringt Sonja A. zurück auf die Wache.

Der Airbus mit Jörg Kachelmann auf Fensterplatz 7K fliegt nonstop nach Vancouver, British Columbia, Kanada. Flugdauer: 10 Stunden 35 Minuten.

«Schlimmer als übernächtigt» habe Sonja A. auf der Rückfahrt ausgesehen, wird die Polizistin Karen M. am fünften Prozesstag aussagen, «sie war richtig fertig.»

Jörg Kachelmann schläft während des Fluges die meiste Zeit, «99,5 Prozent», laut seinem Sitznachbarn.

Sonja A. erfährt von der Polizei, dass er nicht festgenommen wurde. Ist er überhaupt geflogen? Kommt er heimlich zurück? Irgendwie über Umwege? Steht er plötzlich vor der Tür? Sonja A. fühlt sich ohnmächtig, sagt sie.

Doch die Treppen zu ihrer Dachwohnung im Schwetzinger

Nordwesten steigen zwei andere Männer und eine Frau hinauf. Bevor sie eintreten, schlüpfen sie in weiße Schutzanzüge und ziehen sich Plastikhandschuhe über. Die Kollegen von der Schwetzinger Kripo haben ihnen den Wohnungsschlüssel von Sonja A. gegeben und den Auftrag, alles auf Spuren einer Vergewaltigung abzusuchen. Vermutlich würden sie auf dem Boden ein Messer finden. Zu sichern sei auch ein Brief in einem Karton unter der Stereoanlage. Die beiden Kriminaltechniker und die Praktikantin betreten die Wohnung. Das Team rückt pro Jahr mehr als ein Dutzend Mal nach Vergewaltigungsanzeigen aus. Doch der Einsatz im Kleinen Feld ist für sie – wegen des prominenten Beschuldigten – alles andere als Routine. «Wir haben uns allergrößte Mühe gegeben», wird der Kriminaloberkommissar, der den Einsatz leitet, ein halbes Jahr später gegenüber der 5. Großen Kammer des Landgerichts Mannheim beteuern, «wie bei einem Tötungsdelikt.»

Als erstes nimmt das Trio vom Spurensicherungs-Dezernat 43 der Kripo Heidelberg den mutmaßlichen Tatort in Augenschein. «Nichts war zerdeppert», erzählt der Einsatzleiter am dritten Prozesstag, «nichts durcheinander.» Die Wohnung der «Geschädigten», so heißt es im «Spurensicherungsbericht», mache einen schlichten, jedoch sehr ordentlichen Eindruck.

Die Bettwäsche, so fällt den Forensikern im Schlafzimmer auf, ist glattgezogen. Auf der oberen von zwei Decken finden sich «von bloßem Auge sichtbare sekret- und blutverdächtige Antragungen».

Neben dem Bett, unter einem Kleiderständer, auf einem Teppich liegt ein Tomatenmesser, Marke Tramontina, schwarzer Kunststoffgriff, Klingenlänge acht Zentimeter, feine Sägezahnung. Ist das Blut da vorne am Metall? Oder ist es Rost?

Das Messer fehlt in einem Set in der Küche. Es ist das zweitkleinste von sechs. Die Kriminaltechniker fotografieren es, dann heben sie es auf, öffnen einen eingeschweißten speziellen Messertransportkarton. Darin fixieren sie die angebliche Tatwaffe mit sterilem Kabelbinder.

Während die Spurensicherer mit einer Kamera Übersichtsaufnahmen machen, läuft bei der Kripo die zweite Vernehmung von

Sonja A. Ja, sagt die Befragte, sie habe das Tatmesser angefasst, aber nur kurz. Und woher stammen die Hämatome an ihren Oberschenkeln? Er habe wohl auf ihr gekniet. Aber das habe sie vor Angst gar nicht richtig mitbekommen. In ihrer Angst habe sie vieles nicht mitbekommen.

Am Kühlschrank in der Wohnung entdeckt die sogenannte «Tatortgruppe» eine Autogrammkarte Jörg Kachelmanns und darunter ein gemeinsames Foto des TV-Moderators mit der Radiomoderatorin. Die beiden sitzen auf dem Sofa in ihrer kleinen Wohnung. Auf dem Bild schmiegt sich Sonja A. an Jörg Kachelmann. Er hat die Arme verschränkt und lächelt freundlich, abgeklärt. Er wirkt wie ein Promi, der mit einem Fan abgelichtet wird. Sie erscheint vertrauter.

Das Foto am Kühlschrank ist das einzige offensichtliche Zeichen dafür, dass Jörg Kachelmann zumindest einmal in seinem Leben diese Wohnung betreten hat. Ansonsten fällt den Forensikern – außer der Flugticketkopie, die auf seinen Namen lautet – nichts auf, was auf ihn hindeutet. Keine Zahnbürste, keine Kleidungsstücke, kein Deodorant. Nichts. Nach elf Jahren. Nichts außer einer Menge DNA-Spuren.

Das Erbgut des Schweizer Gastes müssen die Heidelberger Spezialisten erst noch sicherstellen. Drei Stunden lang nehmen sie Wohn- und Schlafzimmer, Küche und Bad unter die Lupe. Zuerst kümmern sie sich um Blut und Sekret auf der glattgestrichenen Bettwäsche. Die Spuren scheinen dem Kriminaloberkommissar «frisch angetragen». Das meint er, weil die Bettdecke so aussieht, «als ob man sie gewaschen haben will». So wird er vor Gericht als sachverständiger Zeuge aussagen. Der renommierte Rechtsmediziner Bernd Brinkmann, Gutachter der Verteidigung, runzelt die Stirn, als er diese Aussage hört. Im Lehrbuch für Forensiker steht nirgendwo, dass sich das Alter von eingetrockneten Spuren so bestimmen lässt.

Auf der Schwetzinger Polizei werden Finger- und Handflächenabdrücke genommen. Sonja A. werden Fingernägel geschnitten, unter denen sich vielleicht Hautreste Kachelmanns finden, das volle Programm. Es gibt keine Spuren eines möglichen Täters.

In der kleinen Dachwohnung durchsuchen die Kriminaltechniker den Mülleimer in der Küche. Zuoberst im Abfall stellen sie einen Tampon sicher. Den Faden trennen sie mit einem sterilen Skalpell ab und bewahren ihn gesondert auf. Auch den Tampon sichern sie. Vor jedem Schritt ziehen sie neue sterile Handschuhe über.

Auf der einen Seite der Spüle steht gebrauchtes, auf der anderen sauberes Geschirr. Zwei Personen, so scheint es, haben Nudeln mit roter Sauce gegessen und Weißwein getrunken. Kurz bevor er Sonja A. kennenlernte, elf Jahre ist es her, hatte Jörg Kachelmann einer Fernsehzeitschrift sein Lieblingsessen und -getränk verraten: «Pasta aller Art» und «Mineralwasser, Weißwein und als Kaffeeersatz Coca-Cola light». Ein Topf steht da mit Resten eines Mix aus Nudeln. Im Kühlschrank finden die Kriminaltechniker eine Flasche Pinot Grigio, zu drei Vierteln voll. Sie nehmen alles mit, um es zu untersuchen.

Im Bad, neben dem Waschbecken hängt ein blaues Handtuch, an dem Blut klebt. Am von Sonja A. beschriebenen Ort im Wohnzimmer findet die Spurensicherung ein Kuvert mit Kopien der «Receipts On Behalf Of Lufthansa», ausgestellt auf Jörg Kachelmann und eine Lena G. Im Umschlag liegt zudem ein weißes Blatt Papier, darauf ein einziger Satz: «Er schläft mit ihr!» Das anonyme Schreiben ist mit einem Computer erstellt worden.

Sonja A. wirkt sehr aufgewühlt, so steht es im Protokoll der zweiten Vernehmung, und sichtlich geschockt von dem Ereignis der Nacht zuvor. Sie weint. Die Kriminalhauptkommissarin mit den drei Jahrzehnten Erfahrung mit «Sittlichkeitsdelikten» verfasst nach der Vernehmung folgenreiche Sätze. «Nach hiesigem Empfinden», schreibt sie, «machte Frau A. einen glaubwürdigen Eindruck. Sie war sichtlich enttäuscht von dem Verhalten des Beschuldigten, zumal sie ihn bereits elf Jahre kennt und mit ihm liiert ist.»

Doch was ist «hiesiges Empfinden» bei einer möglichen Vergewaltigung? Das will die Verteidigung in der Hauptverhandlung von der Ermittlerin wissen. Ihr «persönliches Empfinden» sei gemeint, wird die Schwetzinger Polizistin antworten. Kriterien, nach denen sie die Glaubwürdigkeit einer Anzeigeerstatterin beurteilt, kann sie nicht nennen, auch nicht auf mehrmalige Nachfrage der Verteidigung.

Im Wohnzimmer von Sonja A. fällt den Spurensicherern nichts Besonderes auf. Das bunte Ecksofa schauen sie sich kurz an, aber mit bloßem Auge entdecken sie nichts, was Sie genauer unter die Lupe nehmen müssten. So unterbleibt ein Ermittlungsschritt, der Jörg Kachelmann vielleicht hätte entlasten können. Vorerst. Wochen später, nach seiner Festnahme, wird er nachgeholt.

Das Spurensicherungs-Dezernat 43 aus Heidelberg hat seine Arbeit in Schwetzingen getan, die Kriminaltechniker ziehen ihre sterilen Arbeitsanzüge aus, bringen den Wohnungsschlüssel ins Nachbarhaus. Die Schwetzinger Kollegen haben Sonja A. um 16 Uhr zu ihren Eltern gefahren. Die Kriminaltechniker erklären der Radiomoderatorin, was sie mitnehmen: die Bettwäsche, das Handtuch mit dem Blut, den gesamten Müll samt Tampon, die Flugticket-Kopien mit dem Begleitbrief ohne Absender, zwei Teller mit Tomatenspuren, das Besteck, die Weingläser, einen benutzten Saucenlöffel, den angebrochenen Pinot Grigio. Das Messer liegt in der sterilen Kiste, festgebunden mit ebenso sterilem Faden. Dieser Schritt verhindert, vielleicht entscheidend, einen «Spurenverlust».

Es wird schon dunkel, als Sonja A. die Stufen zu ihrer Wohnung hinaufgeht. Ganz schlimm sei das gewesen, wird sie Mitte August einem Gutachter erzählen, dem sie Rede und Antwort stehen muss. Eigentlich habe sie sofort wieder raus wollen. Doch dann habe sie gedacht: Ich muss bleiben. Er darf mir nicht noch mein Zuhause wegnehmen. Er hat mir schon alles genommen.

Jörg und die Kachelmänner

«Mit Jörg Kachelmann hat die ARD nicht einen», so kündigt der Sender an, «sondern *den* Wetterexperten im Olympiateam. Der Schweizer prägte die Form der Wettervorhersage im deutschen Fernsehen.»

Doch das Erste verheimlicht etwas, als es auf seiner Homepage seine Moderatorenmannschaft für Vancouver 2010 vorstellt. Die Fernsehanstalt verschweigt, was unter anderen Voraussetzungen prominent vermeldet würde: Ihr Wetterexperte kennt sich hervorragend aus mit der Witterung an der kanadischen Westküste. Vielleicht so gut wie in Lörrach in Südbaden, wo Jörg Andreas Kachelmann am 15. Juni 1958 geboren wurde. Oder wie in Schaffhausen, wo er aufgewachsen ist, wo er als Teenager in Schrebergärten und anderswo seine ersten Wetterstationen aufgestellt hat und wo er als junger Erwachsener eingebürgert worden ist. Für das einzige Kind einer Ostpreußin und eines Franken werden die Winterspiele in Kanada Heimspiele sein.

Doch das bleibt geheim. Niemand darf wissen, dass Jörg Kachelmann aus jahrelanger Erfahrung spricht, als er am 10. Februar 2010, am Tag zwei nach der fatalen Nacht von Schwetzingen, twittert: «In Vancouver selbst ist Schnee eh selten.»

Kaum jemand hat erfahren, dass der populärste Wettermoderator bereits im Juli 2003 nach Kanada ausgewandert ist. Im Landesinnern der Provinz British Columbia, am idyllischen Bridge Lake, hat er sich in einer Ranch ein TV-Studio eingerichtet mit Kameras, Satellitenanlage, Green Screen. Die geballte Technik erlaubt es ihm, jahrelang in der ARD aufzutreten, ohne dass jemand merkt, dass er Tausende Kilometer entfernt ist. Zwar verbringt Kachelmann nach wie vor einen guten Teil seiner Zeit in der alten Heimat. Aber hauptsächlich prägt er die Form der Wettervorhersage in deutschen Wohnzimmern von jenseits des Atlantiks. Doch diesseits soll niemand davon Wind bekommen. Zu viele Zuschauer könnten sich hintergangen fühlen, wenn sie erfahren würden, dass ihr Jörg Kachelmann ihnen ihr heimisches Wetter vor einer grünen Leinwand im kanadischen Seenland erklärt.

Jörg Kachelmann hütet aber noch ganz andere Geheimnisse. Geheimnisse, von denen nicht nur die Millionen Zuschauer nichts wissen dürfen. Auch aus dem kleinen Kreis der sonst Eingeweihten innerhalb der ARD und bei seinem Wetterdienstleister Meteomedia erfahren einige lange nicht, dass er nicht allein in die nordamerikanische Wildnis gezogen ist, sondern mit einer Kleinfamilie, seiner Kleinfamilie. In die Neue Welt begleitet haben ihn eine Wirtschaftsprüferin aus der Schweiz und ein kleiner Junge.

Doch nun werden die Geheimnisse eines nach dem anderen publik werden und für Jörg Kachelmann zu einem schier unüberwindbaren Problem: Menschen aus dem nächsten Umfeld des Wettermoderators werden sich hintergangen fühlen und dem Beschuldigten, den sie gut zu kennen glaubten, auf einmal vieles zutrauen. Einige werden innerhalb kürzester Zeit von vermeintlichen Entlastungs- zu Belastungszeugen.

Wer den Fall Kachelmann verstehen will, muss das Vorleben und die Wahrnehmung der Hauptperson in den Grundzügen kennen.

Männer hatten oft einen netten, lässigen, beredeten, kumpelhaften Kachelmann kennengelernt. Frauen erlebten den Wettermann als aufmerksam, zuvorkommend, oft flirtend. Mehrere von ihnen, die ihm ganz nahe kamen, beschrieben ihn als liebe- und respektvoll, als feingeistig und -fühlig. Doch nach der Verhaftung werden viele die Schattenseiten betonen, vielleicht überbetonen, die sie mit der Zeit auch bemerkt hätten. Sie werden von Abgründen erzählen, die sich mit den vielen TV-Jahren und mit der Popularität aufgetan hätten. Der zotige Witz sei deftiger und deftiger geworden. Aus dem schrägen, von jeher schwarzen Humor und der

Selbstironie, die so viele an Jörg Kachelmann mochten, sei Sarkasmus geworden. Der immer schon Sensible und Rastlose sei mehr und mehr auf Achse gewesen. Rasant und gereizt habe er sich durch all die Hochs und Tiefs seines Lebens bewegt. Gerichtspsychiater Hartmut Pleines, der Kachelmann begutachten wird, spricht von «einer Persönlichkeit, die den Anforderungen des Lebens immer wieder gewachsen ist», aber auch von «einem vielschichtigen Menschen mit widersprüchlichen Impulsen, Wünschen und Trieben».

In Kanada hatte das Schweizer Auswandererpaar zwei Firmen gegründet. Symbiotisch produzierte es TV-Wetter. Ihm gehörte The Weatherman Inc., ihr The Camerawoman Inc. Wettermann und Kamerafrau heirateten 2004 am Bridge Lake, ein zweiter Junge kam dazu und zwei Jahre nach der Trauung bereits die Trennung. Allerdings dauerte es bis Ende 2009, bis der Supreme Court of British Columbia die Ehe schied.

In all den Jahren hat Jörg Kachelmann herumerzählt, er trage mit einer «Kuckucksmutter» in Kanada einen kräftezehrenden Kampf aus, damit er die beiden geliebten Jungen weiterhin regelmäßig sehen dürfe. Der Wettermann und die Kamerafrau führten einen Rosenkrieg. Im Verfahren, das in British Columbia unter der Registernummer E062556 lief, ging es allerdings nicht erster Linie um das Sorgerecht, sondern um viel Geld.

Gegenüber der Presse hatte sich Jörg Kachelmann, der frühere Boulevardjournalist beim «SonntagsBlick» in Zürich und beim People-Magazin «Schweizer Illustrierte», stets über Privates ausgeschwiegen. Sein Liebes- und Sexualleben war eine publizistische Tabuzone geblieben. Mit einer verstörenden Ausnahme: In einer TV-Diskussion über den belgischen Kinderschänder Marc Dutroux hatte Jörg Kachelmann 1996 von einem sexuellen Übergriff erzählt – mit ihm in der Opferrolle. Sein ehemaliger Chef, bei dem er als Student habe wohnen dürfen, habe ihn einmal in jungen Jahren im Intimbereich berührt. «Er hat mir», offenbarte Kachelmann beim Lokalsender TeleZüri, «unters Pyjama gelangt!» Der «Blick», das schweizerische

Pendant zur «Bild»-Zeitung, kochte das Ganze zu einer «Pyjama-Affäre» hoch.

Jörg Kachelmann gehörte damals, Mitte 90er-Jahre, in der Schweiz zur sogenannten «Cervelat-Prominenz». Diesem Kreis bekannter öffentlicher Personen, benannt nach einer omnipräsenten helvetischen Wurst, entschwand der TV-Meteorologe schon bald. Er erreichte etwas, was wenige Eidgenossen erreichen: den Durchbruch im deutschen Fernsehen. «Wie schaffte er es eigentlich», wird sich die Schweizer «Weltwoche» nach der Verhaftung wundern, «als Arbeiterkind aus einfachen Verhältnissen eine derart steile Karriere hinzulegen?» Einfache Teilantwort: Ganz unten musste er nicht anfangen im Leben. Bereits der Vater war ein Aufsteiger gewesen. Vom Rangierer hatte er es zum Oberinspektor der Deutschen Bahn am Endbahnhof Schaffhausen gebracht. Er starb früh, als sein einziger Sohn ein junger Erwachsener war.

Für das Elternhaus wird sich im Mannheimer Landgericht auch Gerichtspsychiater Hartmut Pleines interessieren, der Jörg Kachelmann begutachten soll. Wenig ist bekannt darüber, nichts wird er vom schweigenden Angeklagten erfahren. Pleines kann nur ein summarisches «Gesamtbild» liefern: «eine glückliche Kindheit, ein förderndes Familienklima, kein Umfeld, das einen Menschen in seiner Entwicklung benachteiligen könnte».

«Die Kachelmanns waren keine Büezerfamilie», erzählt ein alter Bekannter, «damals konnte es sich kaum ein Arbeiter leisten, im eigenen Boot über den Bodensee zu segeln.» Die Kachelmanns verzichteten lieber auf ein Auto. Es gibt die schöne Anekdote, dass Jörg Kachelmann, das gelangweilte Einzelkind, sich – auch mangels Alternativen – auf Bootsausflügen mit seinen Eltern in das Wetter verliebt habe.

Viele in Schaffhausen haben den Schlacks von damals aus den Augen verloren, seit sie gemeinsam für Fahrradwege auf die Barrikaden gegangen waren oder gegen eine stinkende Glasfabrik. Noch zu Ohren bekommen hatten sie ihren umweltbewegten Kameraden als journalistischen Anfänger bei Radio Munot, benannt nach dem befestigten Hausberg ihres Städtchens. Die Schaffhauser Naturschützer lasen anerkennend, wie Jörg Kachelmann in den 80er-Jahren in Zürich Artikel verfasste mit Titeln wie «Unsere Tannen sterben aus!» oder «Katastrophal: Fast die Hälfte unserer Bäume todkrank». 1988 waren sie verstört wie vermutlich der Autor selbst, als dieser das Waldsterben im «SonntagsBlick» als «Fehldiagnose» entlarvte. Viele Artikel von damals hätten mit grüner Tinte gedruckt werden müssen: Mit dem Borkenkäfer hatte sich Jörg Kachelmann publizistisch so sehr angelegt, dass sie ihn auf den Redaktionsfluren des Boulevardkonzerns Ringier «Borky» nannten. Sie riefen ihn aber «Kachelfrosch». Neben Umwelt- war Kachelmann von Anfang an Wetterexperte. «Frau Holle hat Erbarmen», schrieb er, «jetzt rieselt der Schnee!» oder «Wer ist schuld, wenn das Wetter bei uns spinnt?».

Der «Kachelfrosch» erklomm beim «SonntagsBlick» und der «Schweizer Illustrierten» die Karriereleiter – bis er die hoffnungsvolle Journalistenlaufbahn, die ihn bereits in die Chefredaktion geführt hatte, abrupt beendete. Jörg Kachelmann setzte sich Anfang der 90er-Jahre in die Ostschweiz ab, wo er anfing, seine wahre Leidenschaft zum Beruf zu machen. Seine Laufbahn, wird Gerichtspsychiater Hartmut Pleines anerkennen, «ist geprägt von Zielstrebigkeit, hoher Motivation und Anstrengungsbereitschaft». Kachelmann entwickelte, als Erster im deutschen Sprachraum, das Geschäftsmodell Wetterprognose. Als populärer Wind- und Wolkenerklärer war er zuerst im schweizerischen Fernsehen mit Sprachwitz und Fachkompetenz präsent und einige Streitereien und Jahre später im deutschen. Es bildete sich das heutige schweizerisch-deutsche Wetterimperium Meteomedia heraus. Aus dem bewegten Umweltschützer wurde ein Vielflieger und Nochmehrautofahrer.

Sein Talent im Reden und Präsentieren blieb den Machern von Diskussions- und Unterhaltungssendungen nicht verborgen. Bald gab Jörg Kachelmann den Talk- und Showmaster, zuerst in der Schweiz beim «Zischtigsclub», dann auch in Deutschland, sogar, wenn auch nur kurzzeitig, bei der legendären Samstagabendshow «Einer wird gewinnen». Gekonnt spielte Jörg Kachelmann im Land seiner Eltern den helvetischen Exotenbonus. Am 1. August, dem

Schweizer Nationalfeiertag, zieht er sich schon mal ein Oberteil mit weißem Kreuz auf rotem Grund über. Nicht an die große Glocke hängte er, dass er erst Schweizer Staatsbürger wurde, als er um die zwanzig Jahre alt war.

Medienprofi Kachelmann weiß nur zu gut: Als vermeintlicher Exot ist er gefragt, die Aufsteigergeschichte zieht, sein Gesicht ist das Wettergesicht, Kachelmann ist eine Marke. In Deutschland als Eidgenosse. Der einstige Interviewer der Promis ist als Interviewpartner begehrt, aber auch berühmt-berüchtigt dafür, dass er das Gespräch beendet oder aufs Wetter lenkt, wenn es ihm zu persönlich wird. Fragt jemand nach dem Liebesleben und hat Jörg Kachelmann gute Laune, pflegt er zu antworten: «Zurzeit ist meine Arbeit auch mein Privatleben» oder «Alles immer schön bürgerlich». Dann folgt ein Standardspruch: «Aber ich halte Sie selbstverständlich auf dem Laufenden, falls sich da was ändern sollte.» Selbstverständlich meldet sich Jörg Kachelmann nie mit einem neuen Beziehungsstatus. Öffentlich vermittelt er höchstens mal den Eindruck, er sei ein unvermittelbarer Single.

Nur ein einziges Mal ist alles ein bisschen anders: Eine Reporterin des «Magazins» des «Tages-Anzeigers» hat Jörg Kachelmann 2007 in 1151 Metern Höhe in seinem Schweizer Firmensitz, einem alten Landschulheim im Appenzellerland, besucht. Hier gibt Kachelmann ein Interview lang etwas mehr Privates preis.

«Sind in Ihrem Gedächtnis besondere Tage an Wettererinnerungen gekoppelt?»

«Ich bin ein Mann, ich hab kein Erinnerungsöstrogen. Frauen können das, die wüssten auch das Wetter, das war, als man sich zum ersten Mal traf. Ich weiß gar nichts mehr, nicht mal das Wetter.»

«Wo ist Ihr Zuhause?»

«Im Moment bin ich einigermaßen heimatlos.»

«Richtig ohne festen Wohnsitz?»

«Ja, schon eine Weile. Ich hab hier meine Notschlafstelle, aber es ist logistisch ziemlich kompliziert: zu gucken, in welchem Hotel habe ich genug Zeit, um mal zu waschen. Ein klassischeres, spießigeres Setting, denke ich manchmal, könnte auch angenehm sein. Aber erst mit dem Alter fange ich nun an, darüber nachzudenken, wo ich mal sein will.»

Drei Jahre später, als Jörg Kachelmann 130 Nächte in der Justizvollzugsanstalt Mannheim verbringt, nimmt die Leserschaft seine Worte anders wahr. Seine Appenzeller «Notschlafstelle» existiert zwar noch. In einem Zimmerchen unter dem Dach, in dem einst schwierige Kinder aus der Stadt Zürich hausten, steht ein Bett, das aussieht wie eines aus der Jugendherberge. Während Jörg Kachelmann hinter Gittern sitzt, wird bekannt werden, dass der 52-Jährige zuvor nicht nur hier und in Hotels genächtigt hatte. Über den prominenten Inhaftierten wird, wer es wissen will, erfahren, dass er nicht etwa nur ein Doppel- oder Dreifach-, sondern ein Mehrfachleben geführt hat. Dass er parallel mit Partnerinnen in drei Ländern und auf zwei Kontinenten verkehrte, die nichts oder wenig voneinander ahnten. Irgendwie hat er es geschafft, mit mehreren Frauen gleichzeitig zusammenzuleben, jahrelang.

«Bei jeder Messstation hat er eine Freundin», haben sie in guten Zeiten in seiner Meteomedia AG gewitzelt. Jörg Kachelmann erhebt mit seinem Unternehmen an 830 Orten in Europa Wetterdaten. Als der Chef verhaftet wird, bleibt den Mitarbeitern das Lachen im Hals stecken. In der Firmenzentrale werden sich jetzt, in schlechten Zeiten, verzweifelte Frauen melden. Mehrere halten sich für die aktuelle Lebenspartnerin des Neuzugangs in der Mannheimer JVA.

Neben der ehemaligen Ehefrau in Kanada und Sonja A. haben viele Frauen über Monate oder Jahre geglaubt, sie seien die Einzige oder zumindest die Wichtigste an der Seite Jörg Kachelmanns.

Der Heimatlose, der Nomade, der Showmaster hatte sich Parallelwelten geschaffen, mit einer Partnerin und oft mit Plänen für eine rosige Zukunft zu zweit in einem gemeinsamen Haus. Es existierten eine Kanada-Welt, eine Norddeutschland-Hiddensee-Welt, eine Schwetzinger Welt, eine Bodensee-Welt, zwei Ostschweizer Welten, es existierten weitere. Nur der Erschaffer kannte sie alle. Wenn es sich nicht verhindern ließ, gewährte der Mann mit dem Lausbubenlächeln und dem Fünf-, Sechs-, Siebentagebart einem Weggefährten beschränkten Einblick in eine seiner Welten. Einige in seiner Appenzeller Firmenzentrale waren eingeweiht, dass Kachelmann zuletzt mit einer Frau im nahen Weissbad Tisch und Bett teilte. Doch kaum jemand hatte gewusst, dass er nebenbei mit einer weiteren Frau im Nachbarkanton St. Gallen ein Häuschen gemietet hatte.

«Lebensführungsfehler» wird Jörg Kachelmann das im Strafverfahren nennen, was er Sonja A. und anderen Frauen angetan hat. «Ich hatte noch andere feste Beziehungen in der Form», wird der prominenteste Untersuchungshäftling der Bundesrepublik kurz nach seiner Verhaftung dem Mannheimer Amtsrichter erzählen, «nicht nur nacheinander.»

Vier Monate und zahlreiche Enthüllungen später, bei seiner Freilassung, glaubt fast jeder deutschsprachige Medienkonsument Bescheid zu wissen über die lange streng gehüteten Geheimnisse des Jörg Kachelmann. «Kein Mensch ist ohne Fehler, und ich habe in meinem Leben ganz sicher nicht alles richtig gemacht», wird der von den Enthüllungen, von den Verletzungen seiner Privatsphäre Betroffene einräumen, als ihn zwei «Spiegel»-Redakteure darauf ansprechen, «und ich habe auch nicht in jeder Phase meines Lebens monogam gelebt.» Schon im nächsten Satz relativiert Jörg Kachelmann: «Wenn ich mich in meiner Umgebung umgucke, da gibt es ganz viele, denen das auch nicht ganz optimal gelungen ist.» Dann schiebt er nach: «Ich hätte keiner Frau vorgaukeln dürfen, dass sie die Einzige ist.» Das belaste ihn psychisch, sagt der Wettermann.

Über die Jahre muss das amouröse Multitasking anstrengend gewesen sein, besonders wenn Geburts- und Feiertage, Familienfeste oder Beziehungsjubiläen anstanden. Die Geliebten hielt Jörg Kachelmann per E-Mail, Chat und SMS bei der Stange. Der Einfachheit halber bediente der Pragmatiker bisweilen mehrere von ihnen mit einheitlichen oder ähnlichen elektronischen Botschaften. Als er hinter Gittern sitzt, werden die Parallelbeziehungen zu den «Lausemädchen» das Medienpublikum faszinieren. Eine nach der anderen, aber nicht jede, wird bekannt werden. Die intimen Details und die moralische Fallhöhe machen die Strafsache Jörg Kachelmann zu einem heiß diskutierten Kriminalfall. Die Öffentlichkeit wird monatelang über die Enthüllungen debattieren, über die reißerischen, die entlarvenden, die persönlichkeitsrechtsverletzenden.

Den Boulevardstoff werden auch seriöse Medien ausschlachten. Das «Süddeutsche Zeitung Magazin» spürt gemäß eigenen Angaben «mindestens 18 Frauen, Freundinnen und Kolleginnen von Jörg Kachelmann» auf. Alle dürfen sich in einem langen Text, der in der Woche vor Prozessauftakt erscheint, anonym äußern. «Mich würde es nicht wundern», spekuliert «Kollegin 2», «wenn er es geschafft hätte, drei Frauen an einem Tag zu besuchen. Zu der einen morgens hingefahren, mit der Zweiten zu Mittag gegessen, und bei der Dritten kam er abends an.» «Freundin 3» soll gesagt haben: «Man kriegt nur seinen Charme und seinen Körper. Sein Herz und seine Seele kriegt man nicht. Aber da kommt man lange nicht drauf.» Sie weiß auch noch: «Er hätte auch ein Sektenführer sein können. Bei Sektenführern geht es doch auch immer um Frauen und Sex.»

Zu den Unterstellungen äußert sich Jörg Kachelmann nicht. Er wird sich monatelang überhaupt nicht mehr äußern. Anwälte raten in solchen Situationen zu öffentlichem Schweigen. Einzig gegenüber dem Zürcher «Tages-Anzeiger» wird er ein kurzes Statement zur Frage abgeben, warum er für viele zu einem großen Unbekannten geworden ist. «Vielleicht liegt es daran, dass ich in den vergangenen Jahren immer weniger in Europa war», sagt er. «Ich wollte jede freie Minute bei meinen Kindern in Kanada verbringen. Und wenn ich mal wieder in der alten Welt war, habe ich viel gearbeitet.» Es wird das erste und zumindest für lange Zeit einzige Mal sein, dass Jörg Kachelmann in den Medien Kanada und die Jungen überhaupt erwähnt.

In seinem privaten und engsten beruflichen Umfeld war der «Kuckuckskrieg» im Land der Holzfäller und Grizzlies seit Jahren Dauerthema. Er neige sich dem Ende zu, erzählte Jörg Kachelmann im Herbst 2009 in Europa. Danach hatten sich mehrere Parallellebenspartnerinnen gesehnt. Wegen der gerichtlichen Auseinandersetzung hatten sie ihre Ansprüche an ihren so belasteten Geliebten über Monate und Jahre zurückgestellt.

Die kollektive Rücksicht der Unwissenden endete abrupt, als Anwälte der beiden Streitparteien im Spätherbst 2009 vor dem Supreme Court of British Columbia einen Vergleich unterzeichneten. Mehrere Parallelpartnerinnen taten daraufhin dasselbe: Sie nehmen ihn nun beim Wort, fordern seine vollmundigen Versprechen ein, wie mehr Zusammensein, Zusammenziehen, vielleicht Kinderzeugen. Doch Jörg Kachelmann kann den breiten Erwartungen unmöglich Herr werden. Das System Kachelmann wird ihm nun zum Verhängnis. Es lässt ihn zum Jahreswechsel 2009/10 und in den ersten Wochen des neuen Jahres mehr denn je zum Gehetzten seiner Geliebten werden. Und zum Gehetzten seiner selbst.

Am 11. Februar 2010 um 13.44 Uhr, zwei Tage nach der Vergewaltigungsanzeige, googelt Staatsanwalt Lars-Torben Oltrogge in Mannheim nach einer dieser Frauen mit gestiegenen Ansprüchen. Ihren Namen, Lena G., hat er den Flugticket-Kopien entnommen. Die Internetsuchmaschine landet mehrere Treffer. Oltrogge druckt sich die Internetseite einer Personalberatung aus. Unter «Ihre Ansprechpartner vor Ort» findet sich bei «Hamburg» das Bild einer jungen Frau. Die Dunkelhaarige mit dem hübschen schmalen Gesicht, so wird sich herausstellen, ist weit häufiger als das eine aktenkundige Mal nach Kanada geflogen – mit oder zu Jörg.

Olympische Spiele

Für die dritte «Geschädigten-Vernehmung» hat die Polizei ihr Team ausgewechselt. Sonja A. wird jetzt von Karen M., jener Polizistin in ihrem Alter, befragt. Dazu setzt sich Kriminalhauptkommissar Horst D.

Sonja A. hat erstmals einen Anwalt mitgebracht zur Schwetzinger Polizei: einen massigen Mann mit Glatze, der sanft wirkt, wenn er spricht, was im Kachelmann-Verfahren nicht oft geschieht. Häufig betraut die Organisation Weißer Ring, die Gewaltopfern beisteht, Thomas Franz mit schwierigen Fällen. Die Polizisten belehren Sonja A., dass sie sich strafbar macht, wenn sie jemanden falsch beschuldigt. Die dritte Befragung erstreckt sich, mit Unterbrechungen, über fünf Stunden. Mittendrin muss der «Verletztenbeistand» kurz weg zu einem anderen Termin. Thomas Franz kommt gerade zurück in die Polizeiwache, als seine Mandantin – fatal für sie – nicht die Wahrheit sagt.

Es ist Mittagszeit am 11. Februar 2010 und die Ermittler kommen nochmals auf den anonymen Brief und die Flugticket-Kopien zu sprechen. Wann sie den Umschlag denn erhalten habe, fragen sie. Am Montag, am Tag vor der Tatnacht, hätte er im Briefkasten gelegen, behauptet Sonja A. Die Polizisten merken nicht, dass sie lügt. Ob sie eine Ahnung hätte, wer ihn geschickt haben könnte, wollen sie noch wissen. Nein, sagt Sonja A. Sie habe sich bei der Frau, deren Name auf dem Ticket stand, nicht gemeldet. Auch das stimmt nicht.

Doch noch sehen die Ermittler keinen Anlass, Sonja A. nicht zu glauben. Was die Radiomoderatorin über ihre enttäuschte große Liebe erzählt, mutet zwar bisweilen nicht alltäglich, vielleicht sonderbar an. Doch vieles davon wird sie belegen können: Dass Jörg ihr gerade in letzter Zeit eine gemeinsame Zukunft versprach, geht aus Chatprotokollen hervor, und dass er sich ein Kind von ihr gewünscht hat. Auf elektronischem Weg hat er das zumindest beteuert. Sonja A. erzählt von einem Haus im Schwarzwald, im Örtchen Herrenschwand. Wir, sagt sie, wollten es zu unserer Basis machen, zu unserem Zuhause. Auch das sei seine Idee gewesen. Die Handwerker habe er bereits bestellt.

Ganz am Schluss will die Polizei von Sonja A. wissen, was sie im Augenblick für Jörg Kachelmann empfinde. Eine Mischung aus Hass und Wut, antwortet Sonja A., und Trauer, dass es vorbei ist, dass sie ihn verloren habe. Sie verstehe es selbst nicht, aber sie vermisse ihn. Sie vermisse die glückliche Zeit, die elf Jahre. Gleichzeitig habe sie Angst vor ihm.

Parallel zur dritten «Geschädigten-Vernehmung» in Schwetzingen kommt es jedoch zu einem kurzen, aber folgenschweren E-Mail-Austausch zwischen Kanada und Hamburg, der Lena G. verstört. Die Personalberaterin hat einen Link zu einer Krankheit erhalten. Darüber habe sie sich mit Jörg Kachelmann später an einem Februartag am Telefon unterhalten, wird die vermeintliche Entlastungszeugin aussagen, als sie zwei Monate später bei der Schwetzinger Polizei zur Belastungsanzeugin wird. Kachelmann habe gesagt – sofern es Lena G. korrekt wiedergibt –, es gehe ihm nicht gut: Er sei in ein Loch gefallen, wegen der jahrelangen Auseinandersetzung um die Kinder.

Dies alles würde zu einem verstörten Flüchtigen passen. Allerdings: Würde einer, der weiß, dass er etwas Schlimmes getan hat, solch verräterische Botschaften verschicken? Das müssen sich die Ermittler fragen, als sie von der Kommunikation erfahren. Und doch werden sie denken: Es passt irgendwie zu dem, was Sonja A. erzählt. Von den vorgekochten Nudeln mit Bolognesesauce. Auf der Couch hätten sie gegessen, beteuert die Radiomoderatorin, wie immer. Vom Pinot Grigio habe sie, nervös wie sie gewesen sei, einen Schluck getrunken oder zwei und auch er kaum mehr als ein halbes Glas. Nach dem Essen habe sie ihren ganzen Mut zusammengenommen und ihn mit den Flugtickets und dem anonymen Brief konfrontiert. Fälschungen müssten das sein, habe er, äußerlich angeblich die Ruhe in Person, behauptet. Er brauche 24 Stunden, um die Sache mit der Lufthansa zu klären. Sie habe ihm das nicht abgenommen, sie insistierte. Schließlich gab er zu, mit dieser Lena G. etwas gehabt zu haben. Aber schon seit Monaten sei Schluss. Doch Sonja A. weiß, das stimmt nicht.

Dann habe er ruhiger gewirkt. Er sprach, so Sonja A. weiter, von seinen Problemen. Er spiele Frauen etwas vor. Bei ihm lege sich manchmal ein Schalter um. Gerichtspsychiater Hartmut Pleines, der Kachelmanns Inneres zu beurteilen hat, wird sagen, es handle sich beim Angeklagten «um einen sozial hoch kompetenten, zielstrebigen und erfolgreichen Menschen, der weit entfernt ist von den Vorstellungen eines psychisch gestörten Menschen». Merkmale psychischer Erkrankungen lägen keine vor. Kachelmann sei aber «in eine Vielzahl von Rollen» geschlüpft, «die einen fast schwindlig werden lassen»: «Er war der erfolgreiche Geschäftsmann, der Sexualpartner, der liebevolle Partner, der Vater, der sich um seine Kinder sorgte.»

Die Ermittler, die Sonja A. zuhören, ahnen zu diesem Zeitpunkt nicht, dass Jörg Kachelmann schon öfters und gegenüber verschiedensten Personen absurd Anmutendes erzählt hat. Mit erfundenen Krankheiten hat er sich Freiräume geschaffen. Mit allerlei Ausreden hat er Sonja A., andere Frauen, aber auch Geschäftspartner hingehalten. Viele glaubten, den vermeintlichen Erfinder der Blumenkohlwolke und vieler Geschichten über sein Schicksal gut zu kennen. Viele fielen auf ihn herein. «Beziehungszeuginnen» werden den Behörden drastisch klingende Dinge berichten, die sich irgendwann als weit weniger drastisch herausstellen.

Im Strafverfahren wird dem Beschuldigten all dies zum Verhängnis werden. Das ganze Konstrukt wird gravierende Konsequenzen haben – nicht nur, weil es die Frauen gegen den Verdächtigen aufbringen wird. Die Ermittler forschen in diesem Bereich akribisch nach und was sie herausfinden, erhöht ihren Tatverdacht. Vielleicht geraten sie aber auf die falsche Fährte, weil sie den Verfasser der wirren Botschaften nicht durchschauen. Doch anfangs passt alles so gut ins Bild. Kurz nach der Landung in Vancouver verfasst Jörg Kachelmann eine Nachricht an Lena G. Er, so steht da, diskutiere gerade, ob er zurückfliegen dürfe und wer ihn ersetzen könnte.

Am 12. Februar werden die XXI. Olympischen Winterspiele eröffnet. Jörg Kachelmann verfolgt, wie er über den Kurzbotschaften-Dienst Twitter schreibt, «eine beeindruckende Eröffnungsfeier über ein großes Land» und tritt seinen TV-Dienst an. Der Wetterexperte ist gefragt in den ersten Tagen, da wenig Schnee auf dem Cypress Mountain liegt und wegen frühlingshaften Regens und Nebels Skirennen verschoben werden. Gleich zum Auftakt der Wettkämpfe zettelt er einen kleinen öffentlich-rechtlichen Disput mit der Konkurrenz an: Das ZDF wirbt mit einem Biber für sein Olympiaprogramm, der rund um Vancouver olympische Ringe in den Nadelwald frisst. Kachelmann weist darauf hin, dass kanadische Biber keine Nadelbäume mögen. Seinem Ruf als «Klugschweizer», das Wort prägte der Bürger Schaffhausens selbst, wird er damit einmal mehr gerecht. Allerdings muss er sich von Zoologen belehren lassen, dass Biber zwar Laubbäume bevorzugen, aber in der Not auch mal einen Nadelbaum fällen.

Doch was hat es mit dem Rückkehrwunsch des Wetterexperten vor Auftakt der Spiele auf sich? Ein halbes Dutzend Fernsehmitarbeiter wird die Schwetzinger Polizei später abklappern. Kein Einziger weiß etwas davon, dass Kachelmann vorzeitig zurück nach Europa gewollt hat, nicht einmal die Entscheidungsträger der ARD, zu denen der Dienstweg ihn geführt hätte.

Die befragten Kollegen werden der Polizei Harmloses aus dem provisorischen Studio im Skiort Whistler berichten: Kachelmann erleben sie, wie er die meiste Zeit in seinem Kämmerlein vor dem Computer sitzt. An manchen Wettkampftagen ärgert er sich, weil er nur wenige Minuten Bildschirmpräsenz bekommt. Ein Fernsehjournalist sagt aus, er hätte Kachelmann «am ehesten in die Schublade

Friedensaktivist gesteckt», weil der mit den langen Haaren oft im Schneidersitz vor seinem Laptop saß.

Auch Sonja A. sitzt vor ihrem Laptop. Sie schreibt an einer Art Tagebuch. Ihr Gemütszustand schwanke, hält sie fest, wie ein Schiff auf rauer See. Plötzlich sei es wieder da, dieses große, schwarze Loch. Warum, fragt sie sich, konnte ich mich elf Jahre lang so täuschen. Warum? War ich blind vor Liebe?

Die Chronologie des Leidens umfasst zwölf Seiten, abgespeichert unter «warum.doc». Das erste Dokument mit diesem Namen hat die Radiomoderatorin eine Woche nach ihrer Anzeige erstellt. Allerdings beginnt der Text mit der angeblichen Tatnacht. Die letzte Änderung verfasst Sonja A. eineinhalb Monate später, unmittelbar bevor die Polizei ihren Computer abholt, damit sie ihn auswerten kann. Nicht mehr feststellen können die Computerspezialisten, wann genau Sonja A. welchen Teil geschrieben hat und wann sie was änderte.

Jörg Kachelmann twittert. Seine Kurzmitteilungen in den ersten olympischen Tagen beschränken sich aufs Wetter, sie sind nüchtern, frei von seinem kantigen Humor. Doch mit der Zeit fängt «JK» auf Twitter wieder an, nach kachelmannscher Art zu witzeln. Schließlich zeigt er via Internet-Kurzbotschaften patriotische Regungen, wenn einer seiner Eidgenossen Gold gewinnt. «Mike!», schreibt er nur oder «Simi!».

Sonja A. verfolgt, was Jörg Kachelmann in Vancouver öffentlich tut. Und sie arbeitet an ihrem «warum.doc». Andere Frauen, schreibt sie in einem Stakkato an Sätzen unter dem Datum 21. Februar, fänden einen Mann, der sie aufrichtig liebt, sie gerate an dieses Monster. Er habe ihren Körper geschändet und ihre Seele getötet. Aber sie werde kämpfen. Er kriege sie nicht klein. Er nicht.

Beim Eintrag, der vom 25. Februar stammen soll, heißt es: Sie wolle nicht als die vergewaltigte Ex von JK in die Geschichte eingehen. Auf die jeder mitleidig herabschaut. Dieses Stigma werde sie doch nie wieder los. Sie wolle nicht, dass ihr Name publik werde.

Dass ihre Familie in die Öffentlichkeit gezerrt und durch den Dreck gezogen werde. Sie wolle sich schützen, aber wie? Vorsorglich lässt Sonja A. ihr Foto auf der Radio-Sunshine-Homepage löschen. Bald wird sie die bekannteste Unbekannte im ganzen Land sein. Als Medienvertreter anfangen, nach ihr zu suchen, finden sich kaum mehr Spuren von ihr im Internet.

Die Zeugen aus dem ARD-Olympia-Studio werden sich vor allem an zwei Begebenheiten erinnern. Unvergessen bleibt, wie der Wettermann seine beiden Jungen dem Team vorgestellt hat, als sie zu Besuch gekommen waren. Mehrere Kollegen berichten der Polizei auch, wie Jörg Kachelmann sie ins olympische Schweizerhaus eingeladen hat. In der rustikalen Festhütte lässt er laut einem ARD-Vorgesetzten reichlich helvetische Spezialitäten und guten Wein auftischen. Das ist das Spektakulärste, was die Fernsehleute aussagen.

Spannender scheint den Ermittlern eine weitere mysteriöse Botschaft, auf die sie stoßen, als sie bei Kachelmanns Haussender in der ARD, dem Mitteldeutschen Rundfunk, nachforschen. Am Tag zwei nach der fatalen Nacht von Schwetzingen hat Jörg Kachelmann eine E-Mail an den MDR-Fernsehdirektor Wolfgang Vietze verfasst, welche die Fahnder elektrisiert. Gleich in der ersten Zeile unter der Anrede «Sehr geehrter Herr Direktor» spielt der Moderator auf die langwierige Trennung von seiner Partnerin in Kanada an: «Das akute transatlantische Terror-Elend ist nun zwar vorbei, dennoch dauert die seelische Verarbeitung dieser jahrelangen Vorgänge und diejenige von ein paar Ereignissen in meinem Leben, die länger zurückliegen, länger als gewünscht. Auf ärztlichen Rat und auch nach meiner Einschätzung werde ich wohl nicht (mehr) in der Lage sein, irgendetwas Längeres und Anderes als Wetter zu moderieren, ohne Gefahr zu laufen, als Deisler reloaded oder als Heulsuse der Nation oder Schlimmeres in die Geschichte einzugehen.»

Sebastian Deisler war einer der talentiertesten Fußballer um die Jahrtausendwende. Er stammt, wie Eisenbahnersohn Jörg Kachelmann, aus dem süddeutschen Grenzstädtchen Lörrach. Geplagt von schweren Depressionen und vielen Sportverletzungen musste der Bayern-München-Spieler seine Karriere früh beenden.

Ganz so schlimm stehe es um ihn nicht, versichert der Weatherman aus British Columbia seinem Auftraggeber in Leipzig. Seine Psyche – so heißt es weiter in der E-Mail – sei robust genug, «um jetzt bei den Olympischen Spielen das Wetter vorherzusagen (danke für diese Chance und keine Sorge, das ist kein Problem), aber für mehr reicht es in diesem Leben wohl nicht (mehr)».

Der Verfasser will künftig weiter in der ARD vorhersagen, wann die Sonne scheint, aber für den MDR keine Talksendungen mehr moderieren. Mit dieser E-Mail ist die geplante Wiederaufnahme von «Kachelmanns Spätausgabe» vom Tisch. Sagt der Schweizer in Kanada wirklich nur wegen des «transatlantischen Terror-Elends» und länger Zurückliegendem ab? Oder nagt auch Aktuelleres an seiner Seele?

Von der Absage an den MDR-Direktor und den anderen verwirrenden Botschaften werden die Ermittler erst erfahren, nachdem sie den Verfasser verhaftet haben. In den ersten Tagen und Wochen nach der angeblichen Tat sind ihnen beim Nachforschen die Hände gebunden. An Lena G. in Hamburg herantreten wollen sie nicht, noch nicht. Die Staatsanwaltschaft fürchtet, die junge Frau könnte ihren Partner im Olympiaeinsatz warnen.

Soweit Nachforschungen möglich sind, laufen sie unter höchster Geheimhaltung. Kaum ein halbes Dutzend Beamte bei Polizei und Staatsanwaltschaft ist eingeweiht. Nicht einmal alle Kollegen der Spurenauswertung erfahren, wer der Beschuldigte ist. Die Rede ist meist nur von «JK 1958». Die Experten vom Landeskriminalamt Baden-Württemberg finden männliche DNA am Bettbezug und am Geschirr aus der Schwetzinger Dachwohnung. Am Messer und am Tampon stellen sie nur weibliche DNA fest. Doch sie kündigen an, die Suche nach Erbgut zu wiederholen.

Am 22. Februar 2010 freut sich Jörg Kachelmann über den Sieg seines Landsmanns Mike Schmid in der jungen Disziplin Skicross. Im fernen Mannheim beantragt die Staatsanwaltschaft derweil Haftbefehl gegen ihn. Die Ermittler werden sehen, wie der Nichtsahnende spät an jenem Montag twittert: «Der Abendhimmel von Whistler zeigt die ersten Schleierwolken im Westen, die am Dienstag immer dichter werden im Laufe des Tages.» Keine zwei Wochen sind vergangen, seit Jörg Kachelmann unbehelligt ins Flugzeug gestiegen ist. Seither hat sich etwas Wesentliches getan in der Strafsache unter Aktenzeichen 404 Js 3608/10: Rechtsmediziner Rainer Mattern hat seinen Bericht abgeliefert über seine Untersuchungen am mutmaßlichen Opfer. Das Gutachten widerlegt den Tatverdacht nicht. Es erhärtet ihn in den Augen der Ermittler.

Auf fünf Seiten analysiert Professor Mattern jede einzelne Verletzung. Die großen Hämatome innen an den Oberschenkeln von Sonja A. führt er zurück auf «stumpfe und oberflächlich-scharfe Gewalteinwirkungen». Wegen ihrer Verfärbung und dem Stadium der Wundheilung könnten sie «zeitlich dem Tatgeschehen zugeordnet werden», wird Mattern fast ein Jahr später vor Gericht erläutern. Die «kräftigen Blutunterlaufungen» hätten ihn an «gewaltsames Auseinanderdrücken der Beine, etwa mit den Knien des Täters denken» lassen. Die unregelmäßigen Konturen sprächen für mehrfache Einwirkungen.

Die Rötungen oberhalb des Kehlkopfs ließen, so wird Mattern wiederholen, sich erklären durch «mehrfaches Andrücken eines Messers gegen den Hals». Er vermutet, dass die Verletzung vielleicht durch den Rücken der Klinge verursacht wurde. Konkrete Hinweise auf das sichergestellte Tomatenmesser hat er keine gefunden.

Am linken Oberschenkel, am Bauch und am linken Unterarm von Sonja A. hat der Rechtsmediziner Kratzer entdeckt. Sie könnten – so hält er fest – «durch ein spitzes Werkzeug entstanden sein, beispielsweise durch eine Messerspitze».

Mattern vergleicht das Verletzungsbild mit den Angaben von Sonja A. in den ersten Vernehmungen. Ihm fällt auf, dass das angebliche Opfer nichts berichtet von der «Phase, in der die stärkste mechanische Gewalt gegen ihren Körper gewirkt hat – gegen die Innenseite der Oberschenkel».

Stutzig macht ihn noch etwas: Ähnliche Hämatome hat er zwar schon an Oberschenkeln von Vergewaltigungsopfern gesehen. Meist jedoch waren sie weniger intensiv. Und fast immer wiesen Misshandelte mit solchen Verletzungen gleichzeitig blaue Flecken an den Armen auf, wo die Täter sie festgehalten hatten, oder andere Abwehrverletzungen. Bei Sonja A. jedoch ist nichts dergleichen zu sehen. Wie jeder Rechtsmediziner weiß auch Mattern: Das muss nichts heißen.

Doch könnte sich Sonja A. auch selbst verletzt haben? Grundsätzlich ja, hält Mattern fest, an allen Stellen. Häufig verraten sich falsche Opfer, indem sie sich fast unmöglich viele Schnitte oder Schürfungen beibringen. «Wenn solche Kratzer mehrfach, in Scharen bei oberflächiger Ausprägung auftreten, kommt eine Selbstbeibringung eher in Betracht», doziert Mattern. Einfache oder vielleicht doppelte Schnitte wie bei Sonja A. sprächen nicht gegen Fremdtäterschaft.

Die Verletzungen, so lautet das Fazit von Mattern, ließen sich mit dem Tatgeschehen, wie von der «Geschädigten» geschildert, vereinbaren. Offensichtliche Widersprüche könnten nicht festgestellt werden, schreibt Mattern. Das werden mehrere Fachkollegen in einem halben Dutzend Expertisen anders sehen. Doch am 25. Februar 2010 liegt erst ein Gutachten vor und so ergeht ein Haftbefehl gegen Jörg Kachelmann, geschieden, wohnhaft in CH-9057 Weissbad, Schweizer Staatsangehöriger. Der dringende Tatverdacht, heißt es darin, ergebe sich aufgrund der bisherigen Ermittlungen der Kriminalpolizei Schwetzingen und insbesondere aufgrund der ärztlichen Untersuchung der «Geschädigten» sowie deren Angaben. Haftgrund: Fluchtgefahr.

Sonja A. glaubt, dass er nicht zurückkommt. Er könne in Kanada bleiben oder in den USA, wo er Häuser besitze. Er könne sich doch denken, heißt es in ihrem tagebuchartigen Text, dass sie bei der Polizei war. Vielleicht, so mutmaßt sie im «warum.doc», pendelt er künftig von Nordamerika direkt in die Schweiz. Die Eidgenossenschaft würde ihren Bürger nicht in die Bundesrepublik ausliefern.

Dann ist er fein raus, schreibt sie, und ich gehe kaputt. Oh Gott, hält sie fest, wie ich ihn hasse.

Der Verdächtige, der Gehasste, hat im fernen Kanada den Disput um das Maskottchen der Konkurrenz mit Einsicht und einem Spruch beigelegt: «Der ZDF-Biber darf natürlich fressen, was er will. Er ist ja eine Trick-Figur. Donald Duck muss sich ja schließlich auch nicht ernähren wie eine Ente.» Mediale TV-Kritiker ernsthafter Blätter fragen sich, ob ein öffentlich-rechtlicher Sender wirklich einen Wettermann im Olympiateam braucht. Empört zeigen sie sich, als Jörg Kachelmann seinen Landsmann und Doppelskisprungsieger Simon Ammann («Simi!») in Schweizer Mundart interviewt. Die «Bild»-Zeitung hingegen wählt Kachelmann samt Biber («beide Kult!») in die Top Ten der deutschen Olympiaberichterstatter.

Geheimoperation auf dem Flughafen

«Das wars von den Olympischen Spielen», twittert Jörg Kachelmann am 28. Februar 2010, «vielen Dank fürs Mitlesen. Herzlich JK.» Zwanzig Tage nach der folgenschweren Nacht von Schwetzingen erlischt in Vancouver das Feuer, das aus Athen kam. Doch nach Europa zurück will JK nicht. Noch nicht.

Auf Twitter hat JK rund 700 Follower. Auch Sonja A. hat seine Kommunikation über Kurzmitteilungen stets verfolgt. Besorgt und doch beruhigt. Doch nun erscheint Jörg Kachelmann nicht mehr im Fernsehen und twittert nur noch selten.

Und Sonja A. überlegt sich, was der Mann gerade tut, von dem sie sagt, er habe sie misshandelt. Ob er in der Psychiatrie steckt? Abgetaucht ist? In der Chronologie ihres Leidens, im «warum.doc», fragt sie sich, ob sich «das Schwein» umgebracht habe. Sie wünscht sich, es wäre so. Das wäre das Beste für ihn und für sie, schreibt sie. Doch was ist, wenn er nie wieder auftaucht?

Seit drei Wochen herrscht Funkstille zwischen ihr und ihm. Nach rund 270 Kontakten per Telefon, E-Mail, Internetchat allein in den ersten fünf Wochen des Jahres 2010. So wird ein Richter zählen. Die Polizei hat Sonja A. angewiesen, sich bei Jörg Kachelmann nicht zu melden. Daran hat sie sich die ganze Zeit gehalten. Bis zum Ende der Spiele.

Nun wählt sie seine Handynummer. Nicht nur einmal, sondern zweimal. Als die Ermittler Wochen später ihre Mobiltelefondaten auswerten, staunen sie nicht schlecht, als die beiden Anrufe auf einer Liste der Polizeidirektion Heidelberg auftauchen. Sie kritzeln zwei große Fragezeichen hinter die Einträge «Jörg». Sonja A. hat ihnen nichts davon erzählt.

Erstmals ruft Sonja A. am Tag vor ihrem 37. Geburtstag an. Sie zittert am ganzen Körper, als sie nach einem Klingeln auflegt. So schreibt sie es zumindest im «warum.doc». Später vertraut Sonja A. einem Gutachter an, Jörg habe ihr mal versprochen, dann zurück zu sein, um mit ihr zu feiern.

Ihr zweiter Anruf erfolgt am Tag, nach dem JK in einer Art kriminalistischem Rückblick auf die Winterspiele getwittert hat: «Olympischer Friede: Dieses Jahr erst 7 Drogengang-Morde in Vancouver und Umgebung (Vorjahr: 21 Morde)». Fasst Sonja A. das als versteckte Drohung auf? Die Polizei wird nachfragen, weshalb sie die Kontaktsperre nicht eingehalten habe. Während der Olympischen Spiele, wird Sonja A. antworten, habe sie dank der Fernsehübertragungen gewusst, wo er war. Danach sei die Ungewissheit gekommen: Kehrt er jetzt heimlich zurück? Bleibt er noch? Oder ist er auf der Flucht? Anhand des Klingelns habe sie kontrollieren wollen, ob sich Kachelmann noch in Kanada aufhalte. Mit unterdrückter Rufnummer. Ganz kurz. Bevor er abnehmen kann, hängt sie auf. Konfrontiert mit den Erkenntnissen aus der Handyauswertung wird Sonja A. von der Angst erzählen, die sie verfolgt habe. Steht er plötzlich vor der Tür?

Es klingelt kanadisch. Sonja A. beruhigt das, ein wenig. Am 15. März kann sie lesen: «Genf teilt mit: Habemus erste Kastanienknospe.» Jörg Kachelmann, noch immer in Übersee, hat das geschrieben. Es ist seine letzte Twittermeldung. Für fast ein Jahr. Er ist nicht tot, notiert Sonja A., schade.

Aber wann schreibt Sonja A. ihr Tagebuch wirklich? An den angegebenen Tagen oder nachträglich – nach der Festnahme?

Datiert vom 19. März 2010 hält Sonja A. fest, sie habe im Internet herausgefunden, dass er kommende Woche bei der ARD «Das Wetter im Ersten» moderieren soll. Er kommt zurück, hält sie im «warum.doc» fest, als ob nichts wäre. Wie krank muss er sein? Wie skrupellos und abgebrüht?

Am selben Tag, früher als geplant, besteigt Jörg Kachelmann in Vancouver einen Airbus A340 der Lufthansa. Die Reise führt nicht nach Zürich, von wo er als Schweizer Staatsbürger nie nach Deutschland ausgeliefert würde. Jörg Kachelmann fliegt nonstop nach Frankfurt. «Wenn ich wirklich etwas angestellt hätte», wird er ein unglückliches halbes Jahr später in einem «Spiegel»-Interview sagen, «wäre ich nicht nach Deutschland geflogen. Ich bin doch kein Volltrottel. Ich hätte unbegrenzt in den USA und Kanada bleiben können.»

Die Kriminalpolizei Schwetzingen erfährt von der Lufthansa, dass ihr Gesuchter Nummer 1 auf einem Businesssitz über den Wolken schwebt. Um 10.45 Uhr am Morgen des 20. März 2010 soll er in Frankfurt landen. Drei Beamte und zwei Beamtinnen aus dem Provinzstädtchen rücken aus.

Die Jüngste im Spezialeinsatz an jenem warmen Vorfrühlingstag wird mehr als ein halbes Jahr später ein umstrittenes Thema werden in Mannheim beim Vergewaltigungsprozess gegen Jörg Kachelmann. Mit in den Polizeiautos, die zum Frankfurter Flughafen fahren, sitzt eine Praktikantin der Kripo. Es ist die Tochter des Einsatzleiters Horst D. «Da wird eine Promi-Verhaftung», wird die Verteidigung des Wettermoderators donnern, «zu einem Familienevent der besonderen Art gemacht.» Die Tochter des Kriminalhauptkommissars habe während der Aktion «ein Dauergrinsen» im Gesicht gehabt. Alles sei rechtmäßig verlaufen, wird eine Polizistin im Zeugenstand entgegnen. Gegrinst habe niemand. Doch einer der Mannheimer Richter wird finden, «dass das nicht geschickt» war, als Einsatzleiter seine Tochter mitzubringen zur bislang aufsehenerregendsten Verhaftung durch die kleine Einheit. Auch polizeiintern setzt es deswegen einen Rüffel für Vater D.

Am Frankfurter Flughafen kommt das Spezialkommando um 9.30 Uhr an. Dort trifft es zwei Kollegen vom Dezernat 43 der Polizeidirektion Heidelberg. Es sind dieselben Experten der Spurensicherung, die die Dachwohnung von Sonja A. durchsucht haben. Zusammen mit Kollegen von der Soko Flughafen Frankfurt sprechen sie die Geheimoperation Kachelmann ein letztes Mal durch.

Alles ist generalstabsmäßig geplant. Zwei Ermittler aus Schwetzingen haben Wochen zuvor die Lage vor Ort erkundet. Oberstes Ziel: einen Prominenten zu verhaften, ohne dass es jemand bemerkt. Auf das Deck beim Terminal 1, auf dem der Schweizer eineinhalb Monate zuvor seinen Volvo geparkt hat, werden seit Stunden schon keine Fahrzeuge mehr gelassen.

Um 11 Uhr, die Maschine aus Vancouver ist gelandet, nehmen die Beamten in Zivil ihre Positionen ein. Einige warten hinter der Zollabfertigung, andere am Gepäckband 13.

Es ist rund 20 Grad wärmer als an den Dauerfrosttagen, während derer Jörg Kachelmann Deutschland verlassen hatte. Eine Fahnderin erblickt den Gesuchten als Erste. Er trägt ein kariertes rotschwarzes Hemd, ist gewohnt schlecht rasiert, hantiert mit seinem Handy. Übermüdet wirkt er. Mit seinem Gepäck begibt er sich zügig zum Ausgang. Die Polizei «nimmt ihn auf», wie es im Jargon heißt, heftet sich, möglichst ohne aufzufallen, an seine Fersen.

Die Verfolger erstaunt, dass gleich nach der Zollkontrolle eine junge Frau dem Observierten um den Hals fällt. Auch Kachelmann muss verblüfft sein. Eigentlich ist er mit der Studentin mit der dunklen Lockenmähne erst in rund einer Stunde verabredet. Doch sie ist früher angereist, um ihn zu überraschen. Innig begrüßen sich die beiden.

Die Frau, so denken sich die Polizisten, kann wegen ihres Aussehens und Alters kaum Lena G. aus der Akte sein. Sie, die Kachelmann jetzt küsst, scheint nochmals ein ganzes Stück jünger als jene Hamburger Personalberaterin von den Flugticketkopien. Knapp über zwanzig vielleicht.

Die Vermutung wird sich bestätigen, als sich die schlanke Schwarzhaarige wenige Minuten später ausweisen muss. Marta G., eine 24-jährige Psychologiestudentin aus Ostdeutschland, hat den 27 Jahre älteren Jörg Kachelmann abgepasst.

«Es wurden Zärtlichkeiten ausgeteilt», wird Kriminalhauptkommissar Horst D. am dritten Verhandlungstag aussagen, «was man normalerweise wohl als Rumgeknutsche bezeichnen würde.» Der Angeklagte, sonst zu Beginn seines Prozesses immer ernst, lacht verschmitzt, als er fast ein halbes Jahr später hört, wie der Einsatzleiter die Küsse wahrnahm.

Am Flughafen Frankfurt hat es nicht den Anschein, als würde der eben Gelandete ahnen, was in den nächsten Minuten auf ihn zukommt. Die Zivilbeamten observieren das Paar, sie sehen, wie Kachelmann es schafft, Gepäck zu schleppen und gleichzeitig seine Begleiterin zu umklammern und immer wieder zu küssen.

Für den Fall, dass die Fährte verloren geht, ist vorgesorgt: Die beiden Kriminaltechniker vom Dezernat 43 warten sicherheitshalber bei Kachelmanns Auto auf Parkfeld 29. Doch die Spurensicherung muss nicht eingreifen. Alles klappt. Stolz wird die hessische Landespolizei in einem internen Bericht schreiben, es sei gelungen, an «einem so öffentlichen Platz wie dem Frankfurter Flughafen» eine prominente Person festzunehmen, «ohne dass die Öffentlichkeit etwas davon mitbekommt».

Die Ermittler folgen Kachelmann und der angehenden Psychologin so unauffällig wie möglich, drei oder vier dicht dran, drei oder vier etwas abgesetzt. Sie wechseln sich ab auf dem langen Fußweg zum Parkhaus. Drei Polizisten steigen mit in den Fahrstuhl. Ein älteres Paar fährt auch mit. Auf dem Parkdeck, wo der graue Volvo steht, steigen aber nur Kachelmann und seine Begleiterin aus. Und die Verfolger.

Die Polizisten lassen den beiden den Vortritt. Nun sind Observierer und Observierte allein. Keine Augenzeugen. Kein Aufsehen.

Die Fahnder beschleunigen ihren Schritt etwas, gehen an Kachelmann und seiner Begleiterin vorbei. Dann wenden sie. Nach 45 Minuten endet die Geheimoperation. 50 Meter vor dem Volvo spricht Kriminalhauptkommissar Horst D. den Fernsehmoderator an.

Die breitschultrige Polizistin Karen M. packt die zierliche Marta G., die Jörg Kachelmann ein knappes Jahr später heiraten wird, am Arm und führt sie einige Meter weg, wo sie ihr die Situation zu erklären versucht. Der Psychologiestudentin mit den großen dunklen Augen steht der Schrecken ins Gesicht geschrieben. Sie bricht in Tränen aus.

Und Kachelmann? Nichts dergleichen. Er versucht nicht wegzulaufen, er wird nicht aggressiv. «Er reagierte», wird Einsatzleiter D. später vor Gericht sagen, «kalt, emotionslos.» «Alles ging sehr ruhig über die Bühne», wird einer der beiden männlichen Kollegen berichten, welcher die Verhaftung absichert. Ein Kriminaltechniker, der einige Meter entfernt postiert ist, sagt dem Gericht, er hätte eine andere Reaktion erwartet: «Dass er lauter wird und betroffener.» Doch Jörg Kachelmann gibt sich nicht empört, nicht betroffen, er protestiert nicht.

Hat er seine Verhaftung erwartet? Oder ist er gelähmt ob des Unerwarteten? Ist er abgeklärt? Oder schockiert? Um die Interpretation der Beinahe-Reglosigkeit, die mehrere Anwesende schildern, werden sich später Staatsanwaltschaft und Verteidigung streiten.

Der Heuchler hat den Überraschten gespielt, wird Sonja A. irgendwann in ihr «warum.doc» schreiben. Bestimmt habe er in den sechs Wochen einen ausgeklügelten Lügenplan ausgeheckt.

Auf einen der beiden Spurensicherer macht Jörg Kachelmann im Augenblick seiner Verhaftung einen etwas anderen Eindruck. Auf den Kriminaltechniker wirkt der Festgenommene wie einer, der ahnt, dass er mit versteckter Kamera reingelegt wird. Jörg Kachelmann hatte Mitte der 90er-Jahre im Bayrischen Rundfunk die Sendung «Vorsicht, Blöff!» ein paar Mal moderiert, die so funktionierte. Doch dieses Mal ist nichts gebluhft.

Um 11.45 Uhr bekommt Jörg Kachelmann einen roten Haftbefehl in die Hand gedrückt. Einsatzleiter D. erklärt ihm seine Rechte und Pflichten und nimmt eine Leibesvisitation vor. Das Gepäck wird ihm abgenommen. Darunter ein Laptop und drei Handys: ein US-Billiggerät, ein Nokia E51 und ein Blackberry. Jörg Kachelmann darf seine Begleiterin noch kurz umarmen. Seinen Wagenschlüssel händigt er der Polizei aus, damit das Auto an Ort und Stelle durchsucht werden kann.

Der schief geparkte S80 bleibt der Spurensicherung in Erinnerung wie den meisten, die einmal mit dem bekennenden Chaoten Kachelmann mitgefahren sind. Insgesamt macht das Fahrzeug einen unaufgeräumten Eindruck, steht im «Spurensicherungsbericht» aus Heidelberg. Im Volvo herrscht Durcheinander. Über seinen «Müllwagen» hat sich Jörg Kachelmann früher bisweilen selbstironisch geäußert. Der Nomade hat darin gegessen und geschlafen, wenn er sich zwischen seinen Welten bewegte. Nun stößt die Spurensicherung auf ein benutztes Taschentuch neben einer CD von DJ Ötzi in der Fahrertür, auf ein paar gängige Pillen, überall auf Exemplare der Autogrammkarten, die sie schon vom Kühlschrank von Sonja A. kennt. Unten vor dem Beifahrersitz liegt eine Ausgabe der «Frankfurter Allgemeinen Zeitung» vom Tag vor der fatalen Schwetzinger Nacht. «Zuckerbrot und Peitsche» lautet eine Überschrift auf der Titelseite.

Über eine Stunde lang untersuchen die zwei Kriminaltechniker aus Heidelberg den Volvo, unterstützt von einem Frankfurter Kollegen. Der Aufwand ist groß, der Ertrag gering. Neben dem Taschentuch, das im weiteren Verfahren keine Rolle spielen wird, stellen die Kriminaltechniker einzig eine Rechnung des nahen Holiday Inn sicher. Immerhin wissen die Ermittler nun, wo Jörg Kachelmann übernachtete, nachdem er Sonja A. endgültig verlassen hatte.

Vom Verhafteten hätten sie dies so schnell nicht erfahren. In den Räumen der Flughafenpolizei will Einsatzleiter Horst D. Kachelmann vernehmen. Doch der sonst so Redselige sagt kein Wort. Er macht von seinem Recht zu schweigen Gebrauch und spricht erst wieder, als er seinen Anwalt Ralf Höcker, der ihn in Medienfragen vertritt, anrufen darf.

Der Kölner Jurist verspricht Kachelmann, einen Strafverteidiger zu organisieren. Medien- und Promianwalt Höcker überlegt, wen er beiziehen soll und entscheidet sich für einen, der seine Kanzlei ganz in seiner Nähe hat, den er aber bislang nur aus der Presse und vom Hörensagen kennt.

Wenig später meldet sich in Frankfurt ein Dr. Birkenstock aus Köln. Er macht sich nach einem kurzen Telefonat unverzüglich auf den Weg zu seinem neuesten Mandanten. Ab sofort wird Kachelmanns Fall Strafverteidiger Reinhard Birkenstock rund um die Uhr beschäftigen, ein halbes Jahr lang, bis zum für ihn bitteren Ende.

Der Verhaftete muss Fingerabdrücke abgeben, er wird fotografiert. Abgekämpft, irgendwie abwesend, blickt er in die Kamera. Einen DNA-Abstrich und eine Haarentnahme verweigert er. Vorerst noch.

Das Thermometer zeigt frühlingshafte 17 Grad an diesem 20. März 2010, als Jörg Kachelmann ins Zentralgewahrsam des Frankfurter Amtsgerichts eingeliefert wird. Rechtsanwalt Birkenstock lernt Jörg Kachelmann in Handschellen kennen. Eine Richterin ordnet um 16.52 Uhr an, dass der Haftbefehl vollstreckt wird. Grund: Fluchtgefahr.

Als Kachelmann abends nach Mannheim überbracht wird, regnet es in Strömen. Es schifft, sagt der Mann zu diesem Wetter, der im Polizeifahrzeug mit einem speziellen Gefangenentransportgürtel festgebunden ist. Er trägt Handschellen.

Die Kriminalkommissarin Karen M. fährt langsam auf der Autobahn. Im Rückspiegel beobachtet sie Jörg Kachelmann. Der Schweizer hat den Kopf nach hinten gelehnt. Die Augen geschlossen. Was geht in ihm vor? Schläft er?

Um 18.27 Uhr wird Häftling H 08 1008 100 553 in der Justizvollzugsanstalt Mannheim aufgenommen. Im größten Gefängnis Baden-Württembergs belegt er einen von 792 Plätzen. Die Schwetzinger Polizei informiert den Anwalt von Sonja A. über die Festnahme. Sie haben ihn, schreibt das mutmaßliche Opfer, datiert am 20. März, in sein elektronisches Tagebuch.

Und wie ergeht es dem Neuen unter den Verurteilten und Verdächtigen in der JVA Mannheim? Einen «Haftschock» habe er erlitten, wird er später erzählen, als er in der Anlage ankam, die der Großherzog von Baden vor über hundert Jahren erbaute. An die ersten 24 oder 48 Stunden, das erste Wochenende, könne er sich «nur schemenhaft» erinnern.

«Die Zelle war so, wie man es sich für einen Regimegegner in Nordkorea ausmalt», wird er in einem Interview mit dem «Spiegel» zitiert. «Sie müssen sich einfach allen Dreck, alle Scheiße im Klo und ganz viele Kakerlaken auf einmal vorstellen.»

Sonja A. fürchtet sich vor der Öffentlichkeit. Ihren Namen in den Medien zu hören oder zu lesen, schreibt sie ins «warum»-Dokument, werde noch schlimmer sein als die Vergewaltigung. Nach zwei Nächten ist es soweit. Sie wird es die «zweite Hölle» nennen.

Die JVA-Führung wird die Kritik an den hygienischen Zuständen zurückweisen. «Die Gänge werden mehrmals täglich gereinigt», wird der stellvertretende Gefängnisdirektor betonen. Für die Sauberkeit der Hafträume jedoch seien die Gefangenen selbst verantwortlich. «Wie der einzelne da für Reinlichkeit sorgt, ist unterschiedlich», wird er erklären. Jörg Kachelmann habe sich während seiner Haft zu keinem Zeitpunkt über mangelhafte Hygiene beschwert. Es gäbe aber, wird er einräumen, in Gefängnissen «generell ein Problem mit Ungeziefer».

Die härteste Sendung

Janine Wollbrett, «Bild»-Reporterin im Rhein-Neckar-Kreis, fährt zur Arbeit. Das Handy klingelt. Der Anruf wird dem Boulevardblatt im Jahresrückblick 2010 einen Artikel wert sein. Dran ist, so schreibt Wollbrett, ein alter Bekannter. Jahrelang habe sie nichts mehr von ihm gehört. Doch jetzt, am 22. März 2010, kurz vor 8 Uhr, sagt er: «Ich habe brisante Nachrichten für dich.»

So etwas vernehmen Journalisten öfters. Selten stimmt es. Doch dieses Mal scheint «brisant» untertrieben. «Jörg Kachelmann», so zitiert Wollbrett ihren Informanten, «sitzt im Mannheimer Knast. Wegen Vergewaltigung. Kein Scherz.»

Minuten später nimmt eine Sekretärin in der Kanzlei Birkenstock am Hohenzollernring 28 in Köln einen Anruf von einer unbekannten Nummer entgegen. Am anderen Ende der Leitung ist jemand von der «Bild»-Zeitung, der alles weiß: Dass Jörg Kachelmann in Frankfurt verhaftet wurde, dass er seit zwei Tagen in der Mannheimer JVA einsitzt, dass Reinhard Birkenstock ihn verteidigt. Doch die Sekretärin bestätigt nichts, stellt das Telefonat nicht zum Chef durch, wimmelt ab. Das wird zur Dauerbeschäftigung in der Kanzlei Birkenstock in den kommenden Tagen und Wochen, ja Monaten.

Zwei Häuserblocks weiter, am Kölner Friesenplatz, sitzt Ralf Höcker im Büro. Bis vorgestern war Jörg Kachelmann für ihn ein juristisch unkomplizierter Mandant, wohl nichts im Vergleich zu anderer Promi-Kundschaft seiner Kanzlei wie der schönen Heidi Klum und viel weniger prominent als Starstürmer Lionel Messi.

Nun wird Jörg Kachelmann für Ralf Höcker vom Routine- zum Ausnahmefall. Übers Wochenende hat er zu verhindern versucht, was sich bald nicht mehr verhindern lässt. Der 39-Jährige mit den jugendlichen Gesichtszügen interveniert bei der Staatsanwaltschaft in Mannheim, bei der ermittelnden Kripo und beim Anwalt von Sonja A. Niemand soll die Inhaftierung seines Mandanten publik machen. Das ist Höckers Ziel. Ein hohes Ziel.

Die alten Römer wussten: Aliquid semper haeret. Etwas bleibt immer hängen. Ist eine schlechte Nachricht, und sei es ein Gerücht, in die Welt gesetzt, ist der Schaden angerichtet. Wird der Vergewaltigungsverdacht bekannt, wird Jörg Kachelmann nie mehr nur der nette Wetterplauderer von nebenan sein können. Doch es kommt schlimmer. Es bahnt sich eine Affäre an mit ungeahnten Dimensionen, ungeahnter Wirkung: Mit Kachelmanns Fall werden sich Medien in Deutschland und in der Schweiz so intensiv auseinandersetzen wie kaum je mit einem Strafverfahren.

Ralf Höcker, auch Professor der Cologne Business School, wird sagen, dass die Persönlichkeitsrechte seines Mandanten so verletzt worden sind, «wie bei kaum jemandem zuvor in der Geschichte der Bundesrepublik». Journalisten werden monieren, dass Höckers dauernde Interventionen eine ausgewogene Berichterstattung über den Fall Kachelmann unmöglich machten. Unbestritten ist: Jörg Kachelmann wird für mehr als ein Jahr lang wohl der betreuungsintensivste Mandant Ralf Höckers. Sein Fall wird Gegenstand unzähliger Abmahnungen. Mehr als 30 einstweilige Verfügungen wird Höcker ein Jahr später auf seiner Homepage auflisten. Das Kölner Landgericht untersagt immer wieder der «Bild»-Zeitung, der Feministin Alice Schwarzer, der Illustrierten «Bunte» und dem Nachrichtenmagazin «Focus», aber auch anderen Zeitungen und Journalisten, Einseitiges, Intimes oder Falsches über den Verdächtigen zu berichten. Manchmal finden die betroffenen Medienhäuser nichts an ihrer Berichterstattung einseitig, zu intim oder falsch. Dann streitet sich die Kanzlei Höckers mit ihnen juristisch um die publizistische Deutungshoheit.

Doch nun, unter kleineren und größeren Kriminellen, braucht der Inhaftierte nicht in erster Linie einen Medienanwalt, sondern einen Strafverteidiger. Einen, der ihn raus haut aus seiner misslichen Lage, aus seiner Mannheimer Zelle. «Birkenstock haut se alle raus» – das wissen gemäß «stern.de» auch Kölner Taxifahrer.

Jeder Jeck ist anders, heißt es in Köln. Doch unterschiedlichere Anwaltstypen als Ralf Höcker und Reinhard Birkenstock findet man kaum ein zweites Mal, wo der Kölner Dom seinen Schatten wirft. Beide verbindet zwar die Liebe zum Auftritt vor der Kamera, zur scharfen Rhetorik, zu Wortspielen, zum juristischen Powerplay. Doch damit enden fast schon die Gemeinsamkeiten. Höcker und Birkenstock verkörpern unterschiedliche Berufskulturen, Arbeitsweisen, politische Ansichten. Höcker, Angehöriger der Generation Golf, CDU-Sympathisant, führt eine junge Kanzlei in lichtdurchfluteten Räumen, mit weißer und knallgrüner Designerplastik. In seinem Büro stehen Basketballschuhe im Regal.

Im geräumigen Arbeitszimmer von Alt-68er Birkenstock – er machte für die Sozialdemokraten Lokalpolitik – reihen sich die juristischen Klassiker in der Bücherwand aus schwerem Holz aneinander. Der eine moderiert Justiz-Fernsehsendungen wie «Einspruch – die Show der Rechtsirrtümer» im Privat-TV. Der andere berichtet mit Augenzwinkern, er schalte solche Sender nie ein.

Höcker betreibt – auch wenn er den Ausdruck nicht mag – Litigation-PR, juristische Public Relations für seine Mandanten. Er wird es «mediale Notwehr» nennen, wenn er, wie im Fall Kachelmann, versucht, Presse und Rundfunk auf die in seinen Augen richtige, nämlich entlastende Fährte zu führen.

Birkenstock, ein Mann von gewichtiger rheinländischer Gemütlichkeit, findet es angebrachter, sich mit einem Reporter oder einer Reporterin seines Vertrauens bei einem Mannheimer Eichbaum Pils oder zwei über einen Fall auszutauschen. Darin sieht er nichts Anrüchiges, sonst würde er das kaum in aller Öffentlichkeit tun.

Doch nun bilden die beiden nicht nur politisch Gegensätzlichen das Juristenduo für Jörg Kachelmann, der Mitglied der Schweizer Christdemokraten war oder ist. Anfangs, unter Hochdruck, harmonieren die beiden Kölner.

In Mannheims rechtwinkliger Innenstadt gibt es statt Straßennamen und -nummern Quadrate. Reinhard Birkenstock hat sich früh aufgemacht zum Quadrat M1, einem Gebäude, das wirkt wie ein nach Westdeutschland verpflanzter Plattenbau. An der Fassade sind

Reste der Buchstaben «NATIONAL» zu sehen, drinnen sind mehrere Dienststellen der Staatsanwaltschaft untergebracht.

In der ersten Etage lernt Birkenstock Lars-Torben Oltrogge kennen, den jungen Staatsanwalt, mit dunkelblonden Locken bis zu den Schultern, schmalem Gesicht und dem stechenden Blick. «Engel von Mannheim» werden ihn die Journalisten untereinander nennen, die ihn Monate später beim Prozess gegen Jörg Kachelmann erleben. Der Engel denkt schnell, lacht gerne und wird laut, wenn ihm etwas nicht passt.

Mit dem hartnäckigen Oltrogge und dem väterlich wirkenden Oberstaatsanwalt Oskar Gattner will Birkenstock an diesem Morgen über eine Kaution für seinen Schweizer Mandanten reden. Übers Wochenende hat Kachelmanns Freundeskreis abgeklärt, dass mehrere hunderttausend Euro auf die Schnelle aufgetrieben werden könnten. Doch die Ermittler erklären Birkenstock, das sei sinn- und zwecklos. Bei einer solchen Verdachtslage käme kein Verdächtiger gegen eine Geldzahlung aus dem Gefängnis. Die Staatsanwaltschaft händigt dem Kölner Strafverteidiger die ersten 161 Seiten der Akte «Kachelmann, Jörg, sexuelle Nötigung, Vergewaltigung» aus. Was vorliegt, füllt keinen Leitzordner. Damit tritt Reinhard Birkenstock seinen Dienst als strafrechtlicher Pendeldiplomat zwischen Staatsanwaltschaft und Gefängnis an. Er fährt mit allem Schriftlichen, was gegen seinen Mandanten vorliegt, zum denkmalgeschützten roten Backsteingebäude der JVA Mannheim. Das Dossier enthält noch nicht viel mehr als die Protokolle der Aussagen der Radiomoderatorin und ihrer Eltern, einige Polizeivermerke, eine Passagierliste des Lufthansa-Flugs LH492 Frankfurt – Vancouver mit dem Eintrag «Mr Kachelmann Joerg», die Verbindungsdaten des Handys der Anzeigeerstatterin, das rechtsmedizinische Gutachten von Professor Rainer Mattern und das Protokoll des Notrufs vom 9. Februar um 8.11 Uhr.

Sonja A. hat schlecht, hat kaum geschlafen in den zwei Nächten, seit sie weiß, dass Jörg Kachelmann zwölf Kilometer entfernt von ihrem Zuhause in U-Haft sitzt. Übermüdet betritt sie das Sunshine-Live-Studio.

Beim Landgericht Köln geht ein dringender Verfügungsantrag von einem ein, der hier oft vorstellig wird: Ralf Höcker verlangt, die Justiz solle der «Bild»-Zeitung unverzüglich verbieten, über Kachelmanns Inhaftierung zu berichten.

Sonja A. ist nervös. Aber nicht, weil sie gleich auf Sendung gehen soll. Das ist Routine, das macht sie bei Radio Sunshine Live seit 1998. Doch als Profi, als studierte Medientechnikerin mit viel Rundfunkerfahrung kann sie ermessen, was auf sie zukommen wird. Sie habe Angst vor der Öffentlichkeit, schreibt Sonja A. in ihr «warum. doc». Doch die kommenden Stunden, Wochen, Monate, vielleicht Jahre werden schlimmer als ihre düstersten Ahnungen und Befürchtungen. Für sie und auch für ihre Familie.

Eine Kölner Richterin bekommt Ralf Höckers Eilantrag auf den Schreibtisch. Sofort lässt sie den Absender wissen, sie sehe keine rechtliche Grundlage, gegen «Bild» aktiv zu werden. So wird Höcker das im Rückblick darstellen. Die Richterin habe gefunden: Nur weil Deutschlands meistangeguckte Zeitung von der Verhaftung wisse, bestehe nicht unbedingt «Erstbegehungsgefahr». Es sei nicht zwingend so, dass die Redaktion ihre Sorgfaltspflicht verletze. Höcker findet das richterliche Gebaren naiv. Noch Monate später kann er sich über die folgenschwere Medienweltfremdheit enervieren.

Doch Höcker bleibt an diesem Morgen keine Zeit, sich lange aufzuregen. Er setzt sich wieder hin, überarbeitet seinen Antrag, ergänzt Juristisches, bringt zusätzliche Argumente vor. Doch das Rennen gegen die Zeit hat er schon verloren.

«Bild» war schneller. In Mannheim hat Reporterin Wollbrett bereits die Staatsanwälte und das Gefängnis abtelefoniert. Die Informationen, die sie kaum glauben konnte, haben sich bestätigt.

Gleich, um 13 Uhr, wird Sonja A. die Hörer und Hörerinnen zu «Overdrive» begrüßen, dem Programm mit einem «Hörertalk» über das «Tagesthema, egal ob Politik, Liebe und Triebe, Promi-

Klatsch oder aktuelle Ereignisse», wie die Sunshine-Homepage verkündet.

Doch das Tagesthema wird heute nicht angeschnitten werden beim Technosender mit dem Motto «Wir unter Euch». Und auch morgen nicht oder übermorgen, obwohl es Gesprächstoff Nummer 1 sein wird in Mannheim, in Deutschland und auch in der Schweiz. Sogar den Wetterbericht lässt die Sunshine-Redaktion tagelang ausfallen. Stattdessen läuft ein Jingle: «Das Wetter – wir glauben nicht an das Wetter».

Kurz vor ihrer Anmoderation zu «Overdrive» ruft Rechtsanwalt Thomas Franz seine Mandantin an. Die Presse, sagt er ihr, weiß Bescheid. Sonja A. geht auf «bild.de». «Wetter-Moderator Jörg Kachelmann in U-Haft», steht dort in Riesenlettern. «Der Schweizer», liest sie, «sitzt seit Samstag in Untersuchungshaft. Es geht um Vergewaltigung – Opfer soll seine langjährige Freundin sein!»

Dann beginnt die härteste Sendung von Sonja A. Die Moderatorin spricht weniger als sonst. «Worte pro Stunde on air: 666», heißt es auf ihrer Autogrammkarte. Diesen Durchschnitt erreicht sie heute nicht. Diese Autogrammkarte werden Unbekannte noch in derselben Woche auf die «Free Kachelmann»-Seite bei Facebook stellen. Das Bild lassen sie ungepixelt. Darunter steht nicht nur, wie viel Sonja A. normalerweise redet, wenn sie moderiert, sondern auch, dass sie drei Mal pro Jahr zum Frisör geht oder sieben Stunden Schlaf pro Nacht braucht.

Die Staatsanwälte haben eine Pressemitteilung vorbereitet. Auf ihrer Homepage heißt es:

«Haftbefehl gegen Moderator

Die Staatsanwaltschaft Mannheim führt gegen einen 51-jährigen Journalisten und Moderator ein Ermittlungsverfahren wegen des Verdachts der Vergewaltigung. Ihm wird nach den bisherigen Ermittlungen der Polizeidirektion Heidelberg vorgeworfen, Anfang Februar seine langjährige Freundin nach einem vorangegangenen Beziehungsstreit in ihrer Wohnung im Rhein-Neckar-Kreis gewaltsam zum Geschlechtsverkehr gezwungen zu haben. Nachdem sich hinsichtlich des im Februar 2010 zur Anzeige gebrachten Sachverhalts der Tatverdacht erhärtete, hat das Amtsgericht Mannheim gegen den Beschuldigten auf Antrag der Staatsanwaltschaft Haftbefehl erlassen.»

Die Strafverfolger vermeiden es tunlichst, den Namen Kachelmann zu erwähnen. Doch viele «51-jährige Journalisten und Moderatoren» sind nicht von der Bildfläche verschwunden zwischen Alpen und Hiddensee. Nur einer von ihnen müsste diese Woche im Ersten Wettersendungen moderieren und kann nicht.

Weniger zurückhaltend als die Kollegen von der Staatsanwaltschaft ist ein anderer Bediensteter des Landes Baden-Württemberg. «Jörg Kachelmann», so verrät Romeo Schüssler, sitze bei ihm in einer Zweierzelle, «zur Suizidprophylaxe». Schüssler, Leiter der Justizvollzugsanstalt Mannheim, gibt vielerorts Auskunft an diesem Tag und an den folgenden, nicht ungern aus persönlicher Warte. «Ich kenne Herrn Kachelmann bislang auch nur aus dem TV», lässt er die anrufenden Redakteure wissen, «doch ich werde ihn auf jeden Fall in seiner Zelle besuchen, um zu schauen, ob es ihm gut geht.»

An verschiedenen Orten machen solche Zitate besonders betroffen. In Schweizer Voralpennestern, aber auch in Nord- und Süddeutschland sorgen sich mehrere Frauen um den Mann, in dem sie ihren Lebenspartner sehen. Die meisten von ihnen werden noch diese Woche, in der sie über die Medien voneinander erfahren, zu Exgeliebten Jörg Kachelmanns. Doch noch im Irrglauben, sie seien die Einzige an der Seite des Wettermannes, beunruhigt sie schwer, was Gefängnisdirektor Schüssler da ausplaudert. «Da er so geschockt wirkte», so wird der JVA-Leiter zitiert, «ließ ich ihn durch einen Psychologen untersuchen.»

Kachelmanns Frauen erfahren ab dem Tag mit der Albtraumnachricht praktisch per Live-Ticker, was sich hinter den Mauern der JVA Mannheim abspielt – aus der Chefperspektive. Kaum ist seine Suizidwarnung publiziert, kann Gefängnisdirektor Romeo Schüssler bereits wieder entwarnen: Kachelmann gehe es «den Umständen entsprechend gut», auch wenn er nach wie vor etwas «geschockt» sei. «Er ist», sagt der Gefängnisdirektor, «nicht suizidgefährdet, bleibt aber in nächster Zeit in einer Zwei-Mann-Zelle.»

«Die größte Sorge der Justizvollzugsanstalt war, dass ich mich aufhänge. In der ersten Woche ging alles nur darum», wird Jörg Kachelmann dazu ein halbes Jahr später in einem «Spiegel»-Interview sagen. «Bis Ärzte und Psychologen zu dem Ergebnis kamen: Der hängt sich nicht ans Gitter.» Dann wird er hinzufügen: «Nichts lag mir ferner. Ich bin unschuldig. Niemals wäre ich auf diese Idee gekommen. Es wäre ja das groteskeste Schuldeingeständnis gewesen.» Anfangs habe er «noch relativ großes Vertrauen in die deutsche Justiz» gehabt.

Publik wird sogar, was der Suizidgefährdete-und-dann-doch-nicht-Suizidgefährdete zu essen bekommen haben soll an einem der Tage, an dem er mehr denn je die Schlagzeilen beherrscht: Auf dem Speiseplan im «Café Landes», wie die Mannheimer Justizvollzugsanstalt bei deren Insassen heißt, stünden Fleischkäse und Wirsing. Extrawürste gibt es keine für den Neuen in der Anstalt, «keine Sonderbehandlung», betont JVA-Chef Schüssler.

Von Prominentenbonus kann keine Rede sein, eher von Promimalus. Persönlichkeitsrechte stünden auch dem bekanntesten Wettermoderator des deutschen Sprachraums zu. Doch das ist Theorie. Die Praxis bestimmen die Medien – und der Gefängnisdirektor. Romeo Schüssler sieht kein Problem darin, zu erzählen, dass der TV-Mann bislang auf den Fernseher, der ihm hinter Gittern zusteht, verzichtet hat. «Vielleicht», mutmaßt er, «hatte er noch keine Zeit, sich einen zu mieten. Das müsste er übrigens selber bezahlen.»

Einer Beamtenkarriere schadet solche Auskunftsfreudigkeit kaum: Kein halbes Jahr zieht ins Land, da wird Romeo Schüssler befördert. Baden-Württembergs Justizminister Ulrich Goll wird ihn am 3. August 2010 zum Präsidenten des Amtsgerichts Mosbach ernennen. Fünf Tage nachdem Jörg Kachelmann die Justizvollzugsanstalt Mannheim verlassen durfte. Nach 131 Tagen.

Kachelmanns Firma fasst sich kurz. «Mit großem Entsetzen», heißt es in einer Medienmitteilung noch am Montag, «hat der Wetterdienst Meteomedia von den Anschuldigungen gegen Jörg Kachelmann Kenntnis genommen. Wir halten es für undenkbar, dass die Anschuldigungen stimmen könnten.» Die Anwälte Höcker und Birkenstock unternähmen derzeit «alles, um die ungerechtfertigten Vorwürfe aufzuklären».

Die härteste Sendung von Sonja A. dauert drei Stunden. Das Album der Woche ist schnell verlost. Techno wummert. Und schon ruft, ganz aus der Nähe, Lokalradio Regenbogen an. Die Mannheimer Kollegen wissen seit Jahren von der Beziehung der Sunshine-Moderatorin zum Wettermann. Scheinheilig, so wird Sonja A. einem Gutachter erzählen, hätten sie nachgefragt, was los sei. Ob sie die Vergewaltigte sei, wollen sie wissen.

Sonja A. hat mit Rechtsanwalt Franz und mit ihren Eltern verabredet, niemandem etwas zu sagen, keine Kommentare abzugeben, nichts. Daran hält sie sich nun gegenüber Radio Regenbogen und daran hält sie sich in den nächsten Tagen, als Medienvertreter ihre Straße, ihr Haus, ihren Vater und ihre Mutter belagern. Das wird sie lange Monate tun, obwohl Journalisten nicht aufhören anzurufen, SMS zu senden, zu faxen, einfühlsame Briefe zu schicken. Wer Sonja A. schreibt, muss damit rechnen, dass seine Anfrage in der Strafakte Kachelmann landet – und von dort bald in den Medien. Das passiert selbst Journalistinnen, die sich von Anfang an auf die Seite des mutmaßlichen Opfers stellen.

Eine Ausnahme macht Sonja A. für Alice Schwarzer. Die kämpferische Frauenrechtlerin wird im Kachelmann-Verfahren eine Sonderrolle als publizistische Nebenklägerin einnehmen – ausgerechnet als Kolumnistin im Blut-, Blech- und Busenblatt «Bild». Mit den Fakten nimmt sie es nicht immer genau. So wird Schwarzer wiederholt schreiben, Kachelmanns Anwälte hätten anfangs behauptet, die Anzeigeerstatterin sei eine Stalkerin. Weil das nicht stimmt, bekommt sie mehrfach Ordnungsgelder aufgebrummt.

Kein Jurist des Wettermanns hatte damals das Gerücht in die Welt gesetzt, eine Stalkerin stehe hinter den Anschuldigungen, sondern – gemäss der «Bild»-Zeitung am Tag nach der Verhaftung – ein «enger Geschäftspartner». Frank-B. Werner, Wirtschaftsjournalist, Unternehmer, Weggefährte Kachelmanns und Meteomedia-Aktionär, wird im selben Text zitiert mit den Worten: «In der Vergangenheit kam es immer wieder zu einstweiligen Verfügungen wegen Stalkings, letztmals Anfang Jahr.» Von einer «langjährigen Freundin im Rhein-Neckar-Kreis» habe er nie gehört. «Meines Wissens war Jörg Kachelmann Single. Seit November ist er von seiner zweiten Frau geschieden.»

Lügen würden über sie verbreitet, schreibt Sonja A. in die Chronologie ihres Leidens, irgendwann nachdem sie Werners Zitate gelesen hat. Keine Bekanntschaft in Schwetzingen habe Jörg Kachelmann gehabt? Nach elf Jahren Beziehung habe er ein Kind von ihr gewollt, notiert sie. Fünf Ausrufezeichen setzt sie dahinter.

Frank-B. Werner und andere, die davon nichts ahnen, stärken dem Inhaftierten den Rücken. «Es kann gar nicht wahr sein», wird Werner im Schweizer Boulevardblatt «Blick» zitiert. «Er war ja seit Anfang Februar in Kanada, wo er für die ARD die Olympia-Wetterprognose machte. Danach hat er in Kanada und in den USA geschäftliche und familiäre Termine wahrgenommen. Wenn einer eine Gewalttat auf dem Gewissen hat, kehrt er doch nicht freiwillig nach Deutschland zurück.» Die Beweislage für die Behörden beurteilt Werner als «schwierig»: «Blaue Flecken kann man sich auch beim Skifahren holen.» Er gibt sich sicher, dass er mit Kachelmann «bald über die spannenden Geschichten lachen kann, die er im Gefängnis erlebt hat.»

An diesem Montag stehen Werner, der Mitaktionär und ehemalige «Sonntagsblick»-Chefredakteur Peter Balsiger, die Meteomedia-Spitze, der Zürcher Rechtsanwalt und Kachelmann-Vertraute Matthias Schwaibold und dessen Kölner Kollegen gemeinsam für den

Inhaftierten ein. Noch. Eine Telefonkonferenz zwischen der Schweiz und Deutschland jagt die andere.

Gemeinsam versuchen alle, Schaden vom Inhaftierten und vom Unternehmen abzuwenden. Eines der Probleme des Krisenstabs: Laufend melden sich Frauen bei ihnen, die behaupten, sie seien die Lebenspartnerin von Jörg Kachelmann. Ralf Höcker soll herausfinden, was bei den angeblichen und tatsächlichen Geliebten Sache ist, und sie unter Umständen beraten. In einer der Telefonkonferenzen tragen Involvierte ihr Wissen über Jörg Kachelmanns Liebesleben zusammen: Jeder weiß ein bisschen etwas über verflossene und vielleicht noch aktuelle Partnerinnen. Bald hat Höcker mehr als ein halbes Dutzend Namen von Frauen notiert, doch die Zusammenstellung ist noch lange nicht komplett. Allen ist klar: Diese Liste ist mediales Dynamit.

Ab 20 Uhr verfolgen Millionen Zuschauer gespannt, wie die ARD in ihrer Tagesschau über den Fall des Mannes berichtet, der bereits am nächsten Tag wieder ihr Wetter hätte vorhersagen sollen. Auf anderen Kanälen sind Inhaftierung und Vergewaltigungsvorwurf Topthema. In der Tagesschau fällt der Name Kachelmann nicht, genauso wenig in den Tagesthemen. Solch eine «Promi-Krimi-Vorwurf-Mixtur» habe in seinen Sendungen nichts verloren, tut der Nachrichtenchef in seinem Blog kund. Die ARD vermeldete einst einen Zusammenprall des Gesangssternchens Daniel Küblböck mit einem Gurkenlaster, aber die Verhaftung eines ihrer prominenteren Gesichter verschweigt sie. Bei Kachelmann handle es sich um einen Verdacht, rechtfertigt sich der Sender, Küblböcks Unfall sei erwiesen.

Auf Teletext liest Sonja A., dass Kachelmann sie verklagen wolle wegen Falschbeschuldigung. Sie fürchtet, so hält sie in ihrem Laptop fest, dass alle ihm glauben und keiner ihr. Wenn die wüssten, schreibt sie, was für ein gestörter Psychofreak er ist. Ihr, die so stark sein wollte, scheint alles zu viel geworden zu sein. Morgen wird sie tun, wogegen sie sich innerlich lange gewehrt hat. Sie wird tun, wozu ihr Polizei, ihr Anwalt und auch Rechtsmediziner Mattern geraten hätten: Sonja A. begibt sich in Psychotherapie, zum Trauma-experten Professor Günter Seidler in die Klinik für Allgemeine Innere Medizin und Psychosomatik der Universität Heidelberg.

In der Nacht erhalten die Kölner Anwälte ein kurzes Schreiben aus British Columbia. Die wenigen Zeilen, verfasst von der Exfrau Jörg Kachelmanns, wird die Verteidigung der Staatsanwaltschaft vorlegen. Mit Jörg sei sie über zehn Jahre befreundet und zwei Jahre verheiratet gewesen, heißt es. Es sei eine Scheidung gefolgt mit großem Streit. Seit drei Monaten erst, schreibt die Schweizerin aus dem 500-Seelen-Nest Brigde Lake, seien sie geschieden. Nun sei die Beziehung wieder freundlich. Ihr Ex-Mann habe nie körperliche Gewalt gegen sie angewendet. Sie könne sich nicht im Geringsten vorstellen, heißt es weiter, dass er einem menschlichen oder tierischen Wesen etwas antun könnte.

Die zweite geschiedene Gattin Jörg Kachelmanns bittet Strafverteidiger Birkenstock am Schluss, er solle in der JVA Grüße ausrichten von ihr und den beiden Söhnen. Sie würden an Jörg Kachelmann denken und hoffen, dass sich die große Lüge bald aufklären werde.

Am Dienstagmorgen in aller Früh wendet sich eine Frau vom Zürichsee an Jörg Kachelmanns Umfeld. Heidi T. hat aus den Medien erfahren, dass ihr Freund in U-Haft sitzt. Verzweifelt hat sie herumtelefoniert – auch mit Jörg Kachelmanns Mutter in Schaffhausen. Die Schweizerin wird den Beschuldigten später mit Aussagen in Schwierigkeiten bringen. Doch jetzt verteidigt sie ihn und findet, das Ganze sei ungeheuerlich und der Vorwurf absurd. Sie kenne Jörg – und er verhalte sich genau gegenteilig zu dem, was ihm vorgeworfen werde. Nach Streit sei Sex so ziemlich das Letzte, was er wolle. Jörg sei einer der am wenigsten gewalttätigen Menschen, die sie kenne.

Das Amtsgericht Mannheim wird an diesem Dienstagmorgen ebenfalls kontaktiert, von einer Berlinerin: Sie habe früher eine Affäre mit Jörg Kachelmann gehabt – vor rund zehn Jahren. Sie hoffe, dass die Frau – gemeint ist Sonja A. – zu ihrem Recht komme. Die Behörden versuchen zu klären, was ihre kryptische Botschaft bedeutet, der Erfolgsverwöhnte akzeptiere es nicht, wenn man ihm sage, er solle aufhören. Die Berlinerin hinterlässt keine Kontaktadresse, aber sie bittet die Behörden, sich von Kachelmanns Anwalt nicht einschüchtern zu lassen.

In der Medienhölle

Im hintersten Winkel des Appenzellerlands, im kleinen Kurort Weissbad, steht ein knorriges Gehöft. Am mit braunen Schindeln gedeckten Bauernhaus mit angebauter Scheune lehnt eine rote Schneeschaufel. Sie wird nicht mehr gebraucht, denn Ende März grünt es auch hier oben in 900 Metern Höhe, wo das Alpsteingebirge anfängt und die Skiabfahrt vom Säntis endet. Es ist auch niemand da, der die Schaufel brauchen könnte. Die Bewohnerin hat ihr Häuschen verlassen, als Journalisten sie heimsuchen. Und ihr Partner ist inhaftiert.

Und so rasen ein Reporter des Klatschhefts «Superillu» und einer der ein bisschen gediegeneren «Bunte» am 23. März 2010 vergeblich vom Bodensee südwärts in die Hügel. Sie kurven umsonst durch die Appenzeller Streusiedlungen, in denen jeder Hof einsam mitten im bewirtschafteten Land steht.

Falls die Reporter während ihrer kurzfristig anberaumten Schweizreise Zeit zum Zeitung lesen finden, können sie sehen, dass die hiesige Presse die Wettermetaphern hervorgekramt hat. «Wetterfrosch im Tornado», «Sturmtief über Kachelmann» oder «König der Frösche» lauten die Überschriften am Tag, nachdem die Verhaftung des nun sicherlich berühmtesten Schweizers in Deutschland bekannt wurde. Auch der eine oder andere deutsche Journalist hat sich die Schadenfreude nicht verkneifen können über den Fall des «Herrn der Blumenkohlwolken», des «Strebers mit Herz», des «Hansdampfs», des «Regen-Rilkes».

Häftling H 08 1008 100 553 scheint von der medialen Häme wenig mitzubekommen. «Es gibt zwei Privilegien im Knast, die Sie sich zusätzlich erwerben können: einen Wasserkocher und eine Glotze», wird Jörg Kachelmann die «Spiegel»-Leser im August aufklären. Mit der Zeit habe er einen Fernseher in die Zelle bekommen, doch er habe alle Sendungen vermieden, die mit ihm zu tun haben könnten. «Ich wusste immer, wann die Luft rein ist», wird er sagen, «ich bin zu einem starken Viva- und MTV-Fan geworden. Mein Musikgeschmack hat sich stark verjüngt.»

Am Briefkasten an einem der letzten Bauernhäuser im Appenzellerland verrät kein Namensschild, wer hier wohnt. Doch all die Journalisten, die in den kommenden Tagen und Wochen davor parken, wissen sofort: Hier bin ich richtig. Vor den Fenstern hängen meteorologische Messgeräte und hinter dem Gebäude steht, eingezäunt, eine Wetterstation. Klingeln oder anklopfen ist zwecklos. Die ehemalige PR-Beraterin Herta C., die hier wohnt, ist abgetaucht. Sie hat am Tag zuvor den Medien entnehmen müssen, weshalb der Mann, wegen dem sie hierhergezogen ist, in Untersuchungshaft sitzt.

Um nicht unverrichteter Dinge abziehen zu müssen, sprechen die Reporter von der «Superillu» und der «Bunten» bei den Nachbarn vor. Sie erkundigen sich nach Jörg Kachelmann und der Frau, mit der er nebenan zusammenleben soll. «Die kommt nicht mehr zurück», heißt es. Im Dorfgasthof wissen Gäste und Personal über die Zugezogene nur Gutes zu berichten. Herta C. arbeite nicht mehr in ihrem Beruf, habe serviert und Kühe fotografiert. Ihn hat man auch, aber seltener gesehen. Bald ist auch der «Blick» vor Ort, beschreibt «Kachelmanns Liebesnest» und druckt Fotos davon. «Eine sympathische und attraktive Frau», so wollen die Boulevardreporter aus Zürich im Dorf sowie von einer Nachbarin erfahren haben, «habe das Haus geschmackvoll eingerichtet.» Die Möbel seien aus Deutschland angeliefert worden.

Ruhe vor den Massenmedien findet Herta C., die sich in die Appenzeller Idylle zurückgezogen hatte, keine. Ein freier Boulevard-Journalist hat ihre Handynummer herausgefunden und gewählt, ebenso der «Stern». «Bild am Sonntag» schickt eine SMS. Doch das ist nur der Anfang. Über Tage, ja Wochen reißen die Anrufe, die

Überredungsversuche, die Kooperationsangebote der Presse nicht ab. Eine Anfrage ist netter formuliert als die andere.

Die Medien haben zur Jagd geblasen auf frühere und jetzige Partnerinnen des Wettermanns. Die Pirsch wird Monate dauern, sie führt ins Appenzellische, aber auch an den Zürichsee. Sie geht weiter in der kanadischen Halbwildnis. Journalisten schwärmen aus nach München und Saarlouis, nach Konstanz, Leipzig, fliegen nach Hamburg, sie setzen über nach Hiddensee, sie fahren nach Rügen. Viele Fährten werden verfolgt, einige erfolgreich, andere weniger, alle intensiv. Doch besonderen Jagdinstinkt weckt die Anzeigeerstatterin aus Schwetzingen, die angebliche Stalkerin, von der bald alle wissen, dass sie keine ist.

Sind all die gesuchten Damen auf die Schnelle nicht auffindbar, wendet sich die Presse ungeniert an Angehörige. Die «Schwäbische Zeitung» meldet sich beim Vater von Herta C. aus dem appenzellischen Weissbad, der im Redaktionsgebiet lebt. Auch Tanja May von der «Bunten» kontaktiert ihn wiederholt. Der alte Herr legt den Hörer auf, bevor ein Gespräch richtig begonnen hat. Doch die Münchner Reporterin lässt nicht locker. Kurz darauf mailt sie dem Vater: Sie könne, schreibt May, sich vorstellen «dass Sie und Ihre Frau nicht gerade begeistert sind, was Sie seit Tagen alles über Ihren Quasi-Schwiegersohn Jörg Kachelmann lesen müssen». Ein Redaktionskollege habe gerade «sehr ausführlich mit einer Frau gesprochen, die über viele Jahre mit Herrn Kachelmann in einem Haus zusammengewohnt und die ihn auch über Jahre immer wieder nach Kanada zu seiner dort lebenden Exfrau und seinen beiden Söhnen begleitet hat». Das sei aber längst nicht alles. Es gäbe mehrere Frauen, «die alle nicht gerade glücklich darüber sind, wie sie von Herrn Kachelmann veräppelt und hintergangen wurden».

Vielleicht fühlt sich auch Herta C. veräppelt und hintergangen. Doch als sie einen Winter später in der Hauptverhandlung gegen Jörg Kachelmann befragt wird, ist ihr davon – zumindest im kurzen öffentlichen Teil – nichts anzumerken. Sie wird eher die Rolle einer Zeugin der Verteidigung einnehmen. Sie hat eine lange Liste von Kontaktversuchen der Medien zusammengestellt, die sie, die Stimme voller Empörung, im schmuck- und trostlosen Saal 1 des Mannheimer Landgerichts herunterliest. Von vielen Versuchen hat Herta C. nichts mitbekommen, weil sie an den Tagen nach der Festnahme ihres Liebsten, der bald nach ihrer Aussage eine andere heiraten wird, nicht im gemeinsamen Haus war. Als sie noch einmal kurz ins Appenzellerland zurückkehrte, stand plötzlich der «Blick» vor der Tür. Die «Bunte», wohl von Anwohnern informiert, ruft an und die «Superillu» ebenso. Kachelmanns Medienanwalt Höcker interveniert in der Redaktion des Blatts, damit die Noch-Partnerin seines Mandanten in Ruhe gelassen wird.

Doch andere machen weiter. «Bild am Sonntag» fragt sie nochmals per SMS, ob sie nicht doch ein «Mosaiksteinchen» zur Lösung des Rätsels Kachelmann beitragen wolle. Sie will nicht. «Bunte», «Bild» und «Blick» holen sich eine erneute Absage ab. Auch die bereits abgewiesene «Stern»-Journalistin lanciert nochmals eine «vorsichtige Anfrage» und betont bei dieser Gelegenheit, wie rücksichtsvoll die Zeitschrift bislang in der Sache berichtet habe. Doch die Bedrängte, die Betrogene, möchte partout nicht öffentlich ihr Herz ausschütten. Herta C. ist nicht einmal gewillt, mit den Schwetzinger Ermittlern zu reden, die sich nach all den Medien auch noch bei ihr melden. Nur schriftlich und über ihren Rechtsanwalt bezieht sie gegenüber der Strafverfolgungsbehörde Stellung – für Jörg Kachelmann. Sie sei zwar traurig wegen der Dinge, hält sie fest, die als «Beifang» der Ermittlungen publik geworden seien. Doch ihre Privatsachen müssten ihr langjähriger Partner und sie untereinander klären. Nach all ihren Erfahrungen, schreibt sie weiter, könne sie sich nicht vorstellen, dass Jörg Kachelmann jemanden in bösartiger Absicht seelisch oder körperlich verletzen könne. Eine Vergewaltigung – so endet ihre schriftliche Aussage vom 26. Mai 2010 – schließe sie aus.

Im Kleinen Feld in Schwetzingen sind bereits seit Montagnachmittag Reporter unterwegs. Lokal, in Medienkreisen zumindest, war es höchstens ein offenes Geheimnis, dass Sonja A. den Wettermoderator liebte, und er, so schien es, sie auch. Nun tauchen immer mehr

Journalisten in ihrer Straße auf, sie warten, sie stehen vor ihrer Tür und vor der ihrer Eltern, sie sitzen im Auto, sie gehen auf und ab, sie fahren auf und ab, sie fragen in der Nachbarschaft, wer Jörg Kachelmann wann zuletzt gesehen hat. Kamerateams filmen die Reihenhäuser, die Hecken, die Vorgärten, in denen Primeln blühen und Narzissen. Die Telefone klingeln bei Sonja A. und ihren Eltern und ab und zu auch die Türglocken. Der Vater wimmelt, wohl in einem Anflug von Galgenhumor, die aufdringlichen Reporter auf Spanisch ab. «Yo no sé», antwortet er, ich weiß nicht.

Als ein Polizistenduo Sonja A. nochmals aufsucht, hängt sich «Bild»-Reporterin Janine Wollbrett an deren Fersen. Sie will mit der Polizei rein ins Dreiparteienhaus. Doch Kripo-Ermittlungsleiter Horst D. knallt ihr die Haustür vor der Nase zu. Oben in der Wohnung ist Sonja A. allein. Auf die Polizisten wirkt sie nervös, ja aufgelöst. Sie weint, zittert und sagt, sie wolle keine Schlammschlacht, sie stehe das nicht durch.

Auf die einfühlsame Tour versucht sich die «Bunte» heranzupirschen. Die Münchner Illustrierte stellt sich auch bei Sonja A. wiederholt als publizistische Interessenvertreterin der Betrogenen Jörg Kachelmanns dar. Sie empfiehlt sich als Redaktion, der Frauen vertrauen. «Ich hoffe sehr, dass es Ihnen gesundheitlich etwas besser geht?!», wird Chefreporterin Tanja May eine Woche nach der Verhaftung nach Schwetzingen faxen. «Wie ich Ihnen schon mehrfach geschrieben habe, habe ich Ihnen von Anfang an geglaubt, was Herr Kachelmann Ihnen angetan hat.» Bei der «Bunten» hätten sich mittlerweile «sechs Frauen gemeldet, die während der vergangenen Jahre (fast alle parallel) mit Herrn Kachelmann liiert waren». Alle erzählten «identisch dieselbe Geschichte»: «Er müsse rund um die Uhr arbeiten, führe einen teuren Prozess gegen seine Exfrau in Kanada.» Deshalb habe er weder Geld noch Zeit, um eine gemeinsame Zukunft zu planen. «Zudem», weiß Tanja May, «erzählte er jeder einzelnen, dass sie in seinem Leben die einzige Frau sei und dass nur sie ihm helfen könne» bei seinen Problemen und mit seinen Kindern. Nichts davon sei leider wahr – «was für alle Frauen gleich schmerzhaft ist».

Die «Bunte» wird zur Zeitschrift, der die Enttäuschten vieles anvertrauen – gegen Entgelt. Mindestens dreien wird die Redaktion Tausende Euros bezahlen, damit sie ihre Beziehungsgeschichten mit Kachelmann teilweise inklusive Details aus dem Bett exklusiv im farbigen Frauenblatt ausbreiten. Doch bei Sonja A. beißt die Münchner Redaktion, zumindest vorerst, auf Granit, auch mit dem Schreiben, das so endet: «Bitte rufen Sie mich doch einmal an oder lassen Sie uns treffen. Sonnengrüße schickt Ihnen die Tanja May».

In den ersten Tagen sind die Schlagzeilen im Fall Kachelmann riesig und prominent, obwohl die Informationen dürftig bleiben. Nachbarn von Sonja A., die zitiert werden, wollen oder sollen öfter Autos mit Schweizer Kennzeichen in ihrer Straße beobachtet haben. Allerdings erzählen sie von unterschiedlichen Modellen und verschiedensten Farben. Ein Schwetzinger Pizzabäcker findet sich, der Jörg Kachelmann und Sonja A. seine Stammgäste nennt. Monate später wird er zugeben: Das war erfunden. Er habe den Journalisten alles nur erzählt, um sein Ristorante ins Gespräch zu bringen. Das ist ihm geglückt.

Am Mittwoch, dem 24. März 2010, dem zweiten Tag nach Bekanntwerden der Verhaftung, erhält der Inhaftierte bereits zum zweiten Mal in der «Bild»-Zeitung «Post von Wagner», was man als mediale Höchststrafe begreifen kann. Bis Jahresende wird der aufrechte Franz Josef Wagner rekordverdächtige fünf seiner Brief-Kolumnen an den «lieben Jörg Kachelmann» gerichtet haben und eine an das «liebe mutmaßliche Opfer». «Kachelmann ist für mich ein Liebes-Lügner», wird er zum Prozessauftakt schreiben. «Ich weiß nicht, welche Strafe es für so einen Mann gibt. Die Kastration?»

Auf der Titelseite des Boulevardblatts prangt am 24. März 2010 ein Bild von Sonja A. Auf einem grellen, großen Pfeil, auf das Porträt gerichtet, steht: «Diese Frau belastet ihn schwer!». Die Gesichtspartie hat die Redaktion verfremdet. Den eigenen Namen in den Medien zu lesen, so hat die Radiomoderatorin in ihrem tagebuchartigen Text festgehalten, wäre schlimmer als die Vergewaltigung. Nun schreibt die Presse bereits von «der blonden Frau». Sie bekommt

Pseudonyme verpasst: Petra oder Simone, Silvia May oder Sabine W. Doch dann wird sie auf der Internetseite «bild.de» in einem Leserkommentar mit Vor- und Nachnamen geoutet. Ein Anonymus schreibt, er habe die Moderatorin auf dem verpixelten Porträt in der Zeitung erkannt. Der Satz verschwindet bald wieder von der «Bild»-Homepage, doch der richtige Name von Sonja A. verschwindet nicht mehr aus dem World Wide Web. Auf Facebook haben sich Unterstützer für den Wettermoderator formiert und lancieren die Petition «Free Kachelmann». Bald stellen sie die Autogrammkarte von Sonja A. dazu. Auf Facebook bleibt die Aufnahme unverfremdet. «Auf dem Foto von ihr sieht man auf einen Blick, dass diese Frau irgendwo ein Problem hat», schreibt ein anonymer Kommentator dazu, «eine normale Frau ist DAS jedenfalls NIE gewesen!» Das gehört noch zum Harmloseren, was im Internet über Sonja A. erscheint und monatelang zu lesen ist. Es ist der Anfang einer beispiellosen Hatz – nicht nur auf das mutmaßliche Opfer, sondern auch auf den Verdächtigen.

Das Internetgericht wird im Fall Kachelmann über ein Jahr lang tagen. Neben Falschem steht Wahres, dazwischen Diffamierendes. Möchtegernankläger formulieren Hassbotschaften zuhauf, gegen Jörg Kachelmann, gegen Sonja A. Möchtegernverteidiger bekunden Solidarität mit dem einen und mit der anderen. Online geht es undifferenziert zu und ruppig wie kaum je zuvor in einem deutschen Strafrechtsfall. Beide Hauptpersonen stehen in dieser Woche am elektronischen Pranger und bleiben es für lange Zeit, vielleicht für immer.

In Kampfblogs pro Kachelmann findet sich Allerlei zu Sonja A., neben ihrem Autogrammbild ihr Vor- und Nachname, biografische Details, die genaue Adresse, die Wohnung eingekreist auf einer Luftaufnahme des Kleinen Felds, Fotos des Wohnhauses, des gepflegten Vorgartens, des Türschilds.

Die Bekloppten im Internet würden ihr nicht so viel ausmachen, wird Sonja A. sagen, aber die «Pressebelagerungen» seien furchtbar gewesen. Wegen der «Medienhölle» habe sie sich in Therapie begeben.

Bestürmt werden auch die Anwälte beider Seiten und die Staatsanwälte. Die Macher der TV-Sendung «Kerner» rufen in der Woche, als die Inhaftierung bekannt wurde, Medienanwalt Ralf Höcker an und laden ihn als Talkgast in die nächste Sendung ein. Opferanwalt Thomas Franz und auch der ermittelnde Staatsanwalt hätten schon zugesagt, behauptet die Redaktion.

Höcker ist überrascht, denn alle Beteiligten haben in einem Gentlemen's Argeement vereinbart, sich nicht zu den Vorwürfen zu äußern. Thomas Franz und die Staatsanwaltschaft haben der Verteidigung gegenüber ebenfalls bekundet, was die Kölner Anwälte und Meteomedia öffentlich erklärt haben: Sie würden «nicht der Unsitte folgen, nun eine mediale Schlammschlacht zu beginnen, denn hierunter würden alle Beteiligten nur noch zusätzlich zu leiden haben».

Nach dem Anruf der «Kerner»-Redaktion meldet sich Höcker umgehend bei Franz, der sich ebenfalls erstaunt zeigt über das, was er zu hören bekommt. Johannes B. Kerners Leute, so sagt Franz, hätten ihm gegenüber behauptet, Höcker und Birkenstock säßen ganz sicher in ihrer Diskussionsrunde. Schließlich geht keiner hin. Das Stillhalteabkommen hält vorerst. So bleibt die Informationslage eine Woche lang dünn, äußerst dünn.

Die Presse hat – abgesehen von der Autogrammkarte – auch keine brauchbaren Bilder von der bekanntesten Unbekannten Deutschlands. Deshalb belagern eine Woche nach der Verhaftung Jörg Kachelmanns noch immer zwei Paparazzi das Haus, in dem Sonja A. lebt. Einer wartet vorne, der andere hinten. Die Fotografen auf der Lauer sind sich nicht sicher, ob ihre Gesuchte überhaupt da ist – bis Rechtsanwalt Thomas Franz vorfährt. Er steigt aus dem Auto, hat einen Umschlag in der Hand, klingelt und wird reingelassen. Nun wissen die Wartenden: Sonja A. ist da. Kurze Zeit später kommt Franz wieder raus, ohne Umschlag.

Plötzlich erscheint Sonja A. Sie macht ein paar Schritte. Erblickt die Paparazzi. Spurtet los. Der eine Fotograf drückt ab. Der andere heftet sich an ihre Fersen. Beide sehen, wie die frühere Leichtathletin direkten Kurs nimmt auf einen Zaun. Mit einem Satz steht sie im

Garten des Nachbarhauses, in dem ihre Eltern wohnen. Sie klopft aufgeregt an eine Glastür. «Wir können doch vernünftig reden», ruft ihr, hinter dem Zaun stehend, der Mann nach, der sie verfolgt hat. Doch Sonja A. will nichts davon wissen. Sie hämmert gegen die Glastür. Nach bangen Sekunden wird sie reingelassen. Die Bilder ihrer Flucht vor den Kameras erscheinen nie.

Hingegen publiziert die «Bild»-Zeitung Fotos, die ein Mitarbeiter zwölf Kilometer entfernt gemacht hat. Aus einem Küchenfenster im zweiten Stock eines Nachbarhauses der Justizvollzugsanstalt Mannheim hat der Fotograf mit einem Riesenteleobjektiv einen Untersuchungshäftling beim Hofgang herangezoomt. Das Gesicht des Braunhaarigen mit dem rotschwarz karierten Hemd bleibt unscharf, doch die aufmerksame Leserschaft des Boulevardblatts weiß: Das ist Kachelmann! Er trägt dasselbe Hemd wie bei der Verhaftung! Wieso Millionen das wissen? «Bild» hat bereits den sogenannten «Mugshot» veröffentlicht, das Polizeifoto mit dem übermüdeten Festgenommenen.

Die Staatsanwaltschaft Frankfurt leitet eine Untersuchung ein, weil die Aufnahme nur auf illegalem Weg aus der erkennungsdienstlichen Kartei in die Redaktion gelangt sein kann. Und Höcker erwirkt eine einstweilige Verfügung gegen die Veröffentlichung der Fotos, die über die Gefängnismauern geschossen wurden. Doch «Bild» will juristisch nicht klein beigeben. Es kommt zu einem Rechtsstreit, der sich über Monate hinzieht. «Bild am Sonntag» veröffentlicht auch einen Schnappschuss mit einem schemenhaften Kachelmann beim Joggen in der JVA. Und «Bild» titelt kurz darauf: «16 Grad, Wind von Nordost: Jörg Kachelmann genießt die Sonne im Gefängnishof». Zu sehen ist, leicht unscharf, wie eine dunkel gekleidete Figur in einem umzäunten Bereich herumsteht und zwei Männern beim Schachspielen zuguckt.

Höcker will vom Springer-Verlag, der «Bild» und «Bild am Sonntag» herausgibt, Schadenersatz verlangen, der sich auf 2,25 Millionen Euro summieren soll. Im Sommer, vielleicht als Reaktion auf die Klageankündigung, wird Deutschlands meistangeguckte Zeitung jene Frau als «Prozess-Kolumnistin» verpflichten, die zur ärgsten schreibenden Widersacherin des Wettermanns geworden ist: Alice Schwarzer. Die Feministin hat sich mehr oder weniger überzeugt gezeigt, dass Jörg Kachelmann etwas verbrochen hat – wenn nicht strafrechtlich, dann sicher moralisch. «Bild»-Chefredakteur Kai Dieckmann wird sich rühmen, persönlich die glorreiche Idee zur Beschäftigung Schwarzers gehabt zu haben.

Eine Woche nach der Verhaftung Jörg Kachelmanns, trotz einer beispiellosen Treibjagd, ist unklar, was genau der Schaffhauser in Schwetzingen angerichtet haben soll.

Dann veröffentlicht «Focus» praktisch alle Ermittlungsergebnisse. Das Nachrichtenmagazin, so wird die Verteidigung bald argwöhnen, sei «das Sprachorgan der Staatsanwaltschaft Mannheim».

Elf Sekunden

Am Ende von Tag vier nach der Verhaftung Jörg Kachelmanns wird die Mutter von Sonja A. Narzissen vor ihrer Haustür finden. Hingestellt hat das Töpfchen mit den gelben Frühlingsblumen eine sogenannte «Witwenschüttlerin».

Für Jörg Kachelmann ist dieser Mittwoch, dieser 24. März 2010, der einzige Tag in über vier Monaten Untersuchungshaft, an dem er die Justizvollzugsanstalt verlassen darf. Er hat sich rasiert, zieht Jeans an, eines seiner Lieblings-T-Shirts, schwarzweiß gestreift, eine etwas zu weite schwarze Lederjacke und dunkle Halbschuhe. Diese Kleidung, das etwas vollere Gesicht, und das Haar, das frisch gewaschen in den Nacken fällt – all dies wird die öffentliche Wahrnehmung des inzwischen bekanntesten Häftlings Deutschlands prägen. Aber Gedanken werden sich viele machen, weshalb sie die Wangen-, Kinn- und Halspartien erstmals seit Urzeiten glatt zu sehen bekommen. Fast in jeder Zeitung wird stehen, dass der Bart weg ist. Mancher Journalist vermisst auch den «Fussel» oder das «flaumartige Gekräusel».

So wird Jörg Kachelmann am Nachmittag vor die Kameras treten. Und bald wird die Aussagepsychologin Luise Greuel – mit Vorbehalten – mutmaßen, er sei ein ausgeprägter Narzisst. Der Absolvent der Kantonsschule Schaffhausen gab sich stets stolzer auf sein Großes Latinum als auf sein Aussehen. Nach der Haftentlassung, schlanker und smarter wirkend, wird er öffentlich erwidern, er kenne die Sage von Narcissus. Er bezieht dabei den Mythos vom Schönling – anders als Greuel – ausschließlich auf Äußerlichkeiten. «Der Jüngling hat sich in sein Spiegelbild verliebt, als er in einen Fluss geschaut hat», wird er zum Nachrichtenmagazin «Spiegel» sagen.

«Das ist schon seltsam, so etwas auf mich anzuwenden. Die Haupt-
zuschriften, die ich in all meinen Fernsehjahren bekommen habe,
lauteten in etwa so: ‹Sie sehen so scheiße aus, Sie sollten nicht im
Fernsehen auftreten›.»

In der Verpackung der Narzissen vor dem Einfamilienhaus im
Kleinen Feld wird ein Zettelchen liegen. «Mein herzliches Beileid,
Frau A.!», steht da in Schulmädchenschrift, «falls Sie doch noch reden wollen, um die Geschichte richtig zu erklären, hier meine Nummer.» Es folgen eine Handynummer, «herzliche Grüße», eine Unterschrift und ein PS: «Und ganz viel Kraft für Ihre Tochter.»

Jörg Kachelmann steigt früh morgens in ein Zivilfahrzeug ein.
Die Fahrt, organisiert von Staatsanwalt Oltrogge und Gefängnisdirektor Schüssler, soll geheim bleiben. Der Plan geht auf. Keine Viertelstunde und fünf Kilometer später kommt der Wagen im Amtsgericht Mannheim an – unbemerkt von Fotografen und Fernsehleuten,
die bereits mit Kameras warten. Es ist jetzt 7.15 Uhr.

Heute ist der Haftprüfungstermin, notiert Sonja A. in ihr «warum.
doc». Sie hoffe so sehr, dass er nicht freikommt.

Jörg Kachelmann wird in den Verwahrraum des Amtsgerichts geführt. Er unterzeichnet eine Freiwilligkeitserklärung und gibt eine
Speichelprobe ab. Auch werden ihm einige wenige Haare abgenommen, die untersucht werden sollen.

Um 10.30 Uhr beginnt die «Vernehmung nach Ergreifung», so
heißt es im Protokoll, und zum Auftakt redet nur der Beschuldigte.
«Ich möchte vorausschicken», fängt er an, «dass ich schwöre, bei allem, was mir heilig ist, dass die Vorwürfe haltlos sind. Ich habe weder ein Messer berührt, habe keine Vergewaltigung gemacht. Das ist
haltlos und falsch.»

Ein Schwur, und ist er noch so eindringlich, hinterlässt bei der
Justiz oft wenig Eindruck. Zu oft logen gerade jene, die ihre Wahr-
heitsliebe am meisten beteuerten. Doch erfahrene Richter und
Staatsanwälte wissen auch: Einem Eid muss nicht zwingend eine
Lüge folgen.

Die Mutter von Sonja A. bringt den Müll raus. Eine junge Frau mit braunen Locken, mittlere Statur, hat sie abgepasst und spricht sie an. Ob sie Frau A. sei, will die vielleicht 30-Jährige wissen, die sich als Mitarbeiterin einer Zeitung aus Zürich vorstellt. Die Mutter bejaht.

Bei der Mülltonne fragt die Journalistin sie, ob ihre Tochter da sei. Nein, antwortet die ältere Dame einsilbig, die ist in der Klinik.

Das Redetempo des Moderators ist zu hoch. Jörg Kachelmann muss es drosseln, damit die Protokollantin mitkommt. Gegen 23 Uhr sei er in Schwetzingen angekommen, hat er eingangs erklärt, als er zum ersten und letzten Mal zum Vergewaltigungsvorwurf aussagt. Vorausgegangen sei ein «ausführlicher SMS-Tausch». Sonja habe minutengenau wissen wollen, wann er eintreffe. Dies sei ihr wichtig gewesen, weil bei ihr eine Stunde vor Mitternacht die Heizung ausgehe und weil «üblicherweise, wenn wir uns getroffen haben, sie schon ausgezogen auf dem Bett liegen wollte, beziehungsweise leicht bekleidet».

Irgendwann werden die Ermittler auf das Buch «Ruf! Mich! An!» aufmerksam, einen Roman der Journalistin und früheren Wettermoderatorin Else Buschheuer. Eine Stadtneurotikerin namens Paprika berichtet dort von «tabulosem Sex» mit einem Unbekannten. Auf Seite 97 schildert die Ich-Erzählerin, wie sie der Mann, den sie «Valmont» nennt, am Telefon «mit einem schwer einzuordnenden leichten Akzent» instruiert habe: «Ich komme Punkt acht. Die Wohnungstür wird nur angelehnt sein. Ich erwarte Sie nackt auf dem Bett kniend, Rücken zur Tür, mit verbundenen Augen.»

Interessant macht den «Roman für stinknormale Großstädter» in den Augen der Ermittler ein Satz auf dem Umschlag. «Vom Wetter hat Else Buschheuer keine Ahnung», heißt es dort, «aber ihr Buch ist klasse.» Dieses Zitat, so steht da, soll von Jörg Kachelmann stammen.

In der Vernehmung hat Jörg Kachelmann seinen Monolog noch lange nicht beendet. Doch er hat sein Diktiertempo angepasst. Die Protokollantin kommt jetzt besser mit. Sie tippt, wie «das übliche

Verfahren bei den Treffen» im Kleinen Feld ausgesehen hat: Er klingelt unten, geht langsam die Treppe hoch, die Wohnungstür ist angelehnt, Sonja A. wartet ausgezogen «oder in diesem Fall mit schon hochgezogenem Strickkleidchen». «Es kam», erzählt der Wettermann, «zu normalem Geschlechtsverkehr, in jeder Form einvernehmlicher Art».

Sonja A. hat an diesem Tag ihre erste psychotherapeutische Behandlungsstunde. Sie ist in die Heidelberger Universitätsklinik zu Professor Günter Seidler gefahren, der für die einen Verfahrensbeteiligten eine ausgewiesene Kapazität der Traumatologie sein wird und für andere ein Scharlatan aus einem mehr als umstrittenen Wissenschaftszweig und für Sonja A., so wird sie sagen, ein Lebensretter.

Nach dem Sex, so sagt Jörg Kachelmann aus, sei alles wie üblich gewesen. Man habe sich aufs Sofa gesetzt, den Fernseher angemacht, man habe gegessen, er könne nicht mehr mit Sicherheit sagen, was es, außer einem Glas Weißen, gab.

Diesen Teil der Schilderung kennen die meisten Anwesenden bereits. Jörg Kachelmann hatte zuvor seinem Anwalt erzählt, dass er wohl nackt auf der Couch gesessen habe in seinen letzten Minuten in Schwetzingen, beim Gespräch, das zur Trennung führte. Reinhard Birkenstock hat diese vielleicht so zentrale Information zuvor an Staatsanwalt Oltrogge weitergegeben. Und Oltrogge hat die Spurensicherung am Tag vor dem Termin im Amtsgericht nochmals ausrücken lassen zu Sonja A., die trotz Medienhölle zuhause war und auf ein vereinbartes Klingelzeichen hin öffnete.

Beim ersten Einsatz in der Dachwohnung hatte die «Tatortgruppe» die Polstermöbel unter der Dachschräge nur kurz angeschaut und mit bloßem Auge keine Spuren bemerkt. Sechs Wochen später, im zweiten Anlauf, nimmt sie den mittleren Teil der längeren Seite der Eckcouch eine Stunde lang unter die Lupe. Mit einer «forensischen Lichtquelle» und mit Spezialbrillen entdecken die Kriminaltechniker vom Dezernat 43 auf der Sitzfläche und an der Vorderseite etwas Flureszierendes. Es sind, im Jargon, dezente sekretverdächtige Antragungen. Mit Wattestäbchen wischen die Forensiker einen Teil fürs Labor ab. Mit dem Rest führen sie vor Ort einen Schnelltest auf Prostatasekret durch. Die Analyse funktioniert ähnlich wie ein Selbsttest auf Schwangerschaft. Sie fällt negativ aus. Das Sekret könnte auch eine andere Körperflüssigkeit sein oder eine andere Substanz, zum Beispiel Deodorant.

Die späte Untersuchung des Sofas bringt nicht die Entlastung, auf die Jörg Kachelmann gehofft hat.

Im Amtsgericht führt er aus, was geschehen ist, «als das Essen durch war»: Das Gespräch sei auf das Kuvert gekommen, das Sonja A. im Briefkasten gefunden habe. In der anschließenden Diskussion habe er eingeräumt, dass er «2008 mit einer anderen Frau im selben Flugzeug von Kanada nach Deutschland gereist sei». Die Entscheidung von Frau A., ihre Beziehung zu beenden, habe er verstanden und akzeptiert, er sei nach einem emotionalen Abschied «normal die Treppe runtergelaufen», sei nach Mörfelden ins Holiday Inn gefahren und am nächsten Tag nach Vancouver geflogen. «Und genau so», beteuert Jörg Kachelmann, «hat sich diese Nacht zugetragen. Genau so. Und das schwöre ich.»

Die Mutter von Sonja A. will nicht mit der Presse sprechen. Sie hat Tränen in den Augen, als sie sich von der Mülltonne und von der Journalistin aus Zürich abwendet. Beim Reingehen, so wird sie am nächsten Tag der Schwetzinger Polizei erzählen, habe sie noch vor sich hin geredet. Alles sei gelogen, habe sie zu sich selbst gesagt, als sie die Treppe hochging. Die Haustür habe sie sofort hinter sich abgeschlossen.

Beim Witwenschütteln verfolgen Journalisten das Ziel, von Hinterbliebenen von Unglücksopfern und anderen Menschen, denen Leid widerfahren ist, möglichst gefühlvolle Zitate, Auskünfte oder Bilder zu ergattern. Ein ehemaliger «Bild»-Chefredakteur gewährte vor ein paar Jahren einmal Einblick ins umstrittene Metier. «Ich war damals oft mit demselben Fotografen unterwegs, wir hatten eine perfekte Rollenaufteilung», gab er im «Tagesspiegel» preis. «Er hatte eine Stimme wie ein Pastor und begrüßte die Leute mit einem doppelten Händedruck, herzliches Beileid, Herr … Ich musste dann nur noch zuhören. So kamen wir an die besten Fotos aus den Familienalben.»

Doch oft geht es nicht so einfach, viele Boulevardreporter sind ohne Pastorenstimme unterwegs. Dann sind Hartnäckigkeit, Ideenreichtum, Einfühlungsvermögen, eine gehörige Portion Heuchelei und manchmal ein kleines Präsent oder ein, zwei Geldscheine gefragt.

Kachelmanns Prolog ist beendet, es folgen die Fragen. Amtsrichter Siegfried Reemen will noch genauer hören, wie die Trennung verlaufen sein soll. «Erst kam das Essen», sagt Jörg Kachelmann, «dann der Brief.» Sonja A. und er hätten geweint, geschwiegen, ihr Gespräch von einer halben Stunde Dauer sei «emotional» gewesen mit dem «Konsens, dass dies das Ende der Beziehung sei». Für ihn habe es nicht viel mehr zu sagen gegeben, «als es zuzugeben». «Diskutiert wurde nur der Brief und dessen Inhalt», ergänzt Jörg Kachelmann, «über Treue und andere Verhältnisse» sei nicht gesprochen worden.

Anders schaut die Version aus, die Sonja A. ihrer Mutter geschildert hat: Jörg Kachelmann habe zuerst abgestritten, die Frau vom Flugticket zu kennen. Irgendwann habe Herr Kachelmann diese und andere Liebschaften eingestanden und gesagt, er sei labil. Statt die Wohnung zu verlassen, sei er in die Küche gegangen, habe ein Messer geholt und habe ihre Tochter vergewaltigt. Wie das geschehen sein soll, hat Sonja A. ihrer Mutter nicht erzählt.

Jörg Kachelmann sagt, er sei «nicht hundertprozentig» sicher, ob er in jener Nacht überhaupt in der Küche gewesen sei. Gewiss ist er sich aber: «Ich hatte das Messer nicht in der Hand.» Wenn er seine Strafakte studiert hat, weiß er auch: An der angeblichen Tatwaffe sind keine verwertbaren Fingerabdrücke gefunden worden.

Sonja A. kommt in der Traumaambulanz der Uni-Klinik Heidelberg an. Sie ist, so hält Therapeut Seidler in seinen «Behandlungsaufzeichnungen» fest, sehr pünktlich und in entsetzlichem Zustand. Sie weint, es schüttelt sie, sie sagt: Wenn sie das alles gewusst hätte, hätte sie niemals Anzeige erstattet. Aber so jemand dürfe doch nicht frei herumlaufen.

Unmittelbar vor der Befragung im Amtsgericht hat die Staatsanwaltschaft der Verteidigung erste Ergebnisse der DNA-Untersuchung des Tomatenmessers überreicht. Die Resultate aus dem Labor sind provisorisch und interpretationsbedürftig. Am schwarzen Plastikgriff hatte der Experte des Landeskriminalamts eine sogenannte «Mischspur» von mindestens zwei Personen gefunden: 18 von 22 Erbgut-Informationen von Sonja A. konnte er feststellen. Von Jörg Kachelmann finden sich 14 der 22 Merkmale. Für Laien mag ein solches Ergebnis eindeutig erscheinen. Das ist es aber ganz und gar nicht. Die DNA-Analyse wird in der Strafsache 404 Js 3608/10 mehr Fragen aufwerfen, als Gewissheiten bringen.

Nun schaltet sich Verteidiger Birkenstock ein. Er will von seinem Mandanten wissen, ob er das Messer ganz sicher nicht angefasst habe. «Hundertprozentig kann ich es nicht ausschließen», relativiert Jörg Kachelmann seine überzeugte Aussage von eben, «aber ich kann mich heute nicht erinnern, es benutzt zu haben.»

Die molekulargenetischen Untersuchungen sind längst nicht abgeschlossen. Die acht Zentimeter lange Klinge, soviel scheint sicher, kam fast rein und fein säuberlich verpackt im Landeskriminalamt in Stuttgart an. Nur an der Mitte der Schneide hat der Diplombiologe vom LKA eine winzige Spur sichern können: einen Blutrest. Die Menge ist so minimal, dass der Spezialist nicht feststellen kann, ob sie von einem Menschen stammt oder von einem Tier. Nachweisen können sie im Blutspürchen aber mit großer Wahrscheinlichkeit Erbgut von Sonja A. Denkbar bleiben viele Varianten, wie es an die Klinge gelangt ist: Vielleicht ist Sonja A. bei der Vergewaltigung verletzt worden, vielleicht hat sie mit dem Messer rohes Fleisch geschnitten, vielleicht war es ganz anders.

Beim Psychotherapeuten schlägt Sonja A. immer wieder die Hände vors Gesicht. Sie sagt, Jörg Kachelmann habe ihr das Messer die ganze Zeit an den Hals gehalten. Dann aber müssten wohl nach aller kriminalistischer Erfahrung viele Spuren des Opfers an der Klinge zu finden sein und deutlichere Spuren eines Täters am Griff – sofern das Messer nicht abgewischt worden ist. Feinsäuberlich gereinigt, gar gespült worden ist es kaum. Dafür ist es nicht sauber genug.

Im Vernehmungszimmer erkundigt sich Staatsanwalt Oltrogge nochmals nach dem Tampon, zu dem noch keine brauchbare DNA-Analyse vorliegt. «In der Spontaneität würde ich sagen, nein, da war kein Tampon», antwortet Jörg Kachelmann, doch auch hier relativiert er. «Aber meine Erinnerung ist nicht so gut, dass ich es hundertprozentig ausschließen kann.»

Dem Beschuldigten werden Bilder der Hämatome von Sonja A. vorgelegt. Jörg Kachelmann betrachtet die bläulichvioletten Flecken innen an den Oberschenkeln seiner Exgeliebten, groß wie zwei Orangen. Er sagt, die Verletzungen seien «nicht mit mir oder meinem Aufenthalt zu erklären». Auch zu den Aufnahmen zwei Tage später, als das Blut unter der Haut dunkler geworden ist, erklärt er nur: «Ich habe auch nichts getan, was später zu so etwas hätte führen können.»

Bei der Mutter von Sonja A. klingelt das Telefon. Dran ist die Zürcher Journalistin von der Mülltonne. Ihr tue alles unheimlich leid, sagt die Anruferin. Sie sei gerade an einem Blumenladen vorbeigekommen, habe etwas für sie gekauft und stünde jetzt mit dem Geschenk vor der Haustür.

Sonja A., betont Jörg Kachelmann in seiner Aussage, habe seine Mutter nie kennengelernt. Er habe ihre Eltern «wenige Mal» gesehen, vor allem weil sie in unmittelbarer Nachbarschaft wohnten. «Ich habe», erklärt der Verdächtige, «ein Mal für rund eine Stunde, weil ich gerade auf Durchreise war, Platz genommen an einer Familienfeier, an deren Ursache ich mich aber nicht mehr erinnern kann.»

Jörg Kachelmann – so hatte die 70-jährige Frau A. auf der Schwetzinger Polizeidienststelle bezeugt – sei am 60. Geburtstag ihres Mannes dabei gewesen. Ab und zu sei er bei ihnen gewesen, im vergangenen Jahr allerdings nicht mehr.

Jörg Kachelmann schildert im Amtsgericht, wie Sonja A. ihn gebeten habe, ihren Eltern nicht zu sagen, dass er Kinder habe. Einmal habe er Sonja A. für eine knappe Woche nach Oklahoma mitgenommen, «was aber», so seine Erinnerung, «für beide Seiten ein eher frustrierendes Erlebnis war, weshalb es auch sonst keine Urlaube oder ganze Wochenenden in meiner Erinnerung gab».

In Oklahoma, dem US-Bundesstaat der meteorologischen Extreme, bewohnte Jörg Kachelmann zeitweise ein Häuschen. Vom Nest Omega aus, das fünfeinhalb Meilen westlich von Alpha liegt, wolle er, so schwärmte er, auf Tornadojagd gehen. Aus der Prärie hat der – so die Selbstbeschreibung im Internet – «Meteorologe, der eventuell eines schönen Tages in Oklahoma leben wird», eine zeitlang getwittert. «Holy cow», schrieb er als «Weatherdude» an einem heißen Sommertag 2009, «113 degrees on Friday!»

In der Traumaambulanz fragt Professor Seidler seine neue Patientin, woran sie am meisten leide. Sonja A. weint und sagt, das könne niemand verstehen.

Auf den Amtsrichter wirkt Jörg Kachelmann «beherrscht und ausdrucksicher». «Wir haben», sagt er, «nie Weihnachten miteinander verbracht.» Vielleicht gabs zehn bis zwölf Treffen pro Jahr. Manchmal hätten sie sich «mehrere Monate» nicht gesehen, dann «pro Monat wieder häufiger».

Woran sie am meisten leide? Er sei die Liebe ihres Lebens gewesen, antwortet Sonja A. auf die Frage ihres Therapeuten. Wem solle sie noch vertrauen? Nach so viel Täuschung, Lug und Betrug?

«Die Perspektive war eigentlich nie ein konkretes Thema», sagt Jörg Kachelmann, «einfach deswegen auch, weil diese Treffen – so schien es mir – auch von beiden Seiten durchaus in dieser Seltenheit okay waren.» Richter Reemen erkundigt sich, wie er Sonja A. kennengelernt habe. 1998 sei das gewesen «am Rande einer Fernsehsendung», lautet die Antwort, «meiner Erinnerung nach in Ludwigshafen». Die Beziehung habe sich auf ihre Initiative hin entwickelt. «Sie hat mir», sagt Jörg Kachelmann, «ihre Visitenkarte fast aufgedrängt.»

Am 11. September 1998 war der Fernsehmoderator von einer Praktikantin eines Mannheimer Technosenders befragt worden, der den Namen des Wetters trägt, das ihn anödet: Radio Sunshine. Ihm stand ein Karrierehöhepunkt bevor: In Ludwigshafen sollte er die legendäre Samstagabendshow «Einer wird gewinnen» moderieren. Damit scheiterte Jörg Kachelmann zwar. Das war im Nachhinein kein Drama. Die Beziehung jedoch, die sich damals anbahnte, wurde zu einem persönlichen 9/11 für Jörg Kachelmann und für Sonja A. Alles aus elf gemeinsamen Jahren wird umstritten sein – sogar, wie alles begann.

Sie wird der Polizei berichten, was er ihr erzählt habe, als das Aufnahmegerät ausgeschaltet war: Wie doof er «Einer wird gewinnen» fände. Lange habe er ihre Hand gehalten. Und im Weggehen habe er noch ihre Nummer gewollt. Drei, vier Tage später habe er angerufen. Am Wochenende kam er vorbei. Hand in Hand spazierten die 25-Jährige und der 40-Jährige durch den Schwetzinger Schlosspark. So schildert es Sonja A. Es kam zum ersten Kuss, es habe gleich gefunkt, für sie sei es die große Liebe gewesen. Alles war perfekt – nur dass er am ersten Abend, nach wenigen liebevollen Stunden, wieder wegmusste. Wie später so oft.

Psychologen, die sich mit dem Fall befasst haben und der Partnerschaft, die sich da anbahnte, sprechen von einer «Beziehungskollusion». Oft begegnen sich zwei Menschen, so hat es der Zürcher Paartherapeut Jürg Willi dargestellt, und passen zusammen wie Schlüssel und Schloss. Der eine Partner beherrscht, der andere gibt sich auf, zeigt sich unterwürfig. Zwei solche Menschen ergänzen sich gut – solange die Beziehung nicht aus dem Gleichgewicht gerät. Meistens nimmt die Frau in einer solchen Konstellation den «komplementär narzisstischen» Part ein. Sie wirkt selbstlos, bescheiden, doch sie fühlt sich aufgewertet durch die Größe ihres Partners. Umgekehrt genießt der Mann die Anerkennung, das Überlegenheitsgefühl und die bedingungslose Unterstützung, die er erfährt.

Sonja A. wartet auf Jörg Kachelmann, der wenig Zeit für sie hat. Stetig reduziert sie ihre Arbeitszeit bei Radio Sunshine: Am Schluss arbeitet sie nur noch eine Woche im Monat, damit sie verfügbar ist, wenn er alle paar Wochen einmal einige wenige Stunden in Schwetzingen vorbeischauen kann und will. Gemeinsam unterhalten sie eine intensive Onlinefernbeziehung. Übers Internet entwickelt sich, was die Psychologie eine «Harmonieehe» nennt: ein Miteinander ohne Streitkultur, ohne kritische Auseinandersetzung, ohne gemeinsame Entwicklung, mit Träumen, die Schäume sind. Virtuell verspricht er ihr den etablierten Lebensentwurf. In den 1400 Chat-Protokollen, welche die Ermittler auswerten werden, ist die Rede von mehr Zeit zusammen, von einem gemeinsamen Zuhause und selten auch von einem Kind. Doch die glückliche Zukunft beginnt nie.

«Wir trafen uns entweder bei ihr in der Wohnung oder in einem Hotel», sagt Jörg Kachelmann aus. Er wisse nicht, ob Sonja A. weitere Beziehungen gehabt habe. Er sei ihr nicht treu gewesen. «Das ist sicher auch eine Stelle», findet der Beschuldigte, «wo ich sie um Verzeihung bitten muss dafür, dass ich sicher nicht in der gebotenen Klarheit ihr gesagt habe, dass ich eine weitere Perspektive nicht sehe.»

Sie wolle keine Blumen, erklärt Mutter A. am Telefon der Reporterin aus Zürich, sie wolle sich nicht mit ihr unterhalten. Das müsse sie doch verstehen.

Die Befragung im Amtsgericht wird für fünf Minuten unterbrochen. Danach sagt Jörg Kachelmann, er sei von seiner Exfrau schwer enttäuscht worden. Nach dieser Erfahrung habe er großes Misstrauen gehegt und Bestätigung gesucht. «Diese Suche nach Bestätigung», so räumt Kachelmann mit Blick auf sein Liebesleben ein, «habe ich sicherlich etwas ausführlicher gestaltet.» Jörg Kachelmann verstrickt sich bei Angaben zur Geburt seiner Kinder in Widersprüche, die hier nicht wiedergegeben werden können, weil sie seinen persönlichen Bereich betreffen. Staatsanwalt Oltrogge sieht zu viele Ungereimtheiten. Er erklärt – und seine helle Stimme brennt sich in Jörg Kachelmanns Gedächtnis ein –, er schenke aus aussagepsychologischen Gründen Sonja A. Glauben. «Das war für mich eigentlich der schlimmste Moment», wird am 2. August 2010 im «Spiegel» zu lesen sein, als Jörg Kachelmann über die Vernehmung spricht. «Von da an habe ich Dante im Kopf gehabt, dem zufolge über dem Eingang zur Hölle die Inschrift steht: Ihr, die Ihr hier eintretet, lasset alle Hoffnung fahren.»

Es sieht für den Beschuldigten nicht gut aus. Nach anderthalb Stunden in der Vernehmung, die ihn hätte entlasten sollen, steht er aus Sicht der Behörden schlechter da als zuvor. Auch dem Amtsrichter ist aufgefallen, wie der Verdächtige bei den Themen Messer und Tampon auf Nachfrage seine Aussage relativierte. «Er hat sich gut überlegen können, was er sagt», wird Reemen im Zeugenstand noch ausführen, «er war ja schon einige Tage in Haft.»

Haftrichter Reemen beurteilt die Sache ähnlich wie der Staatsanwalt. Er gibt zu erkennen, er werde «Herrn Kachelmann nicht auf freien Fuß setzen». Er rückt nicht vom dringenden Tatverdacht ab. Was ihn dazu bewegt habe, wird in der Hauptverhandlung der Vorsitzende Richter seinen Kollegen fragen. «Seine Schilderung zum Ablauf des Abends», antwortet Reemen, «war mir nicht einleuchtend.» Auf Prozessbeobachter wird die Begründung des Mannes mit dem mächtigen Schnauzbart weltfremd wirken. «Ich ging davon aus, dass jemand, der einen einer solchen Straftat bezichtigt, wahrheitsgemäße Angaben macht», will Reemen überlegt haben. «Es gab Bilder der Verletzungen der Frau. Ich habe ausgeschlossen, dass sich jemand diese Verletzungen selbst zufügt.» Nicht eingeleuchtet habe ihm zudem, «dass eine Frau erst freiwillig den Geschlechtsverkehr ausführt und sich dann zur Trennung bespricht.» Jörg Kachelmann wird die Hände falten, als er das hört. Unter Richtern, denkt mancher im Landgerichtssaal, sollten sich die Erkenntnisse aus Praxis und Rechtsmedizin herumgesprochen haben, dass sich angebliche Opfer manchmal sogar selbst verstümmeln, um jemanden einer schweren Straftat zu bezichtigen.

Der Beschuldigte hat Reemen auch seine Interpretation dargelegt, warum Sonja A. die verhängnisvolle letzte Nacht mit ihm so begann, wie er es schildert. Im Bett, hat Jörg Kachelmann ausgeholt, habe sie ihn abrupt zwei- oder dreimal gefragt: «Liebst du mich überhaupt?» Im Gespräch nach dem Essen sei klar geworden, welchen Hintergrund diese Frage gehabt habe. Sonja A. habe gehofft, dass er «eine gute Erklärung» zur Frau vom Flugticket habe. Doch diese Version überzeugt Siegfried Reemen nicht.

Verteidiger Birkenstock muss erkennen, dass er Jörg Kachelmann noch nicht freibekommt. Er zieht seinen Haftprüfungsantrag zurück und kündigt «alsbald neue Beweise» für die Unschuld seines Mandanten an. Jörg Kachelmann unterschreibt das Protokoll, bedankt sich dafür, dass man ihm zugehört habe, und verabschiedet sich.

Er bleibt in Haft, schreibt Sonja A. ins «warum.doc», Gott sei Dank.

Nun geht es noch um Modalitäten der Abfahrt Jörg Kachelmanns aus dem Amtsgericht. Für die Behörden scheint es keine Option, Häftling H 08 1008 100 553 so diskret in die JVA zurückzubringen, wie er abgeholt worden ist. Jörg Kachelmann bleibt nur – so wird es die Verteidigung darstellen – die Wahl, ob er erhobenen Hauptes in den Polizeiwagen einsteigen will oder ob er sein Gesicht hinter einer Akte oder seiner Lederjacke verbirgt. Draußen warten seit Stunden unzählige Journalisten. Einigen Reportern, Fotografen und Kamerateams haben die Verantwortlichen des Amtsgerichts bereits Zutritt in den Innenhof gewährt.

Um 15.24 Uhr fährt dort ein Gefangenentransporter vor – weniger als einen halben Meter vor die Tür. Die Journalisten protestieren. Sie drängeln. Die Spannung steigt. Wenig später fährt der Wagen fünf, sechs Meter vorwärts. Jörg Kachelmann, der einstige Boulevardjournalist, hat, vielleicht unter Zwang, entschieden, sich den Kollegen zu stellen. Das Amtsgericht wird behaupten, er habe dies freiwillig getan. Kachelmanns Medienanwalt Ralf Höcker wird entgegnen, Gericht und Staatsanwaltschaft seien ihrer Schutzpflicht nicht nachgekommen.

Es folgen elf Sekunden, die zu den bestdokumentierten und meistgezeigten des März 2010 gehören. Die Kameras laufen und klicken, als Reinhard Birkenstock durch eine Tür tritt, gefolgt von Jörg Kachelmann, flankiert von Polizisten. Eine Reporterin ruft: «Herr Kachelmann, wie geht es Ihnen?» Der Gefragte lächelt, zuckt mit den Schultern, und antwortet: «Ich bin unschuldig, das ist alles, was ich im Moment sagen kann. Danke.» Während er seinem Verteidiger die Hand drückt, sagt er noch, fast unhörbar: «Nein, es ist gar nichts dran.» Dann steigt er hinten in den Gefangenentransporter. Er wird in die JVA zurückgebracht.

Sonja A. schreibt, sie stehe unter Strom. Vor versammelter Presse, scheinheilig, mit gequältem Lächeln, so hält sie fest, habe er seine Unschuld beteuert. Zwar habe er versucht, locker und selbstsicher zu wirken, doch langsam kapiere er, dass er mit Lügen nicht weiterkomme. Sie müsse durchhalten, fordert sie sich selbst auf, damit er eine gerechte Strafe bekomme. Gewinnen dürfe er nicht.

Die elf Sekunden aus dem Hof des Amtsgerichts werden für die Zeitungen, die Zeitschriften in Standbilder zerlegt. Es entstehen daraus jede Menge Kachelmänner: Einer grinst, der andere verzieht das Gesicht, ein nächster wirkt traurig. Beim Fernsehsender RTL darf eine Körpersprachexpertin jede Regung analysieren und interpretieren. «Das Lächeln ist nicht echt», glaubt sie. Sie deutet auf die Mundpartie und erklärt: «Aus dem Grund, dass hier keine Falten sind.» Das schwarzweiß gestreifte T-Shirt, so weiß sie auch noch, wirke «wie ein Gitter». «Rasiert» bedeute: «Ich kann keinem was zuleide tun.»

Die Unschuldsvermutung wird bei solchen Interpretationen, bei all den küchenpsychologischen Ferndiagnosen, oft vergessen. Überhaupt geht sie in diesen Anfangstagen im Fall Kachelmann oft verloren. «Kommt er erst grau raus?», wird der «Blick am Abend» spekulieren. Übrig hat die, da gratis, zweitgrößte Zeitung der Schweiz nur Häme: «So wie es aussieht, kann der Wetterfrosch langsam damit anfangen, seine Zelle häuslich einzurichten.» Angesichts der Parallelpartnerschaften des Wettermanns spöttelt das Umsonstblatt: «Die lange Haft hätte auch ihr Gutes – für beide Seiten. Er könnte seine Memoiren schreiben. Möglicher Titel ‹Nach em Räge, schiint d'Sunne.› Und seine Frauen könnten ausmachen, wer ihn 2025 vom Gefängnis abholt.» Von 15 Jahren Haft nach schwerer Vergewaltigung ist immer wieder die Rede, auch in seriöseren Blättern, obwohl die Höchststrafe für eine Tat, wie sie Jörg Kachelmann vorgeworfen wird, nie und nimmer in Frage kommt.

Bei «Bild» weiß ein Psychotherapeut: «Ganz klar: Kachelmann ist ein Medienmensch.» Er habe sich der Öffentlichkeit «mit einem Siegerlächeln» präsentiert. «Dieser Mann ist von seiner Unschuld überzeugt», heißt es. «Seine Mimik sagt: dumm gelaufen.»

Und wie geht es dem Vorverurteilten und gleichzeitig Vorfreigesprochenen? Dem Mann, der nun auf unbestimmte Zeit angeblich täglich 23 Stunden mit einem Kleinganoven in einer Doppelzelle sitzt? «Das Wissen um seine Unschuld», beteuert Birkenstock, «hält ihn aufrecht.»

Ein langer Tag endet damit, dass vor einer Tür eines Hauses im Kleinen Feld in Schwetzingen, das von Dutzenden Journalisten belagert wird, ein Töpfchen Narzissen steht. Die Mutter von Sonja A. liest die Botschaft in Schulmädchenschrift, die beiliegt. Doch mit der Journalistin aus Zürich reden, will sie in ihrer Trauer immer noch nicht.

Am nächsten Tag steht im «Blick»: «Jetzt spricht die Mutter des Opfers». Es folgt eine Reihe angeblicher Zitate: «Meine Tochter ist in der Klinik. Es geht ihr gar nicht gut». Die Mutter habe unter Tränen gesagt: «Das ganze Leben von Jörg ist eine Lüge. Er hat die ganzen elf Jahre nur gelogen.»

Die Schweine, schreibt Sonja A., haben ein gefaktes Interview mit meiner Mutter veröffentlicht. Wo führt das noch hin?

Kanada-Connection

In der ersten Nacht, die Jörg Kachelmann in einer Doppelzelle verbracht hat, ist in Island unter einem Gletscher ein Vulkan ausgebrochen. Eine Aschewolke wird nicht ausschließlich, aber auch dazu beitragen, dass sich das Bild von Jörg Kachelmann für Lena G. eintrüben wird. Und nicht nur für sie, sondern, zumindest zeitweilig, für Hunderttausende Menschen. Aber das ist eine lange Geschichte.

«Der nette Herr Kachelmann», titelt die «Bild»-Zeitung bereits eine Woche nach Verhaftung und Vulkanausbruch. Und sie schiebt die Frage nach: «Kann man sich in einem Menschen so täuschen?» Die ungeschriebene Antwort: Man kann. Doch, etwas kleiner gedruckt, heißt es auch noch: «Obwohl die Staatsanwaltschaft einen ‹dringenden Tatverdacht› sieht, glauben viele Menschen in Deutschland fest an die Unschuld des beliebten TV-Stars.»

Zu den vielen Menschen gehörte am Tag nach dem Ausbruch des Vulkans mit dem unaussprechlichen Namen auch Lena G. Noch. Denn sie wird den Ermittlern schon bald belastende Informationen zuspielen über den Mann, der jetzt noch ihr Herzallerliebster ist. Die Aschewolke wird dazu beitragen, dass sie in der «Bunten» unter anderem Pseudonym über ihre enttäuschte große Liebe erzählen wird. Mit Jetlag und traurigen Mandelaugen wird sie vom Illustrierten-Cover blicken, auf dem «Jetzt spricht die Ex-Freundin» steht und darunter «EXKLUSIV»: «Wir wollten heiraten.» – «Ich wusste nichts von seinen anderen Frauen.» – «Er hat mein Leben zerstört». «Heiraten», «andere Frauen», «Leben zerstört» sind fett gedruckt, obwohl zumindest das mit den Hochzeitsplänen so konkret nicht war. Als «mater dolorosa» habe sie sich inszeniert, wird die Verteidigung spotten.

Die 33-Jährige, die von der «Bunten» drei Jahre jünger gemacht wird, befindet sich gerade im Bad, als am 21. März 2010 das Telefon klingelt. So beschreibt die Frauenillustrierte all dies. Es ist 9.40 Uhr, früh für einen Sonntag. Am anderen Ende der Leitung ist ein Mann mit tiefer Stimme, der sich als Dr. Birkenstock und Rechtsanwalt von Jörg Kachelmann vorstellt. Das ist wieder mal einer dieser schrägen Scherze von Jörg, denkt sich Lena G., zumindest im ersten Augenblick. Doch dem Anrufer scheint es ernst zu sein. Ihr Partner, sagt er, stecke in großen Schwierigkeiten und befinde sich in Untersuchungshaft. Den Grund erfährt die Schockierte erst am nächsten Tag, dem Montag – aus den Medien.

Sie liest auch, was sich schon bald als Zeitungsente herausstellen wird: dass hinter der Anzeige vermutlich eine Stalkerin stehe, die Jörg Kachelmann längere Zeit verfolgt hat. Lena G. erinnert sich an eine Anfrage auf Facebook, die sie keine vier Monate zuvor erhalten hat. Den sonderbaren Dialog, der sich daraus ergab, hat sie nicht gelöscht. Die für den Fall Kachelmann zentrale elektronische Konversation wird hier – aus juristischen Gründen – nicht im Wortlaut, jedoch sinngemäß und gekürzt wiedergegeben. Sie trägt den Titel «Kanada-Connection». Lena G. sucht die Zeilen heraus und liest nochmals:

Hallo Lena,
Was für eine Überraschung! Kannst Du Dich an mich erinnern? Wir lernten uns vergangenes Jahr im September kennen. Wie geht es Jörg und Dir? Frank und ich haben uns in der Zwischenzeit getrennt. Es ging einfach nicht mehr. Bei Euch alles o. k.?
  Liebe Grüße
  Chris

Als die Nachricht im Dezember 2009 einging, konnte sich Lena G. an keine Chris aus Kanada erinnern und an keinen Frank. Jörg Kachelmann, bei dem sie sich nach den beiden erkundigte, ebenso wenig. Die Frau, die ihr schrieb, war bei Facebook mit Christina Brandner eingetragen. Sie hatte, anders als die meisten Nutzer des

sozialen Netzwerks, kein Bild von sich auf ihrem Profil hochgeladen.

Wer bei Google nach dem Namen Christina Brandner sucht,
landet einige Treffer. Die Links führen zu Artikeln über die TV-
Soap «Verbotene Liebe», doch das kann nicht die Gesuchte sein.
Christina Brandner heißt in der Vorabendserie ein einjähriges Kind.
Lenas Neugier war geweckt. Sie antwortete Chris, sie fürchte, ihre
Erinnerung lasse sie wieder einmal im Stich. Sie fragte: Wo haben
wir uns getroffen? Ohne Bild sei es schwierig. Keine zwei Stunden
später kam die Antwort:

Ich habe ein Foto in mein Profil gestellt. Vielleicht hilft es beim
Erinnern. Wir trafen uns bei Bridge Lake oder so an einer Tankstelle mit Laden, wenn ich mich richtig entsinne. Wir waren mit
unserem knallroten Pickup da und mir war der Absatz abgebrochen. Warst Du wieder einmal da? Wie geht's Jörg? Ich hoffe, Ihr
seid happy zusammen! Ich schlage mich als Single durch. Ich
musste Frank den Laufpass geben, nachdem ich dahinterkam, dass
er mich betrog. So ist das Leben. So 'ne Scheiße. Aber ich habs
schon fast verdaut …
Liebe Grüße
Sonja

17 Minuten vergingen, da schickte Christina Brandner eine Ergänzung. In diesen 17 Minuten musste der Puls der Verfasserin mächtig
angestiegen sein.

Entschuldige, Lena, Du kennst mich natürlich unter Christina,
Sonja ist mein erster Vorname. Aber den benutzt nur meine Familie.
Mir gefällt er nicht. Aber vorher hat gerade meine Mutter angeru-
fen, deshalb der Sonja-Wahn.
Klingt doof – und ist es auch:) Aber in meiner Familie sind alle
ziemlich crazy.
Gruß Chris

Chris? Und dann plötzlich Sonja? Und dann wieder Chris? Seltsam. Lena G. erscheint jetzt alles noch eigenartiger als vier Monate zuvor beim ersten Lesen. Das Foto hatte ihr damals nicht auf die Sprünge geholfen. Und etwas hatte Lena G. zusätzlich misstrauisch gemacht: Sie selbst hatte zwar ihr eigenes Porträt bei Facebook hochgeladen. Jeder, der wollte, konnte es ansehen. Doch auf dem kleinen Bild war sie kaum zu erkennen. Zumindest nicht für jemanden, der sie vor über einem Jahr nur ganz kurz an einer Tankstelle in Kanada gesehen haben will. Lena antwortete nicht mehr – vorerst wenigstens.

Das alles geht ihr jetzt erneut durch den Kopf, als ihr Partner unverschuldet, wie sie annimmt, in Untersuchungshaft sitzt. Das alles schildert sie Reinhard Birkenstock. Der Rechtsanwalt zeigt sich überaus interessiert an der «Kanada-Connection». Vor allem die Sache mit dem angeblichen zweiten Namen muss für ihn hochinteressant klingen. Lena G. leitet den Facebook-Dialog an die Kölner Kanzlei weiter. Nun kann auch Jörg Kachelmanns Verteidiger nachlesen, wie sich Chris alias Sonja damals, zwei Tage vor Heiligabend 2009, nach einer Woche Funkstille erneut meldete:

Hallo Lena,
Schade, dass ich keine Antwort bekam. Wie geht's? Kannst Du Dich jetzt mit dem Foto an mich erinnern? Es verunsichert mich ein wenig, dass ich nichts mehr von Dir höre. Vielleicht habe ich Dich verwechselt. Bist Du denn nicht die Lena, die mit Jörg im September 2008 in British Columbia war? Dann schreib das doch schnell. Dann nerve ich Dich nicht weiter …
    Vielen Dank und frohes Fest
    Gruß Chris

Am 28. Dezember 2009 antwortete Lena G., sie erinnere sich immer noch nicht an die Begegnung. Sie sei aber gerade wieder an Weihnachten drüben gewesen. Dann wünschte sie noch alles Gute für 2010.

Sechs Tage nach der Festnahme von Jörg Kachelmann legt Rechtsanwalt Birkenstock den Strafverfolgern einen Ausdruck des Facebook-Chats zwischen Lena und Chris alias Sonja vor. Jetzt kann auch die Staatsanwaltschaft nachlesen, dass kurze Zeit später schon wieder eine Nachricht von Christina Brandner eintraf:

Hey Lena,
Schön, dass Du noch antworten konntest. Du bist an Weihnachten erneut in Kanada gewesen? Da beneide ich Dich. Es ist nicht weiter schlimm, dass Du Dich nicht mehr an mich erinnerst. War ja nur eine kurze Begegnung.

Ich erinnere mich noch so gut an Euch, weil Ihr, Jörg und Du, so ein schönes Paar gewesen seid. Bei Frank und mir war da bereits leichte Krise.

Bei dieser Gelegenheit, damit ich es nicht vergesse, kannst Du mir vielleicht die E-Mail-Adresse Deines Liebsten schicken? Mein Chef würde sich gern mit ihm geschäftlich in Verbindung setzen.

Danke vielmals, rutsch gut!
Chris

Diese schmeichlerische, sonderbare Botschaft machte Lena G. besonders stutzig. Sie vermutete die fingierte Anfrage eines Klatschjournalisten dahinter, der das Privatleben von ihrem Jörg und ihr auskundschaften wollte. Sie antwortete nicht. Zwölf Tage des neuen Jahres verstrichen. Da meldete sich Christina Brandner erneut:

Hallo Lena,
Verzeih mir, dass ich noch mal stresse. Du hättest mir doch sagen können, dass Jörg und Du Euch getrennt habt. Hätte ich das gewusst, hätte ich Dich in Ruhe gelassen mit Fragen nach E-Mail-Adressen usw.

Ein Freund hat Jörg vor Kurzem mit einer Neuen gesehen. Dass es mit Euch nicht geklappt hat, tut mir leid.

Beste Grüße, Chris

Die Ermittler kennen den Namen von Lena G. seit der Anzeige von Sonja A. Sie haben die Flugticket-Kopie von Spezialisten analysieren lassen. Das Resultat: Keine Fälschung. Jemand hat Originale der «Receipts On Behalf Of Lufthansa» vervielfältigt. Allerdings hatten weder Polizei noch Staatsanwaltschaft die Betriebswirtin in Hamburg bislang vorgeladen. Lena G. hatte für sie keine Priorität. Das ändert sich schlagartig, als die Verteidigung den Chatverkehr und einen handgeschriebenen Brief von ihr vorlegt.

Auf den vier Seiten, die mit ihrem Plazet in der ersten Woche nach der Verhaftung in die Strafakte eingehen, beschreibt Lena die sonderbare Sache mit der Facebook-Korrespondenz und vor allem ihre Beziehung zu Jörg Kachelmann: Wie sie ihn 2003 während ihres Studentenjobs beim Mitteldeutschen Rundfunk kennen und lieben lernt. Wie er sich nach eineinhalb Jahren per E-Mail, überraschend, ohne Aussprache, von ihr trennt. Wie sie darunter leidet, als kaum mehr Kontakt besteht. Wie er, nach einer Unterbrechung, Anfang 2007 zum MDR zurückkehrt und bald auch zu ihr.

Um ihren Noch-Partner zu entlasten, beschreibt Lena G., wie scharf Jörg Kachelmann häusliche Gewalt und sexuelle Übergriffe verurteile. Er pflege zu sagen: In solchen Fällen ist keine Strafe zu hoch. In all den gemeinsamen Jahren, so schreibt Lena G., habe er sie nie angefasst oder geschüttelt. Seine Devise – auch wenn seine Kinder stritten – sei: Gewalt ist keine Lösung. Bei Konflikten werde Jörg Kachelmann eher ruhig, er wirke abwesend oder flüchte.

Zuletzt, im Januar 2010, habe es Streit gegeben zwischen ihm und ihr. Deshalb sei sie in jener Zeit gestresst gewesen, hält Lena G. fest. Als Chris alias Sonja behauptete, Jörg sei mit einer anderen gesehen worden, machte sie sich Sorgen. Vielleicht, dachte sie, stimmt es ja, was diese Christina Brandner schreibt. Lena G. ließ sich provozieren. Ohne Grußformel und Anrede antwortete sie:

Ich weiß nicht, was das alles soll. Ich kann mich nicht erinnern an dich. Und es ist sonderbar, dass Du so viel über meine Beziehung wissen willst und Jörgs E-Mail-Adresse haben möchtest. Wo und wann will denn dieser Freund den Jörg gesehen haben? Daran wäre ich sehr interessiert, denn wir sind nach wie vor zusammen.

Daraufhin hörte Lena G. nichts mehr von Christina Brandner. Sie wunderte sich. Sie guckte auf Facebook nach. Sie bemerkte, dass Chris alias Sonja das Bild aus ihrem Profil entfernt hatte.

Fast eine Woche lang hat Reinhard Birkenstock nun schon verlangt, dass die Ermittler den Laptop von Sonja A. beschlagnahmen. Doch die Staatsanwaltschaft hat nichts unternommen – bis sie den Chatverkehr zur «Kanada-Connection» und die Angaben von Lena G. dazu liest. Dann geht es, so scheint es, Schlag auf Schlag. Am Freitagnachmittag, kurz nach halb sechs, ruft Kriminalhauptkommissar Horst D. Sonja A. an. Sie müssten nochmals bei ihr vorbeischauen, kündigt er an. «Keine zehn Minuten später», so wird Horst D. am 33. Prozesstag aussagen, sei er im Kleinen Feld aufgetaucht. Ob er Sonja A. bereits am Telefon gesagt habe, sie müssten den Computer sichern? «Daran kann ich mich nicht mehr erinnern», wird der Zeuge eingestehen müssen. Die Kollegin, die ihn begleitet hat, fertigt, zurück im Büro, einen «Vermerk über die freiwillige Herausgabe von Beweismitteln» an. Sie müssten, sagt Ermittlungsleiter D. demnach, den Rechner mitnehmen. Sonja A. erklärt sich sofort einverstanden. Der Toshiba-Laptop steht im Wohnzimmer, eingesteckt zwar, aber ausgeschaltet. Er fühlt sich nicht warm an. Daran will sich der Kriminalhauptkommissar, der ihn hinausgetragen hat, zehn Monate später im Zeugenstand genau erinnern.

Dieselben Polizisten werden auch bei Jörg Kachelmann im Gefängnis auftauchen. Sie kommen mit einem Durchsuchungs- und Beschlagnahmebeschluss. Häftling H 08 1008 100 553 muss mitansehen, wie sie seine grüne Tasche mitnehmen, die ihn, den Nomaden, auf all seinen Reisen treu begleitet hat, und ebenso seinen Laptop samt vier Speichersticks, sein Portemonnaie, seine drei Handys, die er seit seiner Festnahme ohnehin nicht mehr benutzen durfte. Er willigt nicht ein, als die Ermittler seine Papiere durchsuchen wollen. Die Polizei steckt diese daraufhin in einen Umschlag, der versiegelt wird.

Lena G., die ihrem Jörg eben noch treu ergeben war, schwant Böses. Sie liest von einer Partnerin im Appenzellerland, mit der Jörg Kachelmann Weihnachtskarten verschickt habe. Dies verwirrt sie sehr, hat sie doch die Feiertage in den vergangenen Jahren immer mit ihm in Kanada verbracht. Sie beginnt, wie sie es nennen wird, das «Puzzle ihres Lebens zusammenzusetzen». Sie forscht nach, was an den Gerüchten dran ist, die kursieren. In kürzester Zeit erfährt sie vieles, was sie lieber nie erfahren hätte. Bei der Schwetzinger Polizei ist sie schnell bestens bekannt – als intensiv, penetrant, aber auch als eine, die manchmal sachdienliche Hinweise liefert. Einmal ruft sie dort an und erklärt einer Sachbearbeiterin, sie dürfe ihre Telefonnummer an andere Frauen Kachelmanns weitergeben. Bald unterhält sie eine Art Netzwerk der Parallelpartnerinnen. Was das alles soll? «Niemand, der nicht in der gleichen Situation steckte, hat mich wirklich verstehen können», wird sich Lena G. fast ein Jahr später rechtfertigen, als sie als Zeugin in Mannheim gehört wird. Sie habe diesen intensiven Austausch gebraucht, um ihr Leben zurückzugewinnen. Sie brauchte ihren Intensivaustausch, wird die Verteidigung behaupten, um Jörg Kachelmann zu schaden.

Keinen Kontakt knüpft Lena G. zur Psychologiestudentin Marta G., die Jörg Kachelmann am Flughafen abgeholt hat. Deren Vernehmung endet am Montag, dem 29. März 2010, um 12.30 Uhr – genau eine Woche, nachdem die Verhaftung bekannt geworden ist. Marta G. sagt, sie sei mit Kachelmann nicht verwandt, nicht verlobt, aber sie sehe sich – unverändert – als feste Lebenspartnerin. Der 52-jährige Angeklagte wird lange lächeln, als die 27 Jahre Jüngere ein halbes Jahr später über den angejahrten blauen Spannteppich im Landgericht Mannheim schreitet. Die Frau mit den dunklen Locken und Augen wird elegant und für ihr Alter sehr ernsthaft wirken.

Bei der Polizei stellt sie den Mann, den sie noch vor der Urteilsverkündung ehelichen wird, als harmlos, charmant, fürsorglich dar. Sie verliert kein schlechtes Wort über ihren Zukünftigen. Die Ermittler in der Schwetzinger Polizeidienststelle fragen sie: Kennen Sie eine Frau, die Chris heißt? Nein, lautet die Antwort, der Name sage ihr nichts.

Nach der Befragung der künftigen Frau Kachelmann bleibt dem Kripo-Duo, wenn überhaupt, nur eine halbe Stunde Mittagspause. Dann steht die nächste Aussage an, die etwas ganz anderes ergeben wird. Es taucht eine großgewachsene Frau mit langen, blonden Haaren auf. Eliane V. ist eineinhalb Jahre jünger als die eben Vernommene. Eine «Selbstanbieterin» sei sie, wird die Verteidigung spötteln, weil sich die 23-Jährige – wie andere Expartnerinnen Kachelmanns – selbst bei der Polizei als Zeugin gemeldet hat. Am Telefon hat Eliane V. bereits erzählt, sie habe mit dem Wettermann vom November 2005 bis Juni 2006 eine Liaison gehabt. Sie sei gerade 18 Jahre alt geworden, so erklärt die Auszubildende jetzt, da habe sie Jörg Kachelmann über ihren Vater auf einer Party bei ihr zuhause im Saarland kennengelernt. Angeekelt und sauer sei sie nun, so führt sie weiter aus, weil sie erfahren habe, dass er – zur gleichen Zeit – auch mit Frauen in Schwetzingen, Kanada und vermutlich anderswo verkehrt sei.

Das klingt alles nach gekränkter Liebhaberin. Doch eine Episode, die gemäß der Zeugin zur Trennung vom Wetterunternehmer führte, weckt die Aufmerksamkeit der Ermittler. Sogar in die Anklageschrift wird sie eingehen. Nach der Vernehmung von Eliane V. fährt Kriminalhauptkommissar Horst D. erneut zu Sonja A. Er gibt ihr den Laptop samt Netzteil zurück. Die Daten von der Festplatte, auch aus dem gelöschten Bereich, hat die Polizei gespiegelt. Spezialisten machen sich an die Auswertung der Kopie.

Fünf Minuten nach seinem Kurzbesuch bei Sonja A. ruft Horst D. Lena G. an, um sie für den 1. April vorzuladen. Als die Zeugin aus Hamburg wie vereinbart drei Tage später bei der Schwetzinger Kripo auftaucht, ist sie keine Zeugin der Verteidigung mehr. «Gab es», will Richterin Bültmann am 34. Prozesstag von Lena G. wissen, «bis zu ihrer Vernehmung einen Sinneswandel?» Es wird eine rhetorische Frage sein. Die Vernehmung in Schwetzingen beginnt harmlos. Lena G. schildert, wie sie, die damalige Werkstudentin, Jörg Kachelmann im Januar 2003 in der Eingangshalle beim MDR in Leipzig kennenlernte. Es geschah, so sagt sie, an ihrem allerersten Arbeitstag als Gästebetreuerin für die Talksendung «Riverboat», die er damals moderierte. Er habe sie gefragt, ob sie mal seine Wetterfirma anschauen wolle. Bald habe sich Jörg Kachelmann selbst zum Kaffee-kränzchen bei ihren Eltern eingeladen und habe statt Blumen etwa 90 Kinderüberraschungseier mitgebracht. Zwei, die gerne flirten, flirteten. Kaum war der Kaffee getrunken und er wieder weg, erhielt sie eine SMS, er habe sich in sie verliebt. Es ergab sich eine Bezie-hung, fast täglich elektronisch, per SMS, E-Mail, seltener real, bei ihr oder in Hotels. So erzählt sie das alles in der kleinen Schwetzinger Polizeidienststelle, so ähnlich wird es auch in der «Bunten» stehen. Sie habe versucht, in sein Leben reinzukommen, erfolglos.

Plötzlich, nach fast einem Jahr, sei eine E-Mail bei ihr eingegan-gen, Absender: «Patient». Jörg Kachelmann habe ihr darin mitge-teilt, sie könnten Weihnachten nicht zusammen verbringen, denn er müsse sich in den USA behandeln lassen. Jahre später habe er zuge-geben, dass alles eine Lüge gewesen sei. Eine der Lügen, die Jörg Kachelmann als Beschuldigtem und Angeklagtem ernsthafte Pro-bleme eintragen werden. Was an diesem Tag noch niemand weiß: Jörg Kachelmann hatte damals eine ähnliche E-Mail auch an Sonja A. gerichtet. Und er hatte über Jahre hinweg mehrere solche und ähnlich dramatische Botschaften verschickt.

Doch, so müssten sich Staatsanwaltschaft und Gericht fragen, sind die verstörenden Texte in ihrer Gesamtheit tatsächlich ein Hin-weis auf eine psychische Störung des Verfassers? Oder zeigen die krassen Ausreden aus der Vergangenheit etwas ganz anderes? Jeden-falls offenbaren sie, dass Jörg Kachelmann ab und zu merkwürdige Dinge gemailt hat. Als «Patient» hat er sich mit der Nachricht im Advent 2003 bei mindestens zwei Geliebten einen Freiraum ver-schafft, um die Festtage bei einer dritten Partnerin und den gemein-samen Kindern in British Columbia zu verbringen. Dorthin war er kurz zuvor ausgewandert.

Die Vernehmung in Schwetzingen dauert schon fast eine Stunde, als die Ermittler von Lena G. wissen wollen, ob sie von Jörg Kachel-manns Parallelbeziehungen gewusst habe. Nein, sagt sie, sonst wäre sie weg gewesen. Im Aussageprotokoll, das die Befragte eigenhändig am Computer redigiert, steht ein Ausrufezeichen hinter diesem ih-rem Satz.

Die Polizei versucht nun herauszufinden, auf welchen mysteriösen Wegen die Flugticket-Kopien zu Sonja A. gelangt sind. Sie wird Fingerabdrücke nehmen von Lena G. und fragen: Wo sind Sie am 6., 7. und am 8. Februar 2010 gewesen? – Krank im Bett. Waren Sie mal in Schwetzingen? – Heute zum ersten Mal.

Lena G. berichtet weiterhin, sie habe Jörg Kachelmann gebeten, sie nicht zu betrügen, es ihr zu sagen, wenn es eine andere gäbe. Die Businessfrau, die stets so selbstsicher wirkt, weint nun. Die Vernehmung wird für eine Viertelstunde unterbrochen. Danach geht es um Kinder, Heiraten, Zusammenziehen, um Dinge, die für sie immer konkreter geworden sind und die es doch nie wurden.

Nun stellt die Polizei dieselbe Frage wie in der Vorwoche die «Bild»-Zeitung: Besitzt Herr Kachelmann zwei Gesichter? Das, antwortet Lena G., könne sie nicht sagen. Sie erwähnt nun aber den verstörenden Link, den sie von ihm zugeschickt bekommen hat, kurz nach seiner Landung in Kanada Anfang Februar. Ob Sie die E-Mail mit diesem Link der Polizei geben könne? Lena G. zögert. Da fühle sie sich nicht wohl, sagt sie laut Protokoll. Jörg Kachelmann sei ihr immer relativ normal vorgekommen. Doch dann öffnet sie ihr Google-Mailkonto und druckt den Nachrichtentext aus, den die Kripo unbedingt haben will.

Dann folgt die Frage, deren Antwort die Verteidigung oft wiederholen wird. Wie sie denn heute zu Herrn Kachelmann stehe? «Es hört sich böse an», holt Lena G. aus, «aber nach all dem, was er mir angetan hat, freue ich mich über jeden Tag, den er im Knast sitzt.» Die Worte werden Jörg Kachelmanns Seite als Beleg dafür dienen, dass hier eine Rächerin aussagt. Lena G. wird betonen, ihre Worte seien Ausdruck gewesen von «Enttäuschung, Sarkasmus und Ironie».

Fast fünf Stunden schon dauert die Vernehmung in Schwetzingen an. Nun, ganz zum Schluss, fragt die Polizei etwas, was sich Lena G. schon seit Monaten fragt: Wer könnte Christina Brandner sein? Die Antwort lautet: Keine Ahnung.

Vorgekocht

Wer ist Christina Brandner? Diese Frage wird Kriminalhauptkommissar Horst D. am 30. März 2010 auch Sonja A. stellen. Die Radiomoderatorin ist aufgefordert worden, in der Polizeidirektion Heidelberg zu erscheinen. Im Dezernat 13, das sich unter anderem mit sexueller Gewalt gegen Kinder beschäftigt, soll die vierte «Geschädigten-Vernehmung» stattfinden, die erste vor laufender Kamera. Kurz nach elf Uhr empfängt Horst D. Sonja A. im Foyer. Die Anzeigeerstatterin ist pünktlich gekommen, begleitet von ihrem Rechtsanwalt Thomas Franz.

Sonja A. wirkt geschwächt. «Beim Hochlaufen», wird Kriminalhauptkommissar D. im Zeugenstand berichten, «kam sie nicht die Treppe zum ersten Obergeschoss hoch. Sie war körperlich sehr stark in Anspruch genommen. Ich hatte den Eindruck, dass ich sie stützen muss.» «Alles Theater», wird die Verteidigung finden, gespielt «für einen gutgläubigen Beobachter». Sonja A. selbst wird erklären, ihr sei es an jenem 30. März 2010 nicht gut gegangen, sie habe Halsschmerzen gehabt. Doch auch dies ist, wie so vieles, für Kachelmanns Seite «Teil einer Inszenierung».

Im Vernehmungsraum stehen ein Regal voller Plüschtiere und zwei Couches. Der Kriminalhauptkommissar nimmt auf der einen Seite Platz, um sich herum legt er Papiere zurecht, seine Kollegin Karen M. und Sonja A. setzen sich auf die andere. Rechtsanwalt Franz und ein Polizeitechniker befinden sich im Nebenzimmer, doch sie sind zugeschaltet, als die Befragung beginnt. Das Polizistenduo erklärt der Hauptbelastungszeugin gegen Jörg Kachelmann die Videoanlage, die sie alle heute nach Heidelberg geführt hat.

Dann fragt die Polizeibeamtin M.: Wie geht's? Tja, antwortet

Sonja A., es sei ihr in ihrem Leben schon besser gegangen. Aber es ginge schon. Ob sie denn in der Lage sei, vernommen zu werden? Ja.

Es wird eine Vernehmung werden mit vielen Tränen, vor allem dann, wenn es um sexuelle Handlungen geht und um die Beziehungsgeschichte mit Jörg Kachelmann. Sonja A. wird am ganzen Körper zittern und ihre Finger «aneinanderwetzen», so wird die Polizistin später vor Gericht aussagen. Sie habe gedacht, die Zeugin «fängt gleich an zu bluten». Sonja A. habe wesentlich schlechter ausgesehen als rund sechs Wochen zuvor, am Tag nach der mutmaßlichen Tat.

Doch am Anfang ihrer Aussage in Heidelberg – und auch ganz am Schluss – weint Sonja A. nicht. Sie erzählt, dass sie am 8. Februar nicht arbeiten musste, dass sie bei den Eltern zu Mittag aß, dass sie am Nachmittag die Wohnung ein bisschen saubermachte, wie sie das immer getan habe, bevor er kam, dass sie fernsah, mit ihm chattete.

Um 15.45 Uhr am 8. Februar 2010 fing der letzte von 1400 Google-Chats zwischen Sonja A. und Jörg Kachelmann an. Juhuuu, schrieb sie. Die Antwort kam Sekunden später: Huuhuu. Der Dialog wird hier, weil er zentral für die gerichtliche Beurteilung ist, verkürzt und aus juristischen Gründen sinngemäß wiedergegeben. Er erstreckte sich über eine Viertelstunde.

Sonja A. fragte Jörg Kachelmann, ob er noch im Büro sei. Er antwortet, er brauche noch ein bisschen, aber er treffe sicher noch während der Heizperiode ein. Sie müsse nichts zum Essen vorbereiten, so würden sie Zeit sparen für ihre Hauptaufgabe.

Sonja A. musste fürchten, dass ihr Partner wieder einmal spät kommt. Sie musste annehmen, dass er, der Gehetzte, noch eine Weile bei seiner Meteomedia in Gais im Appenzellerland sitzen würde, Fahrzeit im Volvo S80: vielleicht vier Stunden. Sie erinnerte ihn daran, dass bei ihr um 23 Uhr die Heizung stoppt. Jörg Kachelmann beruhigte sie, er sei vorher da. Es folgen für den Straffall zentrale Sätze. Es gibt in jedem Fall Essen, schrieb Sonja, sie habe schon vorgekocht. Jörg: Okay, dann vielleicht nachher … Sonja: Genau.

Im Dezernat 13 hakt die Befragerin nach. Karen M. fragt, wann denn Sonja A. den Brief mit dem Satz «Er schläft mit ihr!» gefunden habe. Vielleicht um 17 Uhr, antwortet Sonja A., nach dem Chat, nein, jetzt falle es ihr wieder ein: Sie sei nochmals in der Stadt gewesen, einkaufen. Sonja A. entschuldigt sich, dies vergessen zu haben. Um 16 Uhr sei sie los, für eine Stunde, wieder Zuhause, habe sie den Briefkasten geöffnet, den anonymen Brief rausgenommen und vielleicht auch Werbung, dann sei sie hochgegangen.

Solche «Erinnerungsmängel», gerade bei Uhrzeiten, seien nichts Außergewöhnliches bei Zeugen, wird Aussagepsychologin Luise Greuel schreiben. Der Professorin aus Bremen wird in elf Stunden Exploration aber auffallen, dass Sonja A. gezielt angebliche Lücken in ihrer Erinnerung geltend macht, um glaubhafter über erfundene Erlebnisse zu erzählen – gerade in der Videovernehmung, deren Abschrift 43 Seiten umfasst. Ein Beispiel dafür findet sich oben auf Protokollseite 18. Dort wird Sonja A. zitiert, wie sie schildert, sie sei einmal vor Jahren, auf der Rückreise von Oklahoma, ein paar Tage in Kanada gewesen, in Vancouver, einen Teil davon mit Jörg. Die Befrager nutzen die Gelegenheit, um einem Rätsel auf die Spur zu kommen. Sie haken ein und fragen, ob sie denn in Kanada Bekannte habe. Nein, antwortet Sonja A. Horst D. will wissen, ob sie einen oder eine Chris kenne. Sonja A. fragt zurück: Chris? Horst D.: Einen Mann oder eine Frau in Kanada, die diesen Namen tragen? Sonja A. zögert, doch sie verneint. Dann ergänzt sie von sich aus, was im Nachhinein wie eine verbale Flucht wirkt: dass sie in Vancouver ein paar Tage die schöne Stadt angeguckt habe, das Aquarium und so, aber sie habe keine Leute kennengelernt.

Die Polizei will wissen: Sie kennen auch keinen Frank? Sonja A. tut, als würde sie überlegen. Sie muss auch überlegen, denn spätestens in diesem Augenblick muss ihr klar geworden sein, dass die Ermittler mehr wissen, als ihr lieb sein kann. Vielleicht will sie jetzt Zeit schinden, um die neue Situation einzuschätzen. Sie sagt einfach mal nichts. Worauf Horst D. ihr ein Stichwort gibt: Einen Deutschen vielleicht? Es vergehen wieder Sekunden, in denen Sonja A. wohl darüber nachdenkt, ob sie auspacken soll. Die Wahrheit auf den Tisch legen. Die ganze Geschichte. Aber dann wäre es vorbei, wird sie fürchten. Dann käme er frei.

Wieder verstreichen Sekunden, wieder bricht nicht Sonja A., sondern Horst D. das Schweigen: Ob ihr der Name etwas sage? Sonja A. stöhnt. Weil im Vernehmungszimmer die Hauptkamera ausgefallen ist, lässt sich ihre Mimik schlecht erkennen. Eine zweite Kamera funktioniert zwar, aber sie filmt den ganzen Raum. Die Gesichter sind winzig.

In den Tagen, in denen Sonja A. oder auch Lena G. aussagen, erscheinen in der Presse Artikel mit Titeln wie «ARD-Wetterexperte mit Drogendealer in Zelle», «Mutter besucht Kachelmann im Knast», «Der große Knast-Report von BILD: So ist das Leben hinter Gittern wirklich!», «Promis hinter Gittern: 50 berühmte Deutsche, die mal im Knast saßen». Die Liste reicht von Johann Sebastian Bach bis Bushido. Dann heißt es bei «Bild»: «Machten Ermittler einen Drogentest mit Kachelmann?». Im Text steht, bei solchen Tests würden Haarproben genommen, um Kokainmissbrauch festzustellen. Nicht darin steht, dass die Proben bei Jörg Kachelmann auf alle geprüften Substanzen negativ ausfallen. Es wird zu einer Konstante werden im Verfahren: Alles Negative, alles Belastende wird postwendend bekannt, Entlastendes kaum, wenigstens zu Beginn nicht. Niemand interessiert es, niemand erfährt, dass die Schweizer Behörden den Ermittlern mitgeteilt haben, dass Jörg Kachelmanns Vorstrafenregister in seinem Heimatland leer ist. Stattdessen steht am Tag, an dem die Staatsanwaltschaft Mannheim diesen Bescheid aus Bern erhält, auf der «Bild»-Titelseite: «50 heiße Flirt-SMS: So baggerte Jörg Kachelmann Popstar Indira an». Zwei Seiten weiter wird die Sängerin der aufgelösten Band «Bro'sis» zitiert: «Ich kann mir nicht vorstellen, dass so ein charmanter Mann eine Frau vergewaltigt haben soll». Trotzdem interveniert Medienanwalt Ralf Höcker noch am selben Tag bei seinem Landgericht in Köln. Die Kölner Richter erlassen auch in diesem Fall – wie öfters davor und danach – eine einstweilige Verfügung gegen Publikationen über seinen Mandanten. Private SMS bleiben auch bei einem prominenten Beschuldigten privat – auch und gerade wenn sie nicht das Geringste mit der Strafsache zu tun haben.

In der Videovernehmung in Heidelberg muss Sonja A. ahnen, dass sie mit ihrer Lüge nicht durchkommt. Doch obwohl sie auf Chris und nun auf Frank angesprochen worden ist, versucht sie es. Sie wählt die Variante, die sich fatal für sie auswirken wird: Ich glaube, sagt sie, in der Schule hat es einmal einen Frank gegeben. Aber sonst kenne ich niemand, der so heißt. Okay, sagt Horst D. Das nächste Thema.

Er kommt auf den letzten Chat vom 8. Februar zu sprechen. Die Beamten wollen wissen, was es mit der «Heizperiode» auf sich hat, die Jörg Kachelmann erwähnt. Sonja A. erklärt, dass bei ihr im Haus eine Stunde vor Mitternacht die Heizung abschalte. Dann werde es kalt in der Dachwohnung. Sie habe Jörg Kachelmann gebeten, er solle versuchen, vorher einzutreffen. Horst D. hält ihr die Chatstelle mit der «Hauptaufgabe» vor. Damit sei Sex gemeint, sagt Sonja A., aber sie habe immer auch gekocht, obwohl er manchmal geschrieben habe, sie müsse nicht. Sie habe gewollt, dass er wenigstens einmal täglich etwas Warmes esse.

Reinhard Birkenstock geht inzwischen bei der Staatsanwaltschaft Mannheim ein und aus. Und dabei verzweifelt er beinahe. Mehrfach verlangt er, dass die Computer am Arbeitsplatz der Anzeigeerstatterin und bei den Eltern A. gesichert und durchsucht werden. Und dass auch, endlich, die gespiegelte Festplatte des Toshiba-Laptops von Sonja A. kriminalistisch ausgewertet wird. Den PC bei Radio Sunshine Live, an dem alle Moderatoren ohne Passwort arbeiten, werden Polizei und Staatsanwälte nie anfassen. Den der Eltern von Sonja A. auch nicht.

Der Techniker wechselt in Heidelberg die Videokassette. Nach einer Unterbrechung, auf einem neuen Band, erkundigt sich die Kripobeamtin Karen M., die Leiterin der Befragung, nach dem letzten

Treffen mit Jörg Kachelmann vor der verhängnisvollen Nacht. Am 10. Januar sei er das letzte Mal bei ihr gewesen, sagt Sonja A., am 20. Januar waren sie gemeinsam im Schwarzwald, in seinem Haus in Herrenschwand. Sie habe Kuchen mitgebracht und Bettwäsche, sie hätten Sex gehabt und dann Nudeln gekocht.

Die Polizistin will wissen, was es mit dem Haus auf sich hat. Sonja A. antwortet: Seine Mutter habe es ihm gekauft, habe er gesagt, als Entschädigung für die ganzen Strapazen, den Prozess in Kanada. Er habe vorgeschlagen, es zu ihrer gemeinsamen Basis zu machen. Der Plan sei gewesen: Wenn er Wettersendungen moderiert von seinem Ostschweizer Firmensitz aus, dann könne man sich treffen, sozusagen auf halbem Weg zwischen Gais und Schwetzingen. Sonja A. weint, als sie erzählt, wie sie planten, wo das Klavier stehen könnte und wo der Tischkicker. Nicht zum ersten Mal steht im Protokoll: emotionale Pause. Danach fragt Horst D., ob es denn bei den Treffen Rituale gab. Normalerweise hätten sie nur den Termin abgesprochen, manchmal auch, was sie bereitlegen solle, das aber nicht immer. Gut, sagt Horst D. Dieses Mal, ergänzt Sonja A. später, hätte sie nichts bereitgelegt – wegen des Briefs.

Was Sonja A. heute für Herrn Kachelmann empfände, fragt die Kripobeamtin noch. Hass, Hass und Wut, hören sie. Die Trauer sei weg. Sie fühle nur noch Hass.

Wir müssen, sagen die Schwetzinger Ermittler in der Polizeidirektion Heidelberg, noch auf die Tat selbst zu sprechen kommen. Sonja A. erzählt, stockt, sie weint mehr, als sie redet, es kommen knappe Sätze, es gibt technische Probleme mit der Videoaufzeichnung. Auch nachdem sie behoben sind, bleiben die Informationen, die das mutmaßliche Opfer gibt, knapp. Weil sie sich nicht in Widersprüche verstricken will, wie die einen Experten meinen werden? Oder weil sie, wie andere bald sagen, unter Schock stand während der Tat und nun traumatisiert ist?

Die Vernehmung dauert jetzt schon eine gefühlte Ewigkeit. Nur drei, vier Fragen noch, versprechen die Ermittler. Es werden mehr. Ob sie nach Lena G. gesucht habe? – Ja. Wo? – Im Internet. Wann sie denn gesucht habe? – Am Tag, an dem sie den Brief fand. Was war zu finden? – Nur ein Bild einer Lena G. Gab es Kontaktversuche? Sonja A. schüttelt den Kopf. Ob sie daran gedacht habe? Wieder leichtes Kopfschütteln.

Ob ihr Facebook etwas sage? Sie sei nicht dabei, antwortet Sonja A., aber sie kenne es. Kennen Sie eine Christina? Sie überlege gerade. Christina? Vielleicht von früher? Im Kindergarten sei sie mit einer Christina befreundet gewesen, die sei weggezogen. Und was sagt Ihnen der Name Brandner? Gar nichts.

Seit der Geheimoperation auf dem Frankfurter Flughafen sind fast drei Wochen vergangen. Eine Woche ist es her, seit die Verteidigung der Staatsanwaltschaft einen Ausdruck des ominösen Chats namens «Kanada-Connection» überreicht hat. Vor einer Woche haben die Ermittler den Laptop von Sonja A. abgeholt. Doch seither ist erneut wenig passiert. Erst am 8. April greift Staatsanwalt Oltrogge zum Hörer und ruft bei einem IT-Spezialisten der Polizeidirektion Heidelberg an. Lars-Torben Oltrogge bittet den Informatiker, die Computerdaten von Sonja A. nach vier Kriterien zu durchsuchen: 1. E-Mails allgemein und insbesondere mit Verfahrensbezug, 2. Internetsuchen nach Verletzungsmustern aus Vergewaltigungen, 3. dem Namen «Lena G.» und 4. einem Facebook-Dialog «Kanada-Connection» mit einer «Christina Brandner».

Der Eyjafjallajökull-Effekt

Der Vulkan in Island hält die Welt in Atem und Jörg Kachelmanns Expertendienste wären gefragt. Allzu gern, ist anzunehmen, würde der bekannteste Untersuchungshäftling Deutschlands den Fernsehzuschauern und den Zeitungslesern jetzt erklären, weshalb eine Aschewolke den Flugverkehr in Europa und über dem Atlantik so lahmlegt, wie es zuletzt die Terroranschläge vom 11. September 2001 taten. Jörg Kachelmann, dies steht außer Zweifel für jene, die ihn kennen, hätte zu den ersten außerhalb Islands gehört, die den Namen des Vulkans korrekt aussprechen könnten: «Eyjafjallajökull» würde er in der ARD sagen – als wäre es das einfachste Wort der Welt. Eyjafjallajökull heißen sowohl der Vulkan als auch der Gletscher, unter dem er sich verborgen hat. Diese werden Jörg Kachelmanns Verfahren und bald auch sein Image beeinflussen.

Doch Jörg Kachelmann ist viele Monate nicht als Wetterexperte unterwegs, sondern als Schänzer. So heißt ein Beruf, den es nur hinter Gittern gibt. Der Meteorologe ohne Universitätsabschluss übt ihn jetzt freiwillig aus. «Hausreiniger 1/3» steht auf dem Ausweis, den er nach seiner Haftentlassung nicht ohne Stolz herumzeigt. «Ich war dort Hilfsreiniger, mein Freund René war Hauptreiniger», wird Ex-häftling H 08 1008 100 553 schon kurz nach seiner Freilassung im «Spiegel» preisgeben. «Zusammen mit dem Stockwerksbeamten haben wir montags bis freitags um sechs Uhr unsere Runden durch die Flure gezogen: Der Beamte macht die Tür auf und schaut, ob der Häftling noch lebt, und wir laufen hinterher, verteilen Putzmittel und die Post. Außerdem musste ich die Klos putzen.»

Wie er denn zu der Arbeit gekommen sei, wollen die Interviewer vom Interviewten wissen, der – auch er – während des Gesprächs Tränen vergießt. «Am Anfang haben alle gedacht: Der Kachelmann hat ein Prinzessinnen-Privileg, der macht das nicht», erzählt er. «Ich habe mir aber die Vor- und Nachteile erklären lassen und dann sofort zugesagt: Als Schänzer hatte ich nämlich eine sogenannte eingeschränkte Innenlockerung. Das heißt: Meine Tür war tagsüber größtenteils offen, ich konnte auf den Flur hinaustreten – während die anderen de facto 23 Stunden in ihrer Bude bleiben müssen.»

Eine zutiefst enttäuschte Lena G. hat es noch vor dem Flugverbot aus Deutschland dorthin geschafft, wohin sie oft wegen des neuen Hausreinigers 1/3 der JVA Mannheim gejettet ist: nach Vancouver. Meteomedia hat ihr das Ticket bezahlt. Lena G. hat der Firmenleitung gesagt, sie müsse ihre Sachen in British Columbia abholen und habe kein Geld dafür. Doch allein auf die Ranch neben dem Wetterturm am Lake Crescent, in dem sie fast jeden zweiten Monat gewesen ist, darf sie nicht. Ein Angestellter von The Weatherman Inc. folgt ihr auf Schritt und Tritt, als sie dort ihr Hab und Gut einpackt. Lena G. fühlt sich überwacht. Sie muss annehmen, dass Jörg Kachelmann ihr einen Aufpasser hinterhergeschickt hat – was ihre Wut auf den Inhaftierten noch steigert. Dabei war die schon vor ihrem Abflug grenzenlos gewesen. Einer Schwetzinger Polizeibeamtin hatte Lena G. am Telefon gesagt, sie wünsche sich, er solle «im Knast verrecken».

Am 11. April 2010 präsentiert die «Bild am Sonntag» Lena G., die bereits in Kanada weilt, als «neue Geliebte» Jörg Kachelmanns. Am selben Tag reicht Reinhard Birkenstock bei der Staatsanwaltschaft gleich drei Stellungnahmen zugunsten seines Mandanten ein. Ein Psychiatrieprofessor, eine Diplompsychologin und eine Fachärztin für Neurologie äußern allesamt starke Zweifel an den Aussagen von Sonja A.

Zuvor hat Birkenstock den Ermittlern bereits drei Expertisen von Rechtsmedizinern übergeben. Der Tenor auch hier: Es kann kaum so gewesen sein, wie Sonja A. es schildert. Mit der geballten Ladung Parteigutachten erreicht Birkenstock vor allem eines: Die Staatsanwaltschaft gerät unter Druck. Sie tut etwas, was Birkenstock schon seit Tagen, vielleicht Wochen, fordert.

Sie ordnet eine aussagepsychologische Begutachtung der Radiomoderatorin an – wenn auch widerwillig. Noch in ihrer Anklageschrift wird die Staatsanwaltschaft die Meinung vertreten, ein solches Gutachten sei nicht zwingend. Sonja A. sei erwachsen und nicht psychisch krank. Aber vielleicht wird Staatsanwalt Oltrogge dies dann auch nur schreiben, weil er ahnt, dass das Resultat der Expertise von Professorin Luise Greuel irgendwie nicht in sein Bild passt.

Lena G. ist erst ein paar Tage in Übersee, da verhindert der Eyjafjallajökull die Rückkehr nach Hause. Seine Aschepartikel, so fürchten die Fluggesellschaften, könnten die Düsentriebwerke beschädigen. Hunderttausende Flugpassagiere sitzen fest, in Europa, weltweit. Lena G. wollte noch Jörg Kachelmanns Kindern Bye-Bye sagen und dann heimfliegen. Nun verzögert sich der Abschied. Lena G. muss warten. Wie lange, ist ungewiss. Es werden zwei Wochen, in denen sie jemand ganz gut kennenlernt, von der sie bislang nur viel Schlechtes gehört hat: Jörg Kachelmanns zweite Exfrau, ihre einstige Nebenbuhlerin. Mit ihr wird sie sich bald bestens verstehen, die beiden tauschen sich aus. Lena G. verbringt die meiste Zeit ihres Zwangsurlaubs in Bridge Lake. Es entwickelt sich, was Luise Greuel eine schicksalhafte Solidarbeziehung nennen wird und andere eine Verschwörung. Auch Sonja A. wird bald eingebunden.

Anfangs sind die Zeitungen voller Schlagzeilen über den Eyjafjallajökull, seine Aschewolke, die Ungewissheit, den wirtschaftlichen Schaden und all die kuriosen Auswirkungen, wenn einmal nichts fliegt. Doch mit den Tagen gibt es kaum Neues über die stabilen Partikel in der Luft zu berichten. Ganz wie im Fall Kachelmann. Dort dringen kaum mehr neue Ermittlungsergebnisse an die Öffentlichkeit. Das Gentlemen's Agreement zwischen Verteidigung, dem Anwalt von Sonja A. und der Staatsanwaltschaft scheint zu halten. Niemand will eine Schlammschlacht. Und es kommt zu keiner Schlammschlacht. Noch nicht.

Den ganzen April lang bleibt die Informationslage dünn. Von

Jörg Kachelmanns Vernehmung kennt die Öffentlichkeit lange nicht viel mehr als Jörg Kachelmanns Zusammenfassung: «Ich bin unschuldig.» Und mangels Angebot an Wettermann-Nachrichten und bei großer Nachfrage des Medienpublikums steigen die Preise. Lena G. weiß daraus Profit zu schlagen. Bereits vor ihrem Abflug nach Kanada haben sie etliche Medienvertreter kontaktiert. Doch nun, als sie bei der Exfrau ihres Expartners gestrandet ist, intensivieren sich die Kontakte zu einem Blatt. Bei Tanja May von der «Bunten» hat Lena G., wie sie sagen wird, «ein gutes Gefühl». Doch nicht nur das: 30 000 Euro bietet ihr die Frauenillustrierte aus München, kein bescheidenes Honorar für ein Interview und einige Porträtaufnahmen. Lena G. zögert. Sie diskutiert, noch immer in Kanada, mit Jörg Kachelmanns Ex darüber. Die beiden spielen mit dem Gedanken, ein Doppelinterview zu geben. Die «Bunte» erhöht. Für ein gemeinsames Gespräch mit der geschiedenen Frau Kachelmann und mit der ehemaligen Möchte-Gern-Frau-Kachelmann bietet die laut Eigenwerbung «führende People-Zeitschrift Europas» 50 000 Euro. Doch die eine will dann doch nicht. Die andere entschließt sich, es allein zu tun. Das Angebot bleibt bestehen. Das erste von schließlich drei Coming-outs von Kachelmann-Geliebten in der «Bunten» ist und bleibt der Redaktion 50 000 Euro Wert.

Die Aschewolke verzieht sich langsam, Lena G. hofft, bald zurückfliegen zu können – auch weil sie in Europa erwartet wird. Kurz vor ihrer Heimreise, am 22. April 2010, schreibt sie noch eine E-Mail an die Schwetzinger Polizei. Jörg Kachelmann, heißt es darin, müsse sehr krank sein, er führe ein Mehrfachleben, ohne Rücksicht auf die Schmerzen anderer. Eingefallen sei ihr noch, dass er ihr Ende Januar erzählt habe, er wäre kurz davor, physisch aggressiv zu werden. Belege dafür liefert Lena G. keine. Sie schreibt aber noch, sie nehme an, dass das wieder eine seiner drastischen Ausreden gewesen sei. Jörg Kachelmanns Seite wird all dies als Teil einer Rachekampagne einer gekränkten Ex-Liebhaberin darstellen.

Lena G. ist kaum zurück an der Alster, da fliegt schon Chefreporterin Tanja May aus München ein. Im Gepäck hat sie einen Vertrag. Er garantiert der studierten Betriebswirtin Lena G. nicht nur 50 000

Euro. Zusätzlich verpflichtet sich die «Bunte Entertainment GmbH» zur Übernahme der Anwaltskosten. Als Gegenleistung bekommt sie eine Beziehungsgeschichte, sie bekommt eine Kinderzeichnung aus Kanada, sie bekommt Schnappschüsse aus glücklicheren Tagen mit Lena G., Jörg Kachelmann und seinen beiden Söhnen und sie bekommt die eben Zurückgekehrte für eine Fotostrecke vor die Kamera, auf der sie nicht glücklich aussieht.

Als Lena G. sich ablichten lässt, weiß sie: Wenn Jörg Kachelmann all das erfährt, dann wird er die Kosten ihrer Rechtsvertretung niemals übernehmen, für die sie bislang nicht aufkommen musste. Wenn er erfährt, dass sie über das Gemeinsame und Trennende mit der «Bunten» Gespräche führt, deren Abschrift annähernd 150 Seiten umfassen soll, kann sie sich einen neuen Anwalt als Zeugenbeistand suchen. Nachdem Lena G. ihre Unterschrift unter den Vertrag gesetzt hat, fragt sie – so wird sie zumindest in ihrem Umfeld erzählen – einen der bekanntesten Strafrechtler an ihrem Wohnort an, ob er für sie tätig werden könne: Johann Schwenn.

Der Rechtsanwalt aus Hamburg wird aber fast ein Jahr nach der «Bunte»-Titelgeschichte neben Jörg Kachelmann sitzen. Neben Zeugin Lena G. wird am 29. März 2011 ein junger Rechtsanwalt, ebenfalls aus Hamburg, Platz nehmen, auf den Schwenn große Stücke hält. Es ist der 35. Prozesstag, der zweite, an dem Lena G. Auskunft geben muss.

Neun oder zehn «Beziehungszeuginnen», je nach Zählweise, sind bereits in den Zeugenstand getreten. Alle haben unter Ausschluss der Öffentlichkeit aus ihrem Leben mit dem Angeklagten erzählt. Doch bei Lena G., die bereits in der «Bunten» «ausgesagt» hat, zeigt sich das Gericht erstmals weniger geneigt, Privat- und Intimsphäre so umfassend zu schützen.

Die Zeugin wird vor Publikum und Presse erzählen, was Illustrierten-Leserinnen seit über elf Monaten wissen.

Die «Bunte» vom 29. April 2010 hat sich besser verkauft als andere Ausgaben – gerade wegen der elf Seiten über Jörg Kachelmann und seinen angeblichen «Liebesbetrug» an der barfüßigen und altertümlich frisierten «Märchenprinzessin», wie es in einer Bildlegende heißt. Im Mannheimer Landgericht wird Lena G. wiederholen, dass sie Jörg Kachelmann und seine Kinder als ihre Familie wahrnahm. «Für mich war klar, wo ich Ostern, Weihnachten verbringe.» Ihre Stimme bricht. «Das war mein Leben.»

Jörg Kachelmann starrt in ihre Richtung, aber ins Leere.

Mit dem «Bunte»-Interview habe sie andere Frauen warnen wollen und sich schützen: Es könne, findet sie nach wie vor, nicht sein, «dass er nur als der Strolch dasteht, der halt was mit den Mädels hat». Sie fügt hinzu: «Ich wusste, wenn ich das Interview mache, bin ich jemand, den er nicht mehr kontaktiert. Das war mein Selbstschutz.»

Jörg Kachelmann blickt wie versteinert.

Richter Joachim Bock wird schimpfen und fragen: «Sie haben Facebook in die Ermittlungen reingebracht, sie haben einen Brief geschrieben. Da muss doch jedem vernünftigen Menschen klar sein, dass er als Zeuge in Betracht kommt. Das Gericht sieht es als Respektlosigkeit, dass Sie vor Ihrer Vernehmung ein Interview gegeben haben. Was hat Sie dazu bewogen?»

Lena G. antwortet: «Mein eigenes Leben! Für mich ist mein Leben zusammengebrochen. Ich musste irgendwas tun.»

Johann Schwenn ruft dazwischen: «Für 50 000 Euro!»

Bock wird laut, weist ihn zurecht: «Sie haben im Moment nichts vorzubringen!»

Schwenn lässt sich nicht gern sagen, wann er zu schweigen hat: «Eine Zeugin heult Sie an, und Sie halten ihr nicht vor, dass dieses ganze Getue …»

«… Ihr Vorhalt ist nicht angebracht», unterbricht ihn Bock.

Lena G. kann fortfahren: «Ich kann mir vorstellen, dass es nicht alle gut finden, wie ich mich verhalten habe. Aber es war mein Weg, mit der Geschichte umzugehen.»

Bock: «Was haben Sie mit dem Geld gemacht?»

Lena G.: «Es ist noch da. Einen Teil habe ich gespendet. Aber ich war – sicher auch frauentypisch – ein bisschen einkaufen.» «Bevor Sie hier wieder zu weinen anfangen, zeige ich Ihnen mal ein Bild», sagt Johann Schwenn ganz am Schluss des 35. Verhandlungstages. «So sieht also Enttäuschung aus!» Jörg Kachelmanns Verteidi-

Sie nannten ihn «Kachelfrosch»: Jörg Kachelmann als dreißigjähriger
Jungunternehmer, 1992.

Oben links: Jörg Kachelmann in seinem Studio in Gais im Kanton Appenzell Ausserrhoden, 2006. Oben rechts: Als Moderator der ARD-Samstagabend-Show «Einer wird gewinnen», 1998. Unten: Vor seiner Wetterfirma Meteomedia in Bächli, Kanton St. Gallen, 1994.

Der Wind- und Wettermann eröffnet 1999 eine Messstation in Berlin.

Oben: Als Moderator der MDR-Talkshow «Riverboat» war Jörg Kachelmann (hinten)
immer für einen Scherz zu haben. 1999 setzte er Alt-Bundeskanzler Helmut Kohl
Hasenohren auf. Zwischen den beiden die Co-Moderatoren Kim Fisher und Kai Pflaume.
Unten: Kachelmann und die spätere Bundeskanzlerin Angela Merkel, 2001 bei «Riverboat».

Oben: «Tatort»-Kommissarin Maria Furtwängler und Jörg Kachelmann auf dem ARD-Jahres-Presseempfang 2002. Unten: Die Feministin und spätere Prozess-berichterstatterin Alice Schwarzer als Gast bei Kachelmann bei «Riverboat», 2007.

Jörg Kachelmann, der Angeklagte, im Saal 1 des Mannheimer Landgerichts, bei der Prozesseröffnung am 6. September 2010.

Oben: Im Fokus, auf dem Weg zum Prozess: Jörg Kachelmann im Auto seines Anwalts.
Unten: Sonja A. unterwegs zu ihrer Aussage. Die Nebenklägerin hält sich ein Buch
der Psychologin Martha Stout vors Gesicht. Untertitel: «Die Skrupellosen: ihre Lügen,
Taktiken und Tricks».

Ausgang ungewiss: Jörg Kachelmann betritt das Landgericht Mannheim durch einen Hintereingang.

ger hebt die «Bunte» in die Höhe. Auf dem Cover ist die Zeugin kaum wiederzuerkennen. Ihre dunkelbraunen Haare wirken hellbraun, ihr Haar, das sie normalerweise glatt trägt, ist gelockt. «Das ist eine Inszenierung vom Anfang bis zum Ende», empört sich Schwenn, und er triumphiert: «Da haben Sie sich sogar eine Perücke aufkleben lassen!»

Selbst Richter und Schöffen können sich ein Grinsen nicht verkneifen, als Lena G. entgegnet: «Das sind meine Haare!» Dann sagt sie noch: «Aber ich wollte nicht so aussehen, wie ich aussehe. Ich habe die Fotos nicht gemacht und die Kleider nicht ausgewählt.» Sie habe sich eher etwas in Jeans und am Waldrand vorgestellt. «Ach», wendet Schwenn ein, «und posiert haben Sie auch nicht?»

Seine angebliche Fast-Mandantin bleibt ruhig. Sie lächelt permanent, als sie sich rechtfertigt: «Sie haben das nicht erlebt, acht Jahre sind eine lange Zeit. Vielleicht wirke ich hier tough, aber so was geht nicht spurlos an einem vorüber.»

«Aber bei 50 000 Euro sind sie eine toughe Verhandlerin», sagt Schwenn. «In einem Chat schreiben Sie, sie hätten gern sein Gesicht gesehen, als er von der ‹Bunte›-Geschichte erfuhr.» Lena G. nickt.

«Nun hatten Sie ja Gelegenheit dazu!» Schwenn schaltet sein Mikrophon aus. Die Befragung der Zeugin ist beendet.

Am Erscheinungstag des Hefts mit der Lockenfrau vorne drauf hat bei Sonja A. das Telefon geklingelt. Dran war Lena G. Die beiden tauschen sich aus, schreiben sich bald E-Mails. Sie finden heraus, dass sie von Jörg Kachelmann die gleichen Kosenamen verpasst bekamen, er ihnen identische Botschaften schickte und dass ihnen die gleichen Storys aufgetischt wurden. Sonja A. ist besonders froh, dass sie sich von jemandem verstanden fühlt, denn es hat sich viel getan in ihrem Fall, in der Zeit, in der Lena G. in Kanada war.

Während der Eyjafjallajökull ein noch nie da gewesenes Grounding der Luftfahrt bewirkte, hat sich viel getan im Fall Kachelmann.

In Teufels Küche

Oberstaatsanwalt Oskar Gattner geht am 19. April 2010, einem Montag, entgegen seiner Gewohnheit allein Mittag essen. Ein Monat ist seit der Verhaftung Jörg Kachelmanns bereits verstrichen. Eine intensive Zeit für den erfahrenen Oberstaatsanwalt, der seit den 80er-Jahren in Mannheim Straftaten verfolgt und schon einen deutschen Lieferanten einer Giftgasfabrik für den libyschen Diktator Muamar al-Ghadhafi hinter Gitter brachte. Das neueste Strafverfahren unter Aktenzeichen 404 Js 3608/10 übertrifft alles Bisherige – nicht nur, aber gerade in punkto mediales Interesse. Das kann Gattner als stellvertretender Pressesprecher seiner Behörde gut beurteilen. Seine Nebenrolle als Ansprechpartner der Medien wird er zwar im Fall Kachelmann selten ausüben, da er das Verfahren führt. Umso mehr spürt er den öffentlichen Druck.

Jetzt braucht der 60-Jährige Zeit für sich. Zeit, um seine Gedanken zu ordnen. Seine Behörde muss sich fragen: Was bedeuten die neuesten Erkenntnisse über Sonja A.? Sind wir einer Lügnerin aufgesessen? Haben wir uns verrannt? Sitzt da einer wegen uns seit einem Monat unschuldig in der JVA Mannheim? Haben wir Jörg Kachelmann ohne jeden Anlass das Leben ruiniert?

Die neuesten Erkenntnisse stammen von einem Informatiker der Polizeidirektion Heidelberg. Der IT-Spezialist, der früher fürs Bundeskriminalamt Verbrecher jagte, hat in den Tagen zuvor die gespiegelte Festplatte von Sonja A. durchforstet. Mit der forensischen Software «EnCase» hat der Polizeitechniker nach «Kanada-Connection» und nach Begriffen gesucht, die im rätselhaften Facebook-Dialog vorkommen. Er hat im ersten Anlauf nichts gefunden. Er befahl seinem Rechner, die Festplatte nach dem Wort «Verletzung» zu scannen. Fehlanzeige. Nach «Vergewaltigung» und ähnlichen Buchstabenkombinationen. Wieder nichts. Nach «Hämatom». Ebenfalls kein Treffer.

Doch dann machte er eine Entdeckung.

Jeder aus dem kleinen Personenkreis, der davon erfährt, weiß sofort: Nun steht Jörg Kachelmann einer Freilassung näher denn je. Sein Umfeld macht sich bereits Gedanken, wie das Leben des Wettermoderators weitergeht, nachdem er aus der JVA spaziert ist: zuerst eine offizielle Pressemeldung, dann ausgewählte Interviews, dann mal weitersehen.

Nach dem Essen allein bespricht sich Oberstaatsanwalt Gattner nachmittags mit Staatsanwalt Oltrogge. Für beide steht fest: Wenn Sonja A. es nicht zugibt, ist Jörg Kachelmann ein freier Mann. Wenn sie es nicht zugibt.

Und wenn sie es zugibt? Dann gilt es, die Lage vertieft zu analysieren, finden die beiden. Der Zufall will es, dass die Staatsanwaltschaft Sonja A. schon eine Woche zuvor für den kommenden Tag zu sich bestellt hat. Bei der telefonischen Terminvereinbarung fragte Rechtsanwalt Thomas Franz Staatsanwalt Oltrogge, ob er sich nun Gedanken machen müsse. Das hängt von ihnen und ihrem Naturell ab, will Lars-Torben Oltrogge geantwortet haben, und vielleicht hat er dann gelacht – so wie er in solchen Situationen öfters lacht. Laut, aber herzlich. Auch er ahnte nicht, dass sich Thomas Franz eine Woche später tatsächlich sogar ernste Sorgen um seine Mandantin machen muss.

Denn nun hat die Staatsanwaltschaft aus der Computerauswertung erfahren: Sonja A. hat nicht erst am 8. Februar 2010 im Internet nach Lena G. gesucht, wie sie mehrfach behauptet hat. Sondern exakt 365 Tage zuvor: Am Sonntag, den 8. Februar 2009, um 21.28 Uhr.

Die Radiomoderatorin trifft am 20. April 2010 pünktlich im Quadrat M1 ein, begleitet von ihrem Anwalt. Hier lernt sie Oskar Gattner und Lars-Torben Oltrogge kennen. Den Guten und den Bösen, wie sie bald sagen wird. In den nächsten zwei Stunden nehmen Gattner und Oltrogge tatsächlich die Rolle des good cop und des bad cop ein – zwar nicht so klischeehaft wie in Krimis, aber doch irgendwie. Gattner fragt einfühlsamer, Oltrogge hartnäckig.

Die Vernehmung findet im Büro des Oberstaatsanwalts statt, da dort ein großer Tisch steht. Die Stimmung ist von Anfang an steif, sie entspannt sich nicht, als Oltrogge Sonja A. belehrt: Beschuldige sie jemanden falsch, erklärt der Staatsanwalt mit den langen Locken, müsse sie damit rechnen, wegen Freiheitsberaubung und falscher Verdächtigung verfolgt zu werden. Dann fragt er: «Könnte es sein, dass Sie nicht in allen Punkten die Wahrheit gesagt haben?» «Das weiß ich nicht», antwortet Sonja A. und schweigt. Die Staatsanwälte schweigen ebenfalls. Eine ganze Weile. Der Erste, der wieder spricht, ist Oskar Gattner. Er präzisiert: «Das muss sich nicht auf das eigentliche Tatgeschehen beziehen.» Lars-Torben Oltrogge findet diese Ergänzung seines Vorgesetzten «nicht besonders glücklich», wie er im Prozess gegen Jörg Kachelmann einräumen wird. Sonja A. kann jetzt ahnen, dass es um die Vorgeschichte geht. Auch weiß sie: Die Ermittler haben ihren Computer auswerten können. Und in der Videovernehmung hat sie erfahren, dass die Polizei die Namen Chris, Frank und Christina Brandner kennt.

Trotzdem gibt sie die Ahnungslose und fragt zurück: «In welchem Bereich?»

Nun erklärt Oltrogge die Spielregeln: «Uns wäre es lieber, wenn Sie von sich aus berichten würden. Sie müssen sich selbst im Klaren sein, in welchem Punkt dies sein könnte. Nicht jede Unwahrheit ist abschließend für sich allein entscheidend. Sie müssen aber die Auswirkungen insgesamt sehen.»

Sonja A. fragt: «Meinen Sie vielleicht den Computer?» Dann herrscht wieder Schweigen am Tisch, ehe sie hinzufügt: «Das ist alles nicht so einfach und klar. Sie meinen Lena G.? Den Kontakt?» Sie habe große Angst gehabt, sagt Sonja A., dass man ihr nicht glauben würde. Wieder legt sie eine Redepause ein. «Den Kontakt hat es schon vorher gegeben», fährt sie nach langen Sekunden fort. «Ich hatte dann jedoch Bedenken, da jetzt jeder glaubt, alles sei nur geplant. Irgendwann konnte ich dann nicht mehr zurück. Was hätte ich denn machen sollen? Manchmal trifft man Entscheidungen aus

Angst, Scham, Schwäche. Das war offensichtlich falsch. Ich wollte nur die Wahrheit wissen.»

«Was ist die Wahrheit zwischen Ihnen und Lena G.?», wollen die Staatsanwälte wissen. Sonja A. gibt die längste Antwort in der gesamten Befragung. «Vor einem halben bis einem dreiviertel Jahr», erzählt sie, «war ein Anruf von einer Männerstimme, die ich nicht kannte. Ob er mit Lena G. spreche, habe der Unbekannte gefragt, und: ‹Sind Sie nicht die, die mit Jörg Kachelmann in Kanada war?› Ich habe dies verneint. Der Anrufer hat gesagt, er habe sich verwählt und aufgelegt. Ich habe dies erst ignoriert. Man kriegt öfter komische Anrufe. Belästigen wäre wohl zu viel gesagt. Es sind eher Anrufer, die glauben, sie wären lustig. Ich habe mir dann doch den Namen auf einem Zettel notiert und diesen in eine Schublade gelegt. Ich wollte das zunächst ignorieren.» Wiederum scheint Sonja A. nicht gewillt, von sich aus weiterzureden. Aber die Staatsanwälte vermeiden es, sie erneut durch Fragen zu lenken. «Man kann so etwas nicht einfach vergessen», fährt Sonja A. irgendwann fort. «Ich habe dann gegoogelt, dann eine Weile nichts mehr gemacht. Nach einigen Monaten habe ich den Zettel wiedergefunden. Dann wollte ich wissen, ob das stimmt.» Wieder sagt niemand etwas, bis Sonja A. erzählt, wie sie eine Lena G. auf Facebook entdeckt hat, wie sie diese Frau gefragt hat, ob sie im September in Kanada gewesen sei. Erst jetzt steigt die Staatsanwaltschaft ein:

«Wie haben Sie das gemacht?»

«Unter falschem Namen.»

«Welchem?»

«Christina Brandner. Ich hatte Hoffnung, dass das nicht stimmt, sich aufklärt, dass es nur ein Missverständnis ist.»

«Und?»

«Die erste Antwort war nicht sehr konkret. Sie hat ausweichend geantwortet. Ich hatte den Eindruck, dass es nicht stimmt, dass die zusammen wären. Es lief ja auch gerade mit Jörg wieder so gut. Ich hab das abgehakt. Ich habe auch einmal zu Jörg gesagt, ich verstünde das, wenn es nur kurz wäre. Wir hatten auch gerade Pläne mit dem Haus in Herrenschwand, dann kam dieser Brief.»

«Wann?»

«8. Februar. Dann habe ich beschlossen, ihn direkt zu fragen.»

Staatsanwalt Oltrogge scheint das erneut wenig glaubhaft. Er redet der Frau, die ihm gegenübersitzt, ins Gewissen: «Frau A., Ihnen muss klar sein, dass dann, wenn es wieder nicht stimmt, Sie in Teufels Küche kommen.» Auf Sonja A. wirkt Oltrogge aggressiv, fordernd, böse. Der Staatsanwalt, wird sie behaupten, habe sie eingeschüchtert. Oberstaatsanwalt Gattner wird aussagen, sein Mitarbeiter sei «nachdrücklich und engagiert» gewesen. «Ich weiß», wird Oltrogge seinerseits ausführen, «dass ich auf mein Gegenüber oft aggressiver wirke, als ich mich selber empfinde.» Er führt dies auf seine helle Stimme zurück, weniger auf die Drohung mit «des Teufels Küche».

«Aber es stimmt doch!», hat Sonja A. darauf erwidert. Trotzig wirkt sie dabei. «Ein kleines Kind hätte jetzt aufgestampft» – so wird Oltrogge ihre Reaktion auf seine rustikale Belehrung beschreiben. Er fragt weiter: «Wann wussten Sie das von der Beziehung?» Lena G., sagt Sonja A., habe immer schwammig geantwortet. Doch in ihrer letzten Facebook-Antwort, jener vom 13. Januar 2010, stand, die Beziehung dauere an. Da, so schildert es die Hauptbelastungszeugin gegen Jörg Kachelmann nun, habe sie gedacht, gehofft, es sei eine Behauptung. Sie habe es nicht ernst genommen. Nicht wahrhaben wollen. «Von Jörg aus», ergänzt sie noch, «hatte ich auch keine Anhaltspunkte. Er war so zukunftsorientiert. Wir hatten so viele Pläne.»

Dann sagt sie noch: «Ich schäme mich, dass ich die falschen Angaben gemacht habe.» Lars-Torben Oltrogge diktiert fürs Protokoll, was Sonja A. eben eingestanden hat. Während er ihre Worte wiederholt, hört er ein Schluchzen.

Die Staatsanwälte kommen auf den sonderbaren Brief mit dem Satz «Er schläft mit ihr!» zu sprechen. Sonja A., eben der Lüge überführt, behauptet steif und fest, sie habe ihn im Briefkasten gefunden, am Montag, vor der Tatnacht, am späten Nachmittag, so zwischen fünf und sechs Uhr, als sie zurückkam vom Einkaufen bei Aldi. Oder war sie bei Lidl? Oltrogge glaubt ihr kaum ein Wort und blufft:

«Wenn der Brief beispielsweise in Ihrer Firma erstellt worden wäre, so prüfen wir die Drucker und finden auch das raus.»

Doch Sonja A. bleibt standhaft: «Ich habe den Brief wirklich erst am 8. Februar bekommen.» Die Ermittler belehren die Zeugin noch einmal «eindringlich». Wie sie das im Detail tun, wird niemand überprüfen können, denn es existiert keine Tonbandaufnahme der Vernehmung und nicht einmal annähernd ein Wortlautprotokoll.

Die Staatsanwälte konfrontieren Sonja A. mit einem neuen Ermittlungsergebnis, von dem sie noch überhaupt keine Ahnung hat: Auf dem Brief ohne Frankierung fanden sich keine Fingerabdrücke eines oder einer unbekannten Dritten, die oder der den Umschlag eingeworfen habe könnten. Vorhanden sind nur Spuren einer einzigen Frau und eines einzigen Mannes: von Sonja A. und von Jörg Kachelmann. Trotzdem sagt Sonja A. «Ich bleibe dabei. Es war wirklich so, wie ich es gesagt habe.»

So kommen wir nicht weiter, denkt sich Lars-Torben Oltrogge. Wenn sie jetzt weiterlügt, dann ist es vorbei. Der Staatsanwalt unterbricht die Vernehmung. Er zieht sich in sein Büro zurück, zusammen mit seinem Vorgesetzten. Sonja A. und ihr Anwalt bleiben in Oskar Gattners Dienstzimmer zurück. Die Staatsanwälte holen sich Kaffee oder Wasser und diskutieren die weitere Vernehmungstaktik. Viel mehr Handfestes, was sie Sonja A. noch vorhalten könnten, haben sie nicht. Sie fragen sich: Gibt es noch einen dringenden Tatverdacht gegen Jörg Kachelmann? Muss er freigelassen werden? Nach einer Viertelstunde werden sie unterbrochen. Es hat geklopft. Thomas Franz tritt ein und sagt, seine Mandantin wolle etwas ergänzen, vielleicht sagt er auch korrigieren.

Das Trio geht zu ihr hinüber. Um 10.05 Uhr gesteht Sonja A. eine zweite Lüge ein. «Einige Monate vor der Tat habe ich die Kopie der Tickets im Briefkasten erhalten», räumt sie ein. «Dies war ohne ein Anschreiben, das heißt ohne das zweite Blatt.» Sie meint das Papier mit dem Satz «Er schläft mit ihr!». Dieses zweite Blatt habe sie selbst geschrieben. Sonja A. versucht, ihr Verhalten zu rechtfertigen: «Ich wollte nur die Wahrheit wissen. Ich wollte wissen, ob es stimmt. Ich wollte wissen, was aus der Beziehung wird. Ich wollte ihn doch nicht verlieren.» Die Worte fließen wieder. «Ich dachte, jetzt, wo es sich so positiv entwickelt hat, klären wir das und dann können wir durchstarten mit all den Plänen im Schwarzwald. Ich hab mir das so gewünscht.»

Wann sie die Tickets gefunden habe, wollen die Staatsanwälte wissen.

«Das war Mitte 2009.»

«Gab es den Anruf?»

«Ja, der war wesentlich früher, das waren Monate vor dem Brief. Es war viel Zeit dazwischen.»

«Wie haben Sie den Brief erhalten?»

«Er lag im Briefkasten. Es war ein leerer Umschlag mit einer Kopie der Tickets.»

«Wo ist der Umschlag?»

«Den habe ich damals weggeworfen.»

«Wo wurde das Anschreiben erstellt?»

«Wahrscheinlich bei mir zu Hause. Dann habe ich es im Sender ausgedruckt.»

«Wahrscheinlich?»

«Ich habe es vermutlich auf dem USB-Stick gespeichert und dann im Sender ausgedruckt.»

«Wann?»

«Im Dezember … Ich habe immer wieder den Plan gehabt, ihn anzusprechen, hatte aber Angst vor der Wahrheit. Dann habe ich es wieder alles weggepackt, später wollte ich es dann wieder wissen.»

«Aus dem Protokoll des Chats wissen wir, dass Lena G. Ihnen am 13. Januar mitgeteilt hat, dass sie eine Beziehung mit Jörg hat. Am 20. Januar waren Sie mit dem Beschuldigten in Herrenschwand.»

«Ja, das ist richtig.»

«Warum haben Sie ihn da nicht zur Rede gestellt?»

«Ja, das frag ich mich auch.»

Jetzt ist erstmals wieder «längere Pause» protokolliert. Sonja A. beendet sie mit dem Satz: «Ich war noch nicht so weit.» Die Ermittler fragen, was denn der Unterschied gewesen sei, zwischen dem 20. Januar und dem 8. Februar. «Zum einen musste er danach weg nach Kanada und ich hatte das Bedürfnis, das vorher zu klären.» Sonja A. sucht die ganze Zeit den Blick der Staatsanwälte nicht, aber sie weicht auch nicht aus. «Vielleicht war es auch einfach nur ein stärkerer Tag. Ich war zuversichtlich, dass es nicht stimmt. Warum hätte er sonst die Pläne machen sollen?» Sonja A. bricht in Tränen aus. Sie zittert stark. «Ich wollte das eigentlich abhaken und …»

In der Hauptverhandlung, am 36. Tag, wird Lars-Torben Oltrogge sagen: «Eine richtige Erklärung hat sie bis heute nicht.»

Kachelmanns Verteidiger Johann Schwenn, scharf wie häufig, wird den Staatsanwalt anfahren: «Warum haben Sie den Vorhalt unterlassen, dass nur Zuhause die Logistik stimmte? Da sind die Eltern, denen man das Opfer vorspielen kann, da ist der Computer, da ist die heimatliche Polizei, auf die man sich sicher verlassen kann.»

Oltrogge wird entgegnen: «Weil ich das für konstruiert halte.»

Jetzt sitzt Sonja A. zusammengesunken da, in Oskar Gattners Büro, nachdem sie nicht eine Lüge eingestanden hat, sondern zwei. Ganz zum Schluss der Vernehmung weist die Staatsanwaltschaft sie «noch einmal nachdrücklich», wie es im Protokoll heißt, auf ihre Wahrheitspflicht hin. Dies sei der letzte Zeitpunkt für Berichtigungen. «Es gibt keine weiteren Dinge, die ich berichtigen muss», erklärt Sonja A. «Alles andere stimmt so, wie ich es bisher gesagt habe.»

Die Staatsanwälte tun nun etwas, was ihnen große Kritik eintragen wird. Sie beenden die Vernehmung. Sie brechen ab, ohne ein Wort zum Tatvorwurf zu verlieren. Sie haken nicht mehr nach. «Mit Frau Professor Greuel hatte ich mich geeinigt», wird sich Lars-Torben Oltrogge rechtfertigen, «nicht zum Kerngeschehen zu fragen.» Das wäre problematisch gewesen, weil für drei Wochen später ihre aussagepsychologische Exploration angesetzt war. Wurde hier die Chance verpasst, die ganze Wahrheit im Fall Kachelmann zu hören? Oder hat Sonja A. alle ihre Lügen zugegeben?

Die Zeugin hat zumindest für Staatsanwalt Oltrogge soeben «eine plausible Erklärung» für ihr Verhalten abgeliefert. Sonja A.

weint. Beim Herausgehen sagt sie: «Jetzt kommt er bestimmt frei.» Aber Lars-Torben Oltrogge beruhigt sie und versichert: «So schnell geht das auch wieder nicht.»

Das Messer

Der Verdacht gegen Jörg Kachelmann sei «widerlegt», so heißt es in einer Medienmitteilung, das Verfahren «eingestellt». Dies hätten die Beweismittel und eine erneute Vernehmung der Anzeigeerstatterin ergeben. Jörg Kachelmann, steht da, sei aus der Haft entlassen. Weitere Auskünfte würden nicht erteilt, lautet der Schlusssatz.

Allerdings ist diese Medienmitteilung nie versandt worden und wird nie versandt werden. Niemand in Mannheim denkt auch nur daran. Nicht die Staatsanwaltschaft, nicht das Amtsgericht, nicht das Landgericht, niemand will eine solche Botschaft verschicken, wie sie die Verteidigung bei den Strafverfolgern zur gemeinsamen Publikation eingereicht hat. Niemand will den berühmtesten Inhaftierten der Quadratestadt auf freien Fuß setzen – auch wenn das Anwaltduo aus dem Kölner Friesenviertel dies wieder und wieder verlangt, mal freundlich, mal energisch, nie erfolgreich. Die Ermittler haben etwas ganz anderes vor.

Die Staatsanwaltschaft, so vertraut Sonja A. ihrem Therapeuten an, habe ihr etwas verraten: Sie wolle Anklage erheben, bereits Mitte Mai. Dies sollen die Staatsanwälte ihr gesagt haben am Tag, an dem sie ihre Lügen eingestand.

Und so steht zwei Tage später nicht in der Presse, der Verdacht, Jörg Kachelmann habe vergewaltigt, sei widerlegt. Sondern so etwas wie das Gegenteil davon. In Windeseile verbreitet sich am 22. April 2010 eine Nachricht, die aus der «Süddeutschen Zeitung» stammt – bis in die JVA Mannheim. Auch Sonja A. wird davon lesen, denn sie, die studierte Medientechnikerin, hat mittlerweile eine Routine entwickelt: Kaum aufgestanden, wirft sie ihren Laptop an und sucht bei Google nach News zu Kachelmann.

«Ha, ha, wie wird das Wetter morgen?», hätten sie ihn anfangs im Gefängnis gefragt. Aber er, sagt Jörg Kachelmann später im «Spiegel», habe keine Lust gehabt auf Meteorologie, er habe sich auf seine Aufgaben konzentriert. «Es war wie im Krieg – man muss sich aufs Wesentliche fokussieren», weiß der ausgemusterte Soldat, der in der Schweizer Armee einst im Informationsregiment 1 der Abteilung für Presse und Funkspruch diente. «Ich habe noch nie so viele weinende Männer im Arm gehalten wie im Knast», erzählt er. Seinem – wie der damals noch 51-Jährige selbst findet – «hohen Alter geschuldet» sei gewesen, dass er «für einige die tröstende Bezugsperson wurde». Neben dem Trösten lag das Augenmerk wohl auf der Verteidigung in eigener Sache und dem Putzen der Toiletten.

Aber jetzt, plötzlich, gucken zahlreiche Mitgefangene ihren Hausreiniger schief an. Und das gehört noch zum Harmloseren. Die größte Qualitätstageszeitung Deutschlands hatte am 22. April 2010 getitelt: «Messer mit Fingerabdrücken». Und im Untertitel schrieb die «Süddeutsche»: «Die Ermittler im Fall Kachelmann prüfen einen brisanten Fund aus der Wohnung des mutmaßlichen Opfers». Im Text steht: «An dem Messer fanden die Ermittler gemäß eigenen Angaben Teile von Fingerabdrücken und DNA von Kachelmann.»

«Monster» möchte sie ihn nennen, wird Sonja A. Mitte Mai der Aussagepsychologin Luise Greuel sagen, als sie anfängt, über ihr Leben und das von Jörg Kachelmann zu sprechen, über ihre Liebe, die sich als einseitige Liebe entpuppt hat. Elf Stunden lang, verteilt auf zwei Tage, wird Greuel, eine Frau mit ernsten Augen, sie befragen, subtil, einfühlsam und doch direkt, tabufrei. Während der ganzen langen Exploration in der Schwetzinger Polizeidienststelle kommt Sonja A. das Wort Monster dann doch nur zwei weitere Male über die Lippen. Wenige Male sagt sie «Schwein», aber meistens nennt sie den Vornamen, den sie vermeiden wollte.

Vergewaltiger sind in der Gefangenen-Hackordnung ganz unten angesiedelt. «Schlimmer dran sind nur noch Kinderschänder», wird Jörg Kachelmann nach 131 Tagen Haft wissen. «Für Männer in dieser Kategorie ist das Leben im Knast der Vorhof zur Hölle.» Kinderschänder und Vergewaltiger werden geschnitten, sie werden gepeinigt. Da setzt es ein Schimpfwort oder eine Gemeinheit und dort einen Ellenbogen oder eine Faust. Vorverurteilungen reichen für die knastinterne Selbstjustiz. «Es wird dann stiller um einen», wird Jörg Kachelmann den «Spiegel»-Interviewern sagen, als sie ihn auf die Phasen ansprechen, in denen alles gegen ihn zu sprechen schien. Er wird aber nicht öffentlich darüber reden, wie es ihm tatsächlich ergangen ist, als die Nachricht von den angeblich so deutlichen Spuren am Messer die Runde machte – und als erst wenige Eingeweihte wussten, dass Sonja A. kurz zuvor Lügen hatte eingestehen müssen.

Sonja A. spricht schnell, wenn Luise Greuel sie etwas fragt. Stundenlang bleibt sie konzentriert, aufmerksam. Ihre Erzählung stockt erst am Schluss des ersten Untersuchungstags, als sie die Tat frei schildern soll, der sie zum Opfer fiel. Bei der Vorgeschichte fließen die Worte noch. Sie verfügt auch über eine Grundlage aus der Weltliteratur, auf die sie Bezug nimmt: Robert Louis Stevensons Roman «Der seltsame Fall des Dr. Jekyll und Mr. Hyde», in dem sich ein gutherziger Arzt immer wieder in einen mörderischen Doppelgänger verwandelt. Viele, auch Rechtspsychologen, bezweifeln, dass sich Jörg Kachelmann in jener Februarnacht von einem Dr. Jekyll in einen Mr. Hyde verwandelt habe. Doch Sonja A. wird erzählen, er habe sich so dargestellt und gesagt, er sei zu feige gewesen, ihr die Wahrheit früher einzugestehen.

Sie sei, soll er ihr versichert haben, der lichte Moment in seinem Leben. Als «Erfindung», «Herabsetzung» und «Spekulation» wird Verteidiger Johann Schwenn den Bezug zur «erdachten Romanfigur» bezeichnen. Trotzdem wird diese angebliche Selbstbeschreibung Jörg Kachelmanns bis zum 5. Mai 2011 im Raum stehen. Dann, am 39. Prozesstag, wird der Psychiater Hartmut Pleines, der Jörg Kachelmann den gesamten Prozess über lang beobachtet hat, sagen: «Von Dr. Jekyll und Mr. Hyde bleibt nichts übrig. Das ist ein literarisches Subjekt, das mit einer Dämonisierung einhergeht. Das entspricht dem Bedürfnis von Menschen, das Grauenvolle bei anderen und nicht bei sich selbst zu suchen.»

Fast ein Jahr vor dem mündlichen Gutachten des Psychiaters Pleines erzählt Sonja A., sie habe Jörg Kachelmann gefragt, wie viele Frauen es waren und sind. Er habe nichts gesagt. Mehr als fünf? Keine Antwort. Mehr als zehn? Wieder nichts. Da habe sie gewusst: Es sind zu viele. Sonja A. braucht eine Pause, frische Luft. Vielleicht raucht Luise Greuel eine rote Marlboro, vermutlich überlegt sie, was sie von der ganzen Sache halten soll.

Messer – Fingerabdrücke – DNA – Blutspuren – jeder Krimifan ahnt: Um den Verdächtigen ist es geschehen. Der Täter ist überführt. Und so werden am 22. April 2010 Millionen Menschen denken: Der Kachelmann war es – hab ich von Anfang an gewusst. Und vielleicht noch mehr revidieren ihre ursprüngliche Ansicht: Der Kachelmann war es – hätte ich ihm nicht zugetraut. Und dann gibt es noch jene, die zweifeln: Vielleicht ist die Sache mit dem angeblich so brisanten Beweisstück doch nicht so eindeutig: Vielleicht hat Jörg Kachelmann das Messer ja beim Essen angefasst oder beim Kochen. Aber kaum jemand denkt, dass es eine Falschmeldung sein könnte, die die seriöse «Süddeutsche» in die Welt gesetzt hat.

Wissen kann dies zu diesem Zeitpunkt nicht einmal die Verteidigung des Vorverurteilten. Die Erkenntnisse des Kriminaltechnischen Instituts des Landeskriminalamts Baden-Württemberg liegen ihr nicht vor. Ebenso wenig, zumindest nicht offiziell, hat die Staatsanwaltschaft Mannheim Kenntnis von den Resultaten aus dem Labor. Der Diplombiologe des LKA, der die Spuren am Tramontina-Messer untersucht, wird sein Gutachten erst am 26. April einreichen, vier Tage nach den Breaking Kachelmann-News.

In ihrem vielleicht wichtigsten Gespräch in der gesamten Strafsache 404 Js 3608/10 erzählt Sonja A. der Aussagepsychologin Greuel, wie geschockt und angeekelt sie gewesen sei, nachdem Jörg Kachelmann zugegeben hätte, sie sei nicht die Einzige. Seinen Anblick habe sie nicht mehr ertragen. Wie er nun dasaß bei ihr auf der Couch und sie mit eisigen Augen anstarrte. Geh! Will sie gesagt haben. Bitte! Er erhob sich. Doch statt aus der Tür sei er in die Küche gegangen.

Die Verteidigung fühlt sich über den Tisch gezogen. Sie hat keine andere Erklärung, zumindest keine plausible, als dass tatsächlich die erwähnten «Ermittler» der «Süddeutschen» die Informationen über die Spuren am Tomatenmesser zugespielt haben – und das gezielt, nachdem die «Brieflüge» aufgeflogen ist. Die Strafverfolger haben in den Augen von Kachelmanns Anwälten damit das Gentlemen's Agreement gebrochen. Bislang hat es einigermaßen geklappt mit der gemeinsamen Devise «Keine Schlammschlacht!». Ab sofort gilt die Abmachung nicht mehr. Jörg Kachelmann sei zur «medialen Notwehr» gezwungen worden, wird Medienanwalt Höcker später erklären.

Sonja A. zeigt Luise Greuel, wie er ihr das Messer mit der rechten Hand an die Kehle gedrückt haben soll. Haben sie, fragt Greuel, Todesangst gehabt? Sie habe, so Sonja A., immer nur das Messer gespürt, die ganze Zeit, während der ganzen Vergewaltigung. Was genau geschehen sein soll, vermag sie nicht zu sagen. Alles bleibt vage, wird Greuel schreiben, und auffallend oberflächlich.

Erst recht hintergangen fühlt sich Kachelmanns Anwaltsteam, als es Tage später das LKA-Gutachten studiert: Die Analyseresultate, die in aller Munde sind, gibt es so nicht. Beim scheinbar eindeutigen kachelmannschen Erbgut am schwarzen Plastikgriff handelt es sich um eine Mischspur an der «Nachweisgrenze». Die winzigen Teilchen, wohl Hautschüppchen, enthalten mehr DNA-Merkmale von Sonja A. als von Jörg Kachelmann.

Der renommierte Rechtsmediziner Bernd Brinkmann aus Münster, Experte der Verteidigung, wird festhalten, es wäre ein grober Fehler, festzustellen, es befände sich DNA von Jörg Kachelmann am Messer. Ein noch gröberer Fehler wäre es, zu behaupten, dass der Beschuldigte den Griff angefasst habe.

Die amtliche und öffentliche Bestätigung für diesen Befund folgt mit acht Monaten Verspätung. Es wird wie eine offizielle Korrektur der Falschmeldung in Presse, Funk und Fernsehen wirken, was der LKA-Biologe am 21. Prozesstag im Saal 1 des Mannheimer Landgerichts ausführt. Im Foyer, in dem er warten musste, steht dann bereits eine deckenhohe Rottanne. Sie ist mit roten, silbernen und gelben Kugeln sowie elektrischen Kerzen geschmückt.

Die gezielte Indiskretion an die «Süddeutsche», wenn es denn eine war, wird sich im vorweihnachtlichen Mannheim als Bumerang erweisen. «Der Angeklagte ist als Verursacher der Spur nicht auszuschließen», wird der Spurenanalytiker in seinem mündlichen Gutachten zwar einschränken, «aber auch eine Sekundärübertragung ist möglich.» Denkbar ist für den Stuttgarter Experten die Variante, dass Sonja A. zuerst Jörg Kachelmann angefasst hat und unmittelbar danach das zweitkleinste Messer aus ihrem Küchenset. Beim Blutrestchen zwischen den Zähnchen an der acht Zentimeter langen Klinge, so hat sich herausgestellt, handelt es sich um eine winzige Spur, die sich kaum im Sinne der Anklage deuten lässt. Nicht nur an der Schneide, sondern nirgendwo am Messer ließ sich etwas finden, was auf Jörg Kachelmann als bewaffneten Sexualstraftäter hindeutet. «Es gibt keine Hinweise darauf, dass mit dem Rücken oder der Spitze Verletzungen herbeigeführt wurden», wird der LKA-Biologe vor der 5. Großen Kammer des Landgerichts erläutern. Alle Experten, vier davon in der Hauptverhandlung, werden sich einig sein: Wenn es so war, wie Sonja A. sagt, müssten mehr Spuren von ihr an der Klinge zu finden sein. Und mehr von ihm am Griff, falls Jörg Kachelmann ihr tatsächlich das Messer lange Minuten an den Hals gedrückt hat.

Allerdings wird die Staatsanwaltschaft einwenden: Hätte Sonja A. eine Spurenlage nach einem Sexualverbrechen arrangieren wollen, hätte sie wohl kaum vergessen, ihre DNA an der Klinge zu hinterlassen. Vielleicht sind auch Spuren verlorengegangen, vielleicht wurde das Messer abgewischt. Doch die Anklagebehörde weiß zu gut: All diese Gedankenspiele sind keine Beweise gegen den Beschuldigten und nicht einmal starke Indizien.

Aus der Untersuchung der Kriminaltechnik bleibt wenig Belastendes. Es bleibt vielleicht der Tamponfaden, den Jörg Kachelmann zuerst gar nicht und dann vermutlich nicht angefasst haben will. Am

Faden hat der LKA-Biologe ein DNA-Muster nachgewiesen, dass jenem des Angeklagten stark ähnelt. Im molekulargenetischen Gutachten schreibt er mit vorverurteilenden Worten, dies «bestätige» die von der «Geschädigten» geschilderte Tatversion: dass der Verdächtige ihr den Tampon entfernt habe.

Doch daraus ergeben sich technische Fragen allgemeiner Art: Könnte ein Täter einem liegenden Opfer permanent das Messer an den Hals drücken und gleichzeitig einen Tampon rausziehen? Bräuchte er dafür – und auch davor und danach – nicht eine dritte Hand, um sich abzustützen? Beisitzer Joachim Bock wird in diesen Punkten insistieren. Die Verteidigung wird publik machen, womit Bock Sonja A. in der nichtöffentlichen Hauptverhandlung konfrontiert hat: Wie lässt sich ein Tampon überhaupt gewaltsam rausziehen, wenn sich eine Frau wehrt? Bock «provoziert» Sonja A. mit seinen Fragen, wie er selbst einräumt. Und zwar bis Sonja A. entnervt zurückfragt, ob der Richter mit solchen Dingen Erfahrung habe. Das mündliche Gutachten des LKA-Biologen am 20. Dezember 2010 muss Jörg Kachelmann vorkommen wie ein frühes Weihnachtsgeschenk. «Kachelmann entlastet», wird die Nachrichtenagentur DPA titeln, «keine eindeutigen Spuren am Messer».

Die Fingerabdrücke kommen am zweitletzten Verhandlungstag im Horrorjahr des Wettermoderators und der Radiomoderatorin nicht einmal mehr zur Sprache. Am Messer haben sich keine finden lassen, die sich verwerten ließen. Was über die so belastenden Spuren durch die Presse ging, war eine Falschmeldung. Doch jetzt, acht Monate später, wird sie niemand berichten.

Luise Greuel ist noch etwas vielleicht Entscheidendes aufgefallen, als sie das kriminaltechnische Gutachten studierte. Gegen Ende des zweiten gemeinsamen Tages in der Schwetzinger Polizeidienststelle spricht sie ihre Probandin darauf an. Wie so oft gibt die Aussagepsychologin nicht viel mehr als ein Stichwort: Es fanden sich, sagt sie diesmal nur, viele Spuren von Geschlechtsverkehr, verteilt auf der Bettwäsche. Aha, sagt Sonja A. Einfach Aha. Daraufhin konfrontiert Greuel sie mit ihrer Schlussfolgerung aus dieser Spurenlage: Das

Bild, das sich biete, erläutert sie, würde eher zu variantenreichem Sex passen als zu monotonem Missbrauch. Das, sagt Sonja A. nun, könne sie erklären: Sie habe ihre Bettwäsche in Herrenschwand mit dabeigehabt. Dort, im Schwarzwald, so hat die Zeugin bereits mehrfach den Ermittlern erzählt, habe Jörg Kachelmann drei Wochen vor der fatalen Nacht das letzte Mal «legal», wie sie sagt, mit ihr geschlafen. Nie erwähnt hat sie in bislang fünf Vernehmungen, sie habe danach ihr Bett Zuhause mit der benutzten Wäsche bezogen. Sie sei da nicht so kompliziert, erklärt sie jetzt erstmals, ein paar Flecken machten ihr nichts aus.

Ganz zum Schluss der Exploration, nach elf intensiven Stunden, gibt Luise Greuel Sonja A. die Möglichkeit, um, wie sie sagt, nachzubessern. Vier Mal nacheinander. Doch Sonja A. erwidert nur: Sie habe alles so erzählt, wie es war. Sie hasse Lügen. Er lüge.

Sonja A. ist schon fast aus der Tür, da sagt ihr Luise Greuel noch, sie wolle ehrlich sein. Der Fall sei schwierig, komplex, alles andere als eindeutig. So stellt es Sonja A. dar. Ich bin nicht glaubwürdig, wird sie sich erinnern, habe sie gedacht. Das wars.

Kaum ist Sonja A. aus der Tür, setzt sich Luise Greuel mit Lars-Torben Oltrogge in Verbindung. Der Staatsanwalt hat auf ihren Anruf gewartet. Er notiert sich, was die Aussagepsychologin für ihn vorab zusammenfasst: Keine psychiatrischen Auffälligkeiten schränkten die Aussagetüchtigkeit der Zeugin ein. Sonja A. habe – so steht auf dem Vermerk in krakeliger Handschrift – ihre bisherigen Aussagen bestätigt. Zum eigentlichen Tatgeschehen habe sie erneut wenige Details geschildert. Das Ergebnis des Gutachtens sei nicht absehbar, die Sachlage so komplex wie erwartet. Ob sie denn eine vorläufige Bewertung abgeben könne? Erst Ende Mai, lautet Greuels Antwort.

Doch drei Wochen mag sich Oltrogge nicht gedulden. Er macht sich daran, die Anklageschrift fertigzustellen. Später wird er seine Eile damit rechtfertigen, bei Haftsachen gelte ein Beschleunigungsgebot.

Und so schreibt Lars-Torben Oltrogge, Jörg Kachelmann habe sich der besonders schweren Vergewaltigung schuldig gemacht.

Seine Anklage beruht vor allem auf der Überlegung, dass keine kriminalistische Erkenntnis gegen die Tatversion von Sonja A. spräche. Der Staatsanwalt versucht, eine Indizienkette zu knüpfen. Er fängt beim Messer an. Die DNA-Befunde ließen sich, so behauptet er, mit den Angaben der Anzeigeerstatterin in Einklang bringen. Ebenso, gemäß Rechtsmediziner Rainer Mattern, die Verletzungen. Als bemerkenswertes Detail bezeichnet es der Ankläger, dass eines der kleinsten Küchenmesser neben dem Bett lag. Sonja A., so seine Überlegung, hätte wohl ein Bedrohlicheres genommen, wenn sie eigenhändig eine Spurenlage nach einer Vergewaltigung hätte nachstellen wollen. Aber vielleicht – und das steht nicht in der Anklageschrift – musste sie ja das zweitkleinste nehmen, weil Jörg Kachelmann schlicht und einfach kein Bedrohlicheres angefasst hat bei seinem letzten Besuch bei ihr. Im Tamponfaden mit dem fast vollständigen DNA-Muster Kachelmanns sieht Oltrogge – so nennt er es – ein originelles Detail. Entscheidend erscheint dem Staatsanwalt, was er selbst bei der Auswertung der Laptop-Festplatte von Sonja A. entdeckt hat: das «warum.doc». Für ihn dokumentiert das «Tagebuch» voller Selbstzweifel und Belastungstendenzen kaum eine erfundene Vergewaltigung. Nicht in der Anklageschrift bedacht wird die Möglichkeit, dass Sonja A. es vielleicht nachträglich erstellt hat, vielleicht als Gedächtnisstütze, um sich bei ihren Aussagen nicht in Widersprüche zu verstricken. Ganz am Schluss seiner elf Seiten kommt Oltrogge auf die Expartnerinnen zu sprechen. Die Aussagen mehrerer Zeuginnen zeigten eines: Es sei unzutreffend, wenn der Beschuldigte behauptet, er sei zu einer solchen Tat «überhaupt nicht fähig» und würde sich bei Streit eher zurückziehen.

Von der Anklage erfährt Reinhard Birkenstock erst, nachdem Lars-Torben Oltrogge seine Schrift beim Landgericht eingereicht hat. Der Staatsanwalt ruft den Rechtsanwalt an und schildert ihm, was er gerade getan hat. Jörg Kachelmanns Strafverteidiger ist selten sprachlos. Aber jetzt scheint er es zu sein.

Oltrogge hat eine weitere Überraschung parat. Die Ermittler konnten die Frau ausfindig machen, die ihnen ganz am Anfang ohne Namens- und Adressangabe mitgeteilt hatte, Jörg Kachelmann sei nicht zurechnungsfähig. Geschrieben hatte dies eine verheiratete Frau aus Berlin. Die Schwetzinger Polizei reiste zu ihr in die Hauptstadt. Die Zeugin sagte aus, sie habe vor einem Jahrzehnt, in jungen Jahren, eine kurze Affäre mit dem Wettermoderator gehabt. Beendet habe sie die Beziehung, nachdem Jörg Kachelmann sie mit einem Rohrstock geschlagen habe. Nach dem angeblichen Vorfall hatte sie sich nicht bei der Polizei gemeldet. Als sie aber von der Verhaftung hörte, tat sie es, obwohl ihr Ehemann dagegen war.

An allzu viele Details von damals kann sich die mittlerweile über Dreißigjährige allerdings nicht mehr erinnern. Trotzdem eröffnet die Staatsanwaltschaft ein weiteres Verfahren wegen gefährlicher Körperverletzung. Sie stellt es aber sogleich – zumindest vorläufig – wieder ein, weil das Vergewaltigungsverfahren Vorrang hat. Die Berlinerin wird als letzte der «Beziehungszeuginnen» aussagen.

Mit der Anklage ist das Gentlemen's Agreement zwischen den Strafverfolgern und den Verteidigern endgültig aufgekündigt. Der Kampf um die öffentliche Meinung ist bereits im Gange. An die Devise «Keine Schlammschlacht!» hält sich niemand mehr. Das bekommt bald auch die Berlinerin zu spüren. Bei ihr vor der Haustür in Berlin-Mitte steht schon bald ein Reporter der «Bild»-Zeitung. Er kommt, so wird die Zeugin vor Gericht aussagen, von der Redaktion Köln.

Am Dienstag, den 25. Mai, kurz nach 15 Uhr händigt ein Kurier Jörg Kachelmann die Anklageschrift aus. Vier Stunden später schreibt Luise Greuel Lars-Torben Oltrogge eine kurze E-Mail, die es in sich hat: Die Qualität der Aussage von Sonja A. sei mit zu vielen Mängeln behaftet, als dass sich der Erlebnishintergrund in Bezug auf die inkriminierte Vergewaltigung belegen ließe. Auf Nicht-Aussagepsychologinnen-Deutsch heißt das: Ich kann mit meinen wissenschaftlichen Methoden nicht nachweisen, dass Sonja A. die Tat, von der sie erzählt, tatsächlich erlebt hat. Mehr gibt Luise Greuel noch nicht preis.

Am Tag, an dem die Anklageerhebung die Schlagzeilen dominiert, ist Thomas Franz in der Talkshow «Kerner» als «Opfer-Anwalt» zugeschaltet. Von den Zweifeln der Aussagepsychologin weiß er bei seinem quotenträchtigen kurzen TV-Auftritt am 20. Mai 2010 nichts. Franz redet auf Sat 1 mehr, als er im ersten halben Jahr Verhandlung in der Strafsache Jörg Kachelmann insgesamt reden wird. «Meine Mandantin ist erleichtert», sagt der Rechtsbeistand ganz am Anfang. In der Presse, wendet Johannes B. Kerner ein, sei zu lesen, seine Mandantin würde sich freuen. «Herr Kerner», antwortet Thomas Franz mit Nachdruck in der Stimme, «ich kann ihnen versichern, meine Mandantin kennt ab dem Tag keine Freude mehr. Sie lebt in Angst. Sie ist, wie jedes andere Opfer, das eine solche Tat erleben muss, traumatisiert. Und wir können nur hoffen, dass sie mit der entsprechenden fachtherapeutischen Hilfe das Trauma überstehen wird.»

Der Moderator erwähnt, im «Spiegel» sei zu lesen, die Frau habe ihre Aussage korrigieren müssen. Das, was Sonja A. selbst als «fürchterliche Falschaussage» bezeichnet, spielt Franz nun zu einer Nebensächlichkeit herunter. Die Staatsanwaltschaft jedenfalls, sagt er, schenke seiner Mandantin Glauben. «Ich weiß nicht», fügt er noch hinzu, «ob man sich ausmalen kann, was das für einen Menschen bedeutet, auch gegenüber seiner Familie, gegenüber Freunden, wo es dann heißt: Ja, hast Du jetzt doch gelogen? Stimmt es doch nicht?» Das seien «Tritte in den Magen» einer durch die Tat Traumatisierten. «Die Lehre vom Opfer spricht von sekundärer und tertiärer Viktimisierung.»

Montags

Nach vier intensiven Kachelmann-Monaten fährt Staatsanwalt Oltrogge in den Urlaub. Eine seiner letzten Amtshandlungen vor der Sommerpause ist die Erteilung eines «Gutachtensauftrags». Es geht um die Frage, wie sich Erinnerungslücken, Widersprüche, Auslassungen nach traumatischen Erlebnissen erklären lassen. Damit befassen soll sich kein unabhängiger Experte, sondern Günter Seidler, der Therapeut von Sonja A. Auch Oltrogge müsste wissen: Als Gutachter kommt Seidler nicht in Frage, denn er ist seiner Patientin verpflichtet und damit parteiisch. Ein Verfahrensstreit ist so vorprogrammiert. Damit ist auch eine weitere Runde in einem Wissenschaftsstreit angesetzt. Psychologen, Psychiater liefern sich seit Jahren eine Auseinandersetzung über die Frage, in welcher Weise schreckliche Erfahrungen die Erinnerung beeinflussen.

Die halbe Staatsanwaltschaft Mannheim macht Ferien. Oltrogges Vorgesetzter Oskar Gattner hält fast allein die Stellung, als die Viktimisierung von Sonja A., wenn es denn eine ist, einen neuen Grad erreicht. Die Verteidigung hat zum großen publizistischen Gegenschlag ausgeholt. Der «Spiegel» macht mit. Die Ausgabe vom 7. Juni mit dem Kachelmann-Titel verkauft sich besser als alle anderen des Jahres 2010. Sie beschert Oberstaatsanwalt Gattner Überstunden. Bei ihm steht das Telefon nicht mehr still, bis er das Sekretariat bittet, keine Journalistenanfragen mehr durchzustellen. Alle wollen dasselbe wissen. Ob es denn stimme, was das Hamburger Nachrichtenmagazin schreibe: dass seine Behörde «vorgeprescht» sei, dass sie, «freundlich gesagt, getrickst» habe.

Auch Luise Greuel bittet um einen Rückruf. Sie zeigt sich in einer E-Mail nicht nur irritiert, sondern geradezu entsetzt, dass Teile ihres Gutachtens publik werden, bevor dieses eine Woche alt ist. Vielleicht irritiert und entsetzt es sie auch, wie einseitig der «Spiegel» ihre Expertise interpretiert.

Im achtseitigen «Spiegel»-Dossier mit der entlastenden Kachelmann-Enthüllung steht, das Greuel-Gutachten, 126 Seiten dick, sei für die Mannheimer Ankläger «ein Desaster». Die Aussage von Sonja A. enthalte zu viele Mängel, als dass sich die Vergewaltigung als echtes Erlebnis belegen ließe. Wenigstens nicht mit aussagepsychologischer Methodik. Die Schilderung von Sonja A. leide unter starken Defiziten. Sie erfülle nicht einmal die Mindestanforderungen, was logische Konsistenz, Detaillierung und Konstanz betrifft. Das alles steht so im Fazit von Luise Greuel. Doch auch der «Spiegel» hat, freundlich gesagt, getrickst.

Wäre alles so eindeutig, wie er es darstellt, würde Johann Schwenn zu Beginn der Adventszeit kaum den Antrag stellen, Luise Greuel wegen Befangenheit als Sachverständige abzulehnen. Jörg Kachelmanns späterer Strafverteidiger würde der Gutachterin kaum vorwerfen, sie sei mit «Jagdneigung» an das Verfahren herangegangen. Und auch nicht, sie habe einen Auftrag der Staatsanwaltschaft in ein Gutachten umgesetzt, um seinem Mandanten zu schaden.

Montag ist «Spiegel»-Tag, ist «Focus»-Tag, ist 2010 oft Kachelmann-Tag. Der «Spiegel» verteidigt mit. Der «Focus» bringt das Belastende vor, meist zeitnah und immer einseitig. Er zieht Parallelen vom mythischen Narcissus des Ovid zum Vielleicht-Narzissten Jörg Kachelmann der Luise Greuel. Im «Spiegel» steht davon kein Wort. Auch nur im «Focus» lässt sich lesen, dass Luise Greuel eingeräumt hat, dass sie im Fall Kachelmann mit ihren wissenschaftlichen Methoden an Grenzen stoße. Sie weiß, dass die intelligente und sprachgewandte Sonja A. nicht nur fähig ist, eine Falschaussage zu konstruieren, sondern auch aufrechtzuerhalten. Nach elf Stunden Exploration kann sie nicht sagen, ob der Erzählung von der Vergewaltigung ein Erlebnis, eine Einbildung oder eine Erfindung zugrunde liegt.

Daran stört sich die Verteidigung kaum. Das, was Greuel über die Aussagequalität von Sonja A. schreibt, hält Johann Schwenn sogar für «einigermaßen gelungen». Aufregen wird er sich aber darüber, dass die Wissenschaftlerin auch Mutmaßungen über die Psyche seines Mandanten angestellt habe: Jörg Kachelmann könnte, so eine der greuelschen Denkvarianten, in der Nacht vom 8. auf den 9. Februar 2010 zutiefst gekränkt worden sein, als seine devot erlebte Intimpartnerin ihn plötzlich abwies. Ein derartiger Kontrollverlust könnte ihn zu einer Gewalttat bewogen haben. Psychologisch schlüssig ließe sich laut Greuel mit einem eventuellen Omnipotenzgefühl erklären, weshalb ein Täter seine Waffe am Ort des Geschehens liegen lässt und ohne Bedenken aus dem Ausland nach Deutschland zurückkehrt. All das führt Luise Greuel in ihrem schriftlichen Gutachten aus – in drastisch klingendem Fachvokabular und einer mit Vorbehalten versehenen wenig vorteilhaften Charakterisierung Jörg Kachelmanns. «Spekulationen» seien das, wird Johann Schwenn sagen, alles «Spekulationen». Hier habe eine Anhängerin «radikalfeministischer Theorie» ihre Kompetenz weit überschritten und «mal eben so nebenbei noch ein Gutachten über Herrn Kachelmann angefertigt», ohne seinen Mandanten selbst gesprochen zu haben. Das Mannheimer Landgericht wird das Gutachten für ausgewogen halten und Luise Greuel für unbefangen.

Am Berg

Der Schwäbrig ist für schweizerische Verhältnisse kein richtiger Berg. Ein «Hoger», sagen die Einheimischen, ein markanter Höcker, davon gibt es im Appenzellerland Dutzende. Doch die Angestellten von Meteomedia, viele Flachländer, einige Deutsche, sagen, sie seien «auf dem Berg», wenn sie auf dem Schwäbrig arbeiten. Hier auf 1151 Metern Höhe produzieren sie Wetternachrichten für die ARD und für etliche andere Kunden. Für die Medien-Meteorologen ist dieser Berg ein Idealfall, da er im Winter meistens aus dem Nebelmeer hinausragt. Liegt eine zähe Wolkendecke über dem Schweizer Mittelland, trübt oft kein Wölkchen den Blick vom Meteomedia-Hauptsitz auf das Alpsteinmassiv mit seiner höchsten Erhebung, dem erhabenen schneeweißen Säntis.

Oben blau, unten grau, verkünden die Sonnenverwöhnten vom Schwäbrig dann auf allen Kanälen. Doch seit dem 22. März 2010 gilt im Sitz des Wetterdienstleisters, unabhängig von der Nebelgrenze, oben grau, unten grau. In Kachelmanns Firma oberhalb des Dorfes Gais hatten sie aus den Medien von der Inhaftierung des Gründers erfahren. In der deutschen Zentrale in Bochum ebenso. Lediglich der Geschäftsführer Frank-B. Werner, der Deutsche mit Zweitwohnsitz im Appenzellerland, war bereits am Sonntag von Rechtsanwalt Reinhard Birkenstock darüber informiert worden, was Jörg Kachelmann geschehen war. Er, einer der wichtigsten Weggefährten des Wettermanns, konnte die Neuigkeit ebenso wenig glauben wie einen Tag später jeder Mitarbeiter.

Auf dem Berg und im Ruhrpott hatten sie den Chef in den vergangenen Jahren zwar nicht allzu oft gesehen, aber sie bewunderten ihn und trauten ihm das, was sie nun an Vorwürfen lasen und hörten, nicht zu. «Wir halten das Ganze für ein Missverständnis», sagte Meteomedia-Sprecherin Stephanie Schleß, «das sich sicherlich schnell aufklären wird.» Sie irrte.

Eine Woche voller Notmaßnahmen später, am 30. März 2010, reiste Frank-B. Werner nach Mannheim. Kurz vor Mitternacht desselben Tages schrieb er eine E-Mail an den «everybody»-Verteiler von Meteomedia. Alle 110 Meteomedia-Angestellten erfuhren so, dass Werner «JK» in der JVA «in guter körperlicher Verfassung» angetroffen hatte. Kachelmann habe «aufgeräumt aus dem Gefängnisalltag erzählt». Er habe berichtet, dass er in eine Einzelzelle umziehen durfte und «sich nicht mehr mit Totschlägern und Dealern umgeben muss». Mittlerweile verfüge er über einen Fernsehapparat und spiele im sogenannten «Umschluss» mit «Kollegen» Rommee. Später wird es heißen, die Knast-Anekdoten hätten fast die gesamte Stunde Besuchszeit eingenommen. Sie hätten Frank-B. Werner, je länger sie dauerten, umso mehr genervt. Denn es hätte in den Augen des Besuchers viel Dringendes zu besprechen gegeben. Doch davon schrieb «FBW» nichts.

Die beiden Männer, die sich in der JVA Mannheim gegenüber saßen, sind wirtschaftlich auf Gedeih und Verderb miteinander verbunden. Sie bildeten zusammen den Verwaltungsrat der Jörg Kachelmann Produktions AG (JKP). Mit ihnen im Aufsichtsgremium der Mutterfirma von Meteomedia saß damals nur noch Finanzchef Norbert Steffen. Bei der JKP besitzt Kachelmann 49 Prozent der Aktien und Werner 38 Prozent. Die wichtigsten Gesellschafter pflegten ein sonderbar anmutendes Verhältnis. Auf Außenstehende wirkte das Duo ein wenig wie die Fussballkommentatoren Gerhard Delling und Günter Netzer. Seit Jahren Geschäftsfreunde, verstanden sich Kachelmann und Werner bestens, pflegten einen ähnlichen Humor, sie schätzten, vertrauten und siezten sich.

Bei allen Unterschieden verband sie, dass sie es als Journalisten zu Unternehmern gebracht hatten: Werner leitet hauptberuflich in München den von ihm gegründeten Finanzen Verlag, aus dem die «Axel Springer Financial Media GmbH» geworden war. Er ist auch Chefredakteur des Wirtschaftsblatts «Euro am Sonntag». Nebenbei, vor allem an den Wochenenden, managte er, der Minderheitsaktionär, Meteomedia. Kachelmann schien froh um seinen Kompagnon. Der Selfmade-Meteorologe gab als herausragender Moderator und Motivator schon immer mehr her denn als klassischer Manager. Kachelmann war der Türöffner, Netzwerker, Ideengeber und unbestrittenes Aushängeschild der Firma. Zahlen jedoch schienen ihn, den Charismatiker und bekennenden Chaoten, nur zu interessieren, wenn es sich um Wetterdaten handelte. Oft ließ er verlauten, das Finanzwesen sei etwas für «Erbsenzähler». Allerdings hatte er nicht immer die besten Erbsenzähler eingestellt. Sonst wäre die finanzielle Lage nicht so kritisch gewesen, bevor Werner vor rund zehn Jahren einstieg. Gemeinsam schafften Werner als CEO und Kachelmann als Chefmeteorologe und Galionsfigur den Turnaround. Beide harmonierten, sie inspirierten sich, sie respektierten sich. Die Beziehung war auch nicht dadurch getrübt worden, dass Frank-B. Werner mit Jörg Kachelmanns erster Ehefrau liiert ist. Die erfolgreiche Schweizer Grafikerin arbeitete nach ihrer Scheidung von Kachelmann weiterhin eng mit Meteomedia zusammen. Diese Konstellation funktionierte lange Zeit konfliktfrei.

Nun informierte Werner «everybody» bei Meteomedia, er habe Jörg Kachelmann im Gefängnis geschildert, wie groß die Betroffenheit «bei uns allen» sei, «genauso wie wir uns in keinster Weise vorstellen können, dass an den grotesken Anschuldigungen etwas dran ist». Über die Vorwürfe hätten sie nicht sprechen dürfen. Er sei sogar vom «beisitzenden Wachmeister» ermahnt worden, sich nicht zu den «Ungereimtheiten, die uns allen ja auf den ersten Blick auffallen», zu äußern.

Stattdessen hätten sie «auch über geschäftliche Dinge geredet» und «verschiedene Szenarien durchgesprochen». Es gehe darum, «dass die Firma wetterfest bleibt». Konkreter wurde Frank-B. Werner in der E-Mail an die Mitarbeiter nicht. Er schrieb nur noch: «Maßnahmen und Geschwindigkeit» würden «vom weiteren Gang der Ereignisse diktiert». Er vertraue darauf, dass Meteomedia «im Sinne von Kachelmann und der Firma die beste Lösung finden wird».

In welche Richtung es gehen sollte, ließ sich allerdings am Tag von Werners Gefängnisbesuch der «Bild»-Zeitung entnehmen. «100 Mitarbeiter in Sorge», stand dort groß neben einem Archivfoto eines im Platzregen stehenden Jörg Kachelmann. Und noch größer: «Was wird aus Kachelmanns Wetterimperium?» Im Springer-Blatt «Bild» wurde der Axel-Springer-Financial-Media-Chef Werner zitiert, dass er bei Meteomedia «das Kommando übernommen» habe. Kachelmann sei «das Aushängeschild der Firma, aber nicht die zentrale Figur», soll Werner gesagt haben. «Er hat die Firma 1990 gegründet, aber schon länger nicht mehr die Mehrheit.»

Das war ein Irrtum mit Folgen. Jörg Kachelmann hält zwar nur 49 Prozent Anteile an seiner Firma. Aber während der wechselhaften Unternehmensgeschichte hatten viele den Überblick über die Besitzverhältnisse bei der Jörg Kachelmann Produktions AG und bei Meteomedia verloren. Ein kleiner Teil der Aktien gehören weder Kachelmann noch Werner noch Peter Balsiger, dem dritten Teilhaber. Wenige Prozent der Anteilscheine liegen bei der Firma selbst, ohne dass jemand darauf ein Stimmrecht ausüben kann. Die Folge ist: Jörg Kachelmann kann mit seinen 49 Prozent schalten und walten, wie er will. Mit einer relativen Aktienmehrheit beherrscht er den Berg.

Frank-B. Werner und Peter Balsiger besitzen zusammen zwar fast so viele Anteile wie er, aber eben nur fast. Und so können sie nichts gegen den Willen von Häftling H 08 1008 100 553 ausrichten. Doch Werner schien sich dessen nicht bewusst zu sein, als er «Bild» Auskunft gab und als er seinem Weggefährten in der JVA gegenüber saß. Er könne «mit seinen Aktien seine Toilette tapezieren», wird viel später ein Schweizer Jurist in Kachelmanns Diensten spötteln.

Werner hatte «Bild» vor seinem Besuch im Mannheimer Gefängnis über Jörg Kachelmanns Funktion außerdem gesagt: «Die Überschätzung seiner Bedeutung ist für die Firma problematisch. Wir müssen seine Rolle jetzt neu definieren.» Doch auch davon steht kein Wort in der E-Mail an «everybody». Dort heißt es ganz am Schluss nur noch, «JK», lasse alle grüßen, er danke für die Solidarität und sei, «weil unschuldig, fest überzeugt, dass dieser Albtraum ein schnelles Ende finde».

Was in Werners nächtlicher E-Mail nach einem harmonischen Treffen in schwierigen Zeiten klang, war keines. Jörg Kachelmann und Frank-B. Werner waren sich alles andere als einig über den Kurs, der einzuschlagen wäre, damit die Firma wetterfest bleibt. Mehr noch: Hinter Gittern muss es zwischen den Geschäftsfreunden zum Eklat gekommen sein. Jörg Kachelmann hatte sich – sofern die Erzählungen stimmen, die später auf dem Berg kursieren – sogar vor Ablauf der Stunde Besuchszeit vom Vollzugsbeamten in seine Zelle abführen lassen. Damit war die Diskussion beendet.

Jörg Kachelmann hatte sich geweigert, an den Sofortmaßnahmen mitzuwirken, welche die Meteomedia-Spitze ohne ihn diskutiert hatte. Die seine Rolle betreffenden Szenarien gingen ihm zu weit. Die Geschäftsführerin von Meteomedia Deutschland hatte sie in einem E-Mail-Protokoll stichwortartig zusammengefasst:

«1. Aufhebung des Dienstverhältnisses …, das heißt, Beendigung der Tätigkeit als Moderator und Meteorologe.
2. Abberufung von JK als Verwaltungsrat … + Bestellung Hr. Balsiger als neuen Verwaltungsrat. Alleinvertretungsbefugnis für fbw …, damit die Gesellschaft handlungsfähig ist.
3. Abtretung der Anteile an der JKP (zu klären: an wen? Gegenleistung? Vorschlag Frank: er kauft und übernimmt dafür die RA-Kosten).»

Jörg Kachelmann – so die Idealvorstellung der verbliebenen Meteomedia-Spitze – sollte seine Funktionen bei Meteomedia freiwillig niederlegen beziehungsweise ruhenlassen. Frank-B. Werner würde seine Anteile an der Jörg Kachelmann Produktions AG – zumindest vorübergehend – übernehmen und ihm im Gegenzug die Rechtsanwälte bezahlen. Vorgesehen war, wie aus dem Rest des E-Mail-Protokolls hervorgeht, einen Teil dieser Maßnahmen «für die Schublade» zu treffen und das meiste «reaktiv» umzusetzen und zu kommunizieren.

Waren die drei Punkte nur ein Notfallplan zur Rettung von mehr als 100 Arbeitsplätzen? Oder versteckte sich dahinter eine Strategie, um Jörg Kachelmann sein Lebenswerk abzuluchsen? Jörg Kachelmanns Seite wird behaupten, Werner und seinen Mitstreitern sei es nur darum gegangen, die Schwäche des Inhaftierten auszunutzen. Die Beteiligten an der Planung hingegen beteuern, sie hätten in dieser Extremphase einzig und allein die Rettung der Arbeitsplätze im Auge gehabt.

«Ich wollte», wird Werner sich rechtfertigen, «dass eine Art Brandschutzmauer zwischen Meteomedia und Jörg Kachelmann errichtet wird.» Die Konkurrenz witterte in den turbulenten Tagen nach der Verhaftung Kachelmanns bereits ihre Chance. Meteonews, eine andere Schweizer Wetterfirma, zeigte sich öffentlich «gerne bereit – falls nötig – auszuhelfen», wenn Meteomedia ihre Aufgaben nicht mehr erfüllen könne. Werner fand es, so wurde er in der Schweizer Zeitung «Der Sonntag» zitiert, «unappetitlich, dass die Konkurrenz schon bereitsteht, bevor die Untersuchung abgeschlossen ist».

Bereits sechs Tage nach der Festnahme seines Noch-Geschäftsfreundes hatte er in einer internen E-Mail an die Mitarbeiter festgehalten: «Nicht unerwartet drehen die Medien das Thema Kachelmann mit vielen unappetitlichen Details weiter.» Er sei überzeugt, «dass es uns allen mit gemeinschaftlicher Anstrengung gelingen wird, die Schäden dieses Spuks für unser Unternehmen überschaubar zu halten». Werner fürchtete damals weiteren Imageschaden. Ihm war zu Ohren gekommen, dass die Boulevardblätter von Springer über vieles aus dem Intimleben des Verhafteten Bescheid wussten.

Werner hatte auch von anderer Seite Überraschendes und durchaus Skandalisierbares aus dem Privatleben Kachelmanns erfahren, als er das erste und einzige Mal in der JVA auftauchte. Gleich zwei Partnerinnen Jörg Kachelmanns aus der Ostschweiz hatten sich mit Bitten an ihn gewandt. In seinem Stapel Papiere, den er ins Gefängnis mitbrachte, befanden sich zwei Auflösungsverträge, die er auf Wunsch der beiden Frauen dem Inhaftierten vorlegte. Die eine

Exfreundin hatte mit Jörg Kachelmann ein Haus oberhalb des Zürichsees gemietet. Nachdem sie hatte lesen müssen, dass sie nicht die einzige Partnerin war, verlangte die enttäuschte Frau, dass der Untersuchungshäftling den gemeinsamen Mietvertrag auf sie allein übertrage. Die andere Freundin war in einer vergleichbaren Lage an Werner herangetreten. Sie wollte eine ähnliche Sache mit einem Auto geregelt haben. Jörg Kachelmann unterschrieb beide Verträge. Vier Monate später wird im «Spiegel» stehen, «Putschist» Werner hätte nicht nur versucht, Kachelmann in der Firma «aus dem Eigentümerkreis zu drängen». Der Untersuchungshäftling hätte «sogar Autos und eine für ihn angemietete Wohnung verlieren» sollen. Viele andere Medien werden diese Version – mit Frank-B. Werner als Bösewicht – ungeprüft verbreiten.

Zum Streit war es in der JVA Mannheim jedoch kaum wegen Fahrzeugen oder einem Mietverhältnis gekommen. Kachelmann hielt schlicht und einfach wenig bis nichts von den Maßnahmen, welche die Firmenleitung ohne ihn geplant hatte. Er wollte nicht einsehen, dass er seine Funktion abgeben oder auch nur ruhenlassen sollte. Vielmehr war er – sofern ihn sein Besucher gegenüber Dritten korrekt wiedergegeben hat – der Meinung: «Das muss die Firma jetzt aushalten.» Werner war gegenteiliger Ansicht: «Nicht die Firma, sondern Kachelmann selber muss die Belastung des Strafverfahrens aushalten.» Im Falle einer Interessenkollision, so soll Werner erklärt haben, müsse er sich für Meteomedia entscheiden – und damit letzten Endes gegen Kachelmann.

Der Untersuchungshäftling muss diese Auffassung als Akt der Illoyalität aufgefasst haben. Auf den Vorschlag Werners, seine 49 Prozent Aktien – auch nur als Pfand – zu übernehmen, ging er nie ein. Vielmehr machte er deutlich, er brauche kein geliehenes Geld, um seine Anwälte zu bezahlen. Kachelmann erklärte – immer in der Darstellung Werners gegenüber anderen Involvierten –, er werde Immobilien verkaufen, um die Verfahrenskosten zu decken.

Schnell stellte sich aber heraus, dass zumindest eine erwähnte Wohnung bereits beliehen war, was Werners Vertrauen in Kachelmann weiter schwinden ließ. Bei einem Verkauf würde sie deshalb bedeutend weniger Gewinn abwerfen. Die Anwaltskosten Jörg Kachelmanns wuchsen bald schon auf einen sechsstelligen Euro-Betrag an. Daraus schloss die Meteomedia-Spitze: Der Chef in Haft ist für sein Unternehmen nicht mehr nur ein Reputations-, sondern auch ein Finanzrisiko.

Es kam zu Sofortmaßnahmen und Nacht- und Nebelaktionen: Werner und der dritte Aufsichtsrat Norbert Steffen strichen dem Inhaftierten die Berechtigung, Verträge allein zu unterzeichnen. Zudem sollte eine Generalversammlung einberufen werden, ohne dass Verwaltungsratspräsident und Hauptaktionär Kachelmann etwas davon erfuhr. Die Einladung sollte Steffen ihm nicht ins Gefängnis schicken, sondern an eine Privatadresse in der Schweiz. Die deutsche Geschäftsführerin Kristina Schleß, die von der Sache Wind bekam, intervenierte. Die Generalversammlung fand nicht statt.

Parallel versuchte Werner weiterhin, den Untersuchungshäftling von seinen Vorschlägen zu überzeugen – zuerst mit einem geharnischten Brief ins Gefängnis, dann mehrfach über Rechtsanwalt Reinhard Birkenstock, und stets erfolglos. Am 14. April 2010 fasste er seine jüngsten Gespräche mit Birkenstock in einer E-Mail an Vertraute der Meteomedia-Spitze zusammen.

Teile davon wird die Verteidigung im Strafprozess einbringen – als eine Art Beleg für eine Verschwörung des Werner-Lagers gegen ihren Mandanten. Weglassen wird sie, dass Werner auch beschreibt, wie er gegenüber Birkenstock beteuert habe, es gehe ihm allein um den Schutz der Firma und der Vermögenswerte Kachelmanns und der übrigen Gesellschafter.

Reinhard Birkenstock habe ihm gesagt, er würde am nächsten Tag erstmals in Begleitung eines Wirtschaftsjuristen Kachelmann in der JVA aufsuchen, um offene Fragen zu diskutieren. Doch Werner ging davon aus, dass es den «obskuren Gesellschaftsrechtler» gar nicht gäbe. Deshalb gelte es jetzt «das weitere Vorgehen festzulegen». Der «rechtliche Schutz der Firma» müsse «von einem kommunikativen Schutzschild begleitet werden».

Im E-Mail-Verteiler der «Überlegungen zur Sache JK» ist geballte Boulevard-Medienmacht aufgeführt: Die Zeilen von Springer- und Meteomedia-Manager Werner richten sich unter anderem an Mitaktionär Peter Balsiger und Matthias Schwaibold, beides langjährige Verbündete Jörg Kachelmanns. Kommunikationsberater Balsiger war früher Chefredakteur beim Schweizer Pendant zur «Bild am Sonntag», dem «SonntagsBlick». Der Zürcher Wirtschafts- und Medienanwalt Schwaibold vertritt Meteomedia, aber immer wieder auch die Blätter der «Blick»-Gruppe.

Unmittelbar nach der Festnahme war das Trio Werner, Balsiger, Schwaibold für Jörg Kachelmann eingestanden. Die drei hatten mit der Meteomedia-Führung in Deutschland eine Task Force gebildet und mit den Kölner Anwälten per Telefon konferiert, um Schaden von der Firma abzuwenden. Jörg Kachelmann erlebten sie schnell als uneinsichtig. Der Freund und Kollege enttäuschte sie. Zudem hatte sie verunsichert, dass sie keine Einsicht in die Strafakte erhielten. Rechtsanwalt Schwaibold war am Tag der einzigen Vernehmung Kachelmanns sogar nach Mannheim gefahren, um den Inhaftierten zu sprechen. Jörg Kachelmann hatte ihn aber im Amtsgericht abblitzen lassen, was Matthias Schwaibold kränkte. Der Ärger, das Misstrauen wuchsen. Durch persönliche Kontakte erfuhr das Trio bald so manches über das Privat- und Sexualleben ihres Kollegen, das sie, gelinde gesagt, erstaunte. Falls nur ein Bruchteil davon bekannt werden würde, schwante den Boulevard-Experten Böses für Meteomedia.

Und so dachte Werner in seinen «Überlegungen zur Sache JK» vom 14. April eben auch über ein «kommunikatives Schutzschild» für das Unternehmen nach – und vielleicht über mehr. Peter Balsiger, so informierte er die Task Force in seiner E-Mail, habe sich bereits Gedanken über einen «nuklearen Erstschlag» gemacht, die er «morgen mit dem einen oder anderen vertiefen» werde. «Wir werden bar jeder Hemmung intern wie extern aufgrund jk´s multiplen Fehlverhaltens den Bruch der Firma mit ihm bekannt geben (vielleicht mit dem freundlichen Hinweis: ‹wenn er wieder gesund ist …›) und mit einschlägigen Artikeln in Blick, Bild, Bunte, Stern weitere unappetitliche Details seines kruden Privatlebens streuen, die auch dem treuesten jk-Anhänger die Unzumutbarkeit der weiteren Zusammenarbeit klarmachen.» Dann schrieb Werner nur noch: «Gute Nacht, fbw».

Tagelang tauchten danach in den genannten Blättern keine Artikel mit «unappetitlichen Details» zu Kachelmann auf.

Die Gemüter schienen sich ab Mitte April etwas beruhigt zu haben. Dazu trug bei, dass Birkenstock und Kachelmann jenen «obskuren Gesellschaftsrechtler» präsentierten, von dem Werner angenommen hatte, er existiere nicht: Er heißt Martin Kurer und ist Wirtschaftsanwalt in Zürich.

In ihm schien das Trio Werner, Balsiger und Schwaibold einen Hoffnungsträger zu sehen. Es gab erstmals einen Ansprechpartner, mit dem man vielleicht zu einer vernünftigen Lösung für Meteomedia kommen konnte. Erste Schritte zeugten von vorübergehender Eintracht: Jörg Kachelmann erhielt seine Zeichnungsberechtigung zurück, durfte aber neu nur noch zu zweit für die Firma unterschreiben. Werner stimmte Ende April auch einer Regelung zu, inwieweit Meteomedia für ihren Gründer die Verfahrenskosten deckt. Die harmonische Phase dauerte aber nur kurz.

Am 12. Mai 2010 trifft sich Sonja A. zum zweiten Mal mit Luise Greuel. Und es wird an jenem Mittwoch auch ein «Mitarbeiter-Brief an Jörg Kachelmann» abgeschickt. Zu den Erstunterzeichnern gehören bekannte Wettergesichter aus dem Fernsehen und leitende Angestellte.

«Hallo Jörg», schreiben sie, «das ist sicher eine harte Zeit für Dich.» Sie wünschten, heißt es weiter, alles ginge schnell vorbei. Bislang hätten sie bei Meteomedia alles «einigermaßen im Griff», obschon «die Berichterstattung über das Verfahren und Dein Privatleben für alle eine sehr große Belastung» darstelle. Der Geschäftsführung sei es gelungen, «die Kunden bei der Stange zu halten» und in den Medien «die Botschaft zu platzieren, dass die Firma ihre Dienstleistungen auch in Deiner Abwesenheit sehr gut erbringen kann». Das habe ihnen allen Sicherheit gegeben.

Seit Freitag allerdings, steht dann im Schreiben, passierten «mysteriöse Dinge». Das Büro der Geschäftsführerin in Bochum sei «versiegelt» worden. Ein «Überfallkommando» habe die Mitarbeiter dort «in Angst und Schrecken versetzt». Die deutsche Geschäftsführerin Kristina Schleß sei seither nicht mehr erreichbar und Frank-B. Werner sei nicht mehr aufgetaucht. Genaueres zu den Vorfällen schreiben die Mitarbeiter nicht.

Tagelang, wochenlang warten die Unterzeichner des «Mitarbeiter-Briefs an Jörg Kachelmann» auf eine Antwort. Vergebens. Den Chef, der in den ersten sieben Wochen seiner Haft nichts von sich hören hat lassen, plagen wohl andere Sorgen. Schon bald erfolgt die Anklage. Die Neuigkeit entnehmen Kachelmanns Angestellte den Medien – wie immer.

Am Sonntag, den 16. Mai 2010, wendet sich Peter Balsiger in einer ausführlichen und stellenweise persönlichen E-Mail an Martin Kurer. Ein Monat ist seit den Gedanken über einen «nuklearen Erstschlag» verstrichen, der Mitarbeiterbrief an Kachelmann ist vier Tage alt. Balsiger schreibt nun, er betrachte «aus der Ferne mit Fassungslosigkeit», dass bei Meteomedia «Auflösungserscheinungen erkennbar seien». Die Anliegen der Angestellten, findet er, sind «von echter Sorge getragen». Auch er frage sich, weshalb Jörg Kachelmann «den Weg der Konfrontation gewählt» habe. Er riskiere, «die Firma kaputt zu machen».

Balsiger bemüht die Vergangenheit: Kachelmann sei einer seiner ältesten «Weggefährten». Er habe ihn in den 80er-Jahren gewissermaßen «entdeckt», als er den jungen Mann, der gerade sein Geografiestudium abgebrochen hatte, für die Wetter-Seite zum «Sonntags-Blick» holte. Kachelmann habe sich für ihn als Chefredakteur als «Glücksfall» erwiesen. Er entwickelte sich «zu einem außerordentlich innovativen und hartnäckigen investigativen Reporter».

Jahre später, 1999 in Hamburg, hätte ihm Jörg Kachelmann von Problemen in seiner Firma erzählt, «die ihn offensichtlich überforderten». Er, Balsiger, sei daraufhin bei Meteomedia eingestiegen. Er habe Kachelmann mit einem weiteren Investor zusammengebracht, «der mit seiner Beteiligung die Firma gerettet hat: Frank Werner». In den Jahren, «als Kachelmann in Kanada seinen vorwiegend privaten Hobbys nachging», habe Werner die Firma nicht nur «souverän geleitet, sondern auch zu einer Erfolgsstory gemacht».

Nach der Verhaftung hätten sie alle für Kachelmann gekämpft, doch Kachelmann habe sich «befremdlich und enttäuschend», ja «beschämend» verhalten – indem er sich gegenüber den Mitarbeitern abgeschottet habe, indem er sich Notfallplänen verschloss, indem er mit seiner relativen Aktienmehrheit Maßnahmen durchgesetzt habe, die «für einen Großteil der Mitarbeiter nicht nachvollziehbar» seien.

Ganz zum Schluss schreibt Peter Balsiger, er wolle mit seinem Brief «einfach eine gewisse Nachdenklichkeit ins Spiel bringen» – damit «der Niedergang dieser Firma» vielleicht noch «aufgehalten werden kann».

Doch der Streit eskaliert erneut – ausgerechnet in den Tagen, in denen die Staatsanwaltschaft gegen Jörg Kachelmann Anklage erhebt. Die ARD entfernt Kachelmanns Konterfei von der Homepage des «Wetter im Ersten» – auf Druck der Zuschauer, wie es intern heißt.

Am Ende zweier turbulenter Wochen schaltet sich ein Mitarbeiter in die Diskussion ein, der sich in seiner E-Mail als «Leichtmatrose von der Ostsee» bezeichnet. Viele Angestellte, schreibt Stefan Kreibohm, Meteorologe und Moderator in der Außenstation Hiddensee, seien «nebenberuflich auch noch Mensch», seien zum Teil Väter oder Mütter. Schön wäre es, zu erfahren, findet «Leichtmatrose» Kreibohm, ob «man mit seinem kleinen Familienschiffchen dem großen Pott MM trauen und folgen kann». «Was nützt ein tolles Schiff mit einer motivierten Crew», fragt er, «wenn in einem aufziehenden Sturm die Besatzung der Brücke unbekannt ist?».

Zehn Tage sind vergangen, seit Meteomedia-Mitarbeiter Jörg Kachelmann auf die «mysteriösen Dinge», das «Überfallkommando» bei Meteomedia in Bochum und das versiegelte Büro der Geschäftsführerin aufmerksam gemacht haben. Immer noch scheint unklar, worum es dabei gegangen war. Kristina Schleß, die Geschäftsführerin des deutschen Firmenteils, ist nicht wieder aufgetaucht. In den Medien machen Gerüchte die Runde, sie sei abgesetzt. Hintergrund sei der Streit der Aktionäre, heißt es inoffiziell in der Firma. Jörgs Anwälte hofften, wird gemunkelt, von der Geschäftsführerin belastende Auskünfte über Werner zu erhalten.

Auch auf dem Berg spricht sich herum, was sich am Nachmittag des 7. Mai 2010 ereignet haben soll: Vier Unbekannte sind durch einen Hintereingang in die Bochumer Büroräume von Meteomedia eingetreten. Augenzeugen erzählen, die Besucher hätten vorgegeben oder zumindest den Anschein erweckt, sie hätten einen Durchsuchungsbeschluss. Dann wollten sie sich, so heißt es weiter, mit Hilfe eines Informatikers Zugang zu den E-Mails der abwesenden Kristina Schleß verschaffen. Sie hätten ihr Büro durchsucht und Unterlagen mitgenommen.

Während die Aktion lief, habe, so berichten mehrere Quellen, eine Sekretärin, den Tränen nahe, Kristina Schleß angerufen. Nach einigem Hin und Her habe Schleß den Leiter der Aktion zu sprechen bekommen. Sie hätte ihn an seiner Stimme erkannt: Es sei Ralf Höcker gewesen, der Medienanwalt von Jörg Kachelmann. Höcker habe sich auf Hausrecht berufen und Kristina Schleß erklärt, sie sei per sofort als Geschäftsführerin von Meteomedia Deutschland abgesetzt. Auch Frank-B. Werner waren offenbar gleichzeitig die operativen Funktionen im Unternehmen entzogen worden. Er war ab dem Tag nicht mehr erreichbar – weder für Kunden noch für Mitarbeiter. Zu Sitzungen erschien er nicht mehr.

Werner wurde zur Last gelegt, er habe die Medien gegen Kachelmann aufgehetzt. Der «Spiegel» zitiert aus einer E-Mail, die aus der Redaktion der «Bunten» stammen soll. Darin behaupte ein Journalist, Werner habe der Redaktion eine «Kachelfrau aus der Schweiz» angeboten, die pikante Details aus dem Sexualleben preisgeben wolle. Weiter solle es heißen: «Wenn wir die Tante nicht nehmen, spricht sie Sonntag wohl in der BamS.» Der Redakteur, der die Zeilen verfasst haben soll, bestreitet, je mit Werner gesprochen und «in dem Sinne» eine E-Mail geschrieben zu haben. Weder in der «Bunten» noch in der «Bild am Sonntag» und auch sonst nirgends wird in den nächsten Monaten eine Schweizerin über ihre sexuellen Erfahrungen mit Kachelmann erzählen.

Rund eine Woche nach der E-Mail vom «nuklearen Erstschlag» meldet sich eine Frau aus der Schweiz bei den Ermittlern. Es ist Heidi T., jene Firmensprecherin vom Zürichsee, die sich zuerst an Kachelmanns Anwälte gewandt hatte. Auch sie hat einen wechselhaften Monat hinter sich. Im ersten Augenblick hatte sie öffentlich beteuern wollen, ihr Geliebter sei zu einer solchen Tat nie und nimmer fähig. Dann, enttäuscht über dessen weitere Liebschaften, bat sie Frank-B. Werner, bei seinem Gefängnisbesuch Jörg Kachelmann den Auflösungsvertrag über das gemeinsam gemietete Haus unterschreiben zu lassen. Sie nahm auch wieder Kontakt zum Zürcher Rechtsanwalt Matthias Schwaibold auf, der sie früher in einer juristischen Angelegenheit beraten hatte. Bald tauschten sich zwei Enttäuschte über den Inhaftierten aus.

Nach innerem Ringen vereinbart Heidi T. am 26. April 2010 mit der Polizei aus Schwetzingen, sich auf halbem Weg am Bodensee zu treffen. Auf der Polizeidienststelle in Singen sagt sie am 28. April 2010 gegenüber den angereisten Schwetzinger Beamten aus, sie traue Jörg Kachelmann eine Vergewaltigung zu.

Vier Tage später fragt die «Bild am Sonntag»: «Ist diese Melkerin Kachelmanns Geliebte Nr. 7?» Im «BamS»-Text vom 2. Mai 2010 werden keine pikanten Details aus dem Sexualleben preisgegeben, aber es heißt, dass Kachelmann mit der «Melkerin», einer Schweizerin, «ein zurückgezogenes Leben geführt» und «für sie eine heile Welt» geschaffen habe. Abgebildet, beim Melken, ist Heidi T.

Aus ihrem Aussageprotokoll erfahren Kachelmanns Anwälte, dass sie mit Rechtsanwalt Schwaibold in Verbindung steht. Spätestens jetzt hegen sie den Verdacht, dass ein großes Komplott gegen den Inhaftierten geschmiedet wird. Vielleicht passieren deshalb eine Woche nach der Vernehmung in Singen in Bochum «mysteriöse

Dinge». Vermutlich suchen Medienanwalt Höcker und seine Begleiter nach belastendem Material.

Jedenfalls hat ab sofort nicht mehr Werner, sondern der bisherige Finanzchef Steffen im Tagesgeschäft bei Meteomedia das Sagen. Norbert Steffen hatte sich im Machtkampf zuerst auf keine Seite gestellt, sich dann aber Kachelmanns Seite zugewandt. Nicht mehr als Teil eines möglichen Komplotts wird Kristina Schleß gesehen. Als neuer Geschäftsführer lässt Steffen verlauten, sie sei nicht abgesetzt: Seine deutsche Kollegin habe die Arbeit nur wegen eines «kurzen urlaubsbedingten Unterbruchs» ruhen lassen.

Auf dem Berg gehen die Turbulenzen weiter. Am 1. Juli 2010 erhalten die vielen deutschen und schweizerischen Zeitungen, die ihre Wetterseiten aus dem Appenzellerland beziehen, ein Schreiben. Meteomedia-Geschäftsführer Steffen teilt mit, «Kooperationspartner MediaDesign» sei «nicht überlebensfähig». Um die Zeitungen «aus den Wirren einer Insolvenz herauszuhalten», liefere Meteomedia – und nicht mehr MediaDesign – ab sofort die Wetterseiten. Die Verlage sind überrascht und ratlos.

MediaDesign ist die Firma der Exfrau von Jörg Kachelmann, der Lebensgefährtin von Frank-B. Werner. Von MediaDesign bekommen dieselben deutschen und schweizerischen Zeitungen nur Stunden später auch ein Schreiben. Sie reagieren noch überraschter und ratloser. «Wir bedauern», lesen sie, «dass Sie als langjährige Kunden von MediaDesign heute in eine unangenehme Auseinandersetzung zwischen MediaDesign und Meteomedia involviert werden.» Bei der Behauptung, MediaDesign stünde vor der Insolvenz, handle es sich «um eine Lüge von Herrn Steffen». Nie sei verabredet worden, dass Meteomedia die Lieferung der Wetterseiten übernehme. Alles laufe wie bisher.

Noch am selben Tag tritt Frank-B. Werner als Meteomedia-Verwaltungsrat zurück.

Drei Tage später erhalten dieselben Zeitungen einen dritten Brief – diesmal gemeinsam unterzeichnet von der MediaDesign-Chefin und von Meteomedia-Geschäftsführer Steffen. «Wir freuen uns, Ihnen mitteilen zu dürfen», steht darin, «dass wir die Turbulenzen der letzten Tage auflösen konnten.» Beide Firmen würden «auch in Zukunft» zusammen die Wetterseiten produzieren. MediaDesign sei «entgegen anders lautender Schreiben zu keinem Zeitpunkt durch eine Insolvenz bedroht» gewesen.

Frank-B. Werner kehrt nicht mehr in den Verwaltungsrat des Wetterdienstleisters zurück. Er beteiligt sich aber noch an Planungen für eine neu aufgestellte «Meteomedia 2.0». Gemäß einem ersten Konzept braucht die Firma «eine neue Galionsfigur». Jörg Kachelmann soll – so eine Variante im Falle eines Freispruchs – eventuell noch von Nordamerika aus eingesetzt werden.

Im Hochsommer 2010 böte eine Generalversammlung in der JVA Mannheim den Rahmen, in dem sich die Beteiligten auch über solche Ideen aussprechen könnten. Kurz davor erscheinen erste Presseberichte über die bevorstehende «GV hinter Gittern». Journalisten, die sich nach der ungewöhnlichen Aktionärsversammlung erkundigen, gibt Meteomedia jedoch bald die Auskunft, die Generalversammlung finde nicht statt. Geschäftsführer Steffen lässt auch Werner wissen, die Versammlung werde abgesagt. Doch das alles ist Trickserei. Formell bleibt die Einladung bestehen. Die Generalversammlung wird am 20. Juli 2010 in einem «Funktionsraum» der JVA abgehalten. Die getäuschten Mitaktionäre Werner und Balsiger sind nicht nach Mannheim gefahren. Großaktionär Kachelmann bleibt mit seinen Getreuen unter sich.

Symbolisch ist damit der Machtkampf um den Berg entschieden. Die Verflechtungen und viel Konfliktstoff zwischen den Geschäftsfreunden, die der Vergewaltigungsvorwurf auseinandertrieb, bleiben. «Dank treuer Kunden und engagierter Mitarbeiter», heißt es trotzdem schon bald in einer Medienmitteilung, «hat Meteomedia den heftigen Sturm der vergangenen Monate überstanden.» Doch am Jahresende wird niemand auf dem sonst so beschaulichen Schwäbrig das 20-jährige Firmenjubiläum feiern. Auch die traditionelle Weihnachtsfeier entfällt.

Die grüne Tür

«Er ist frei!», schreit Ralf Höcker und tigert durch den Flur, das Handy klebt ab sofort am Ohr. Freude herrscht in seinen Büros hoch über dem Kölner Friesenplatz. Bald gruppiert sich die halbe Kanzlei vor einem XXL-Flachbildschirm. Alle gucken gespannt, erwartungsvoll und -froh, ans Mittagessen denkt niemand. Seit halb zwölf Uhr am 29. Juli 2010 gibt es im Nachrichtensender n-tv eine massive grüne Metalltür zu sehen. Durch sie soll einer in die Freiheit treten, für den viele hier in Köln monatelang gearbeitet haben.

Zuletzt hatte es schlecht ausgesehen für diesen Mandanten. Keine drei Wochen sind verstrichen, seit die 5. Große Strafkammer des Landgerichts Mannheim die Anklage gegen Jörg Kachelmann zugelassen hat. Unverzüglich hat der Vorsitzende Richter Michael Seidling 15 Prozesstage bestimmt. Im September und Oktober will er zusammen mit Beisitzer Joachim Bock und Berichterstatterin Daniela Bültmann sowie zwei Schöffen richten.

Auch ist es keinen Monat her, seit dieselben drei Richter entschieden haben, Untersuchungshäftling H 08 1008 100 553 bis zur Hauptverhandlung nicht aus dem Gefängnis zu entlassen.

Und jetzt das. Heute hat der 3. Strafsenat des Oberlandesgerichts Karlsruhe diesen Beschluss des Mannheimer Trios und den Haftbefehl gegen Jörg Kachelmann aufgehoben. Es ist ein schönes verspätetes Geburtstagsgeschenk für den Wettermann, der zwei Wochen zuvor 52 Jahre alt geworden ist. Für die Kammer in Mannheim bedeutet die Entscheidung des OLG hingegen, so die Presse am nächsten Tag, «eine Ohrfeige» und «eine Desavouierung» oder – neutraler – «die erste große Wende in diesem Kriminalfall, der unter Richtern und Gutachtern höchst strittig ist». Das Karlsruher Gremium, angerufen von der Verteidigung, hat aus den Akten ganz andere Schlüsse gezogen als das Mannheimer. Es hält die Auffassung für falsch, den TV-Moderator «dringend» einer besonders schweren Vergewaltigung zu verdächtigen. Auf «hinreichend» hat das Oberlandesgericht den Tatverdacht zurückgestuft.

Jörg Kachelmann darf die JVA Mannheim verlassen und gehen, wohin er will. Einzige Auflage: Er muss zum Prozess erscheinen. Das zu tun, hat der Angeklagte versichert.

Doch er kommt und kommt an diesem Vormittag nicht heraus. Die Direktübertragung von der grünen Tür in der denkmalgeschützten roten Backsteinfassade dauert und dauert. In der Kanzlei Höcker sind die meisten an die Schreibtische zurückgekehrt. Es gibt viel zu tun, denn die Journalistenanfragen reißen nicht ab. Wann kommt er raus? Gibt er ein Interview? Alle wollen Kachelmann.

Am Friesenplatz 1 rattert der Beschluss des Oberlandesgerichts aus dem Faxgerät. Er liest sich wie eine Bestätigung für das, was Medienanwalt Höcker stets geglaubt, gesagt, beteuert hat, von Anfang an. Auch die Karlsruher Richter schenken der Nebenklägerin Sonja A. weniger Glauben als seinem Mandanten. Sonja A., so halten sie fest, habe mit ihrem gefälschten Denunziationsbrief nicht nur Jörg Kachelmann täuschen wollen, sondern auch die Ermittlungsbehörden. In ihren Aussagen habe sie – so steht da – ein nicht unbeachtliches Fantasie- und Beharrungsvermögen an den Tag gelegt. Der Strafsenat bringt weit weniger Verständnis für die «Briefflüge» auf als zuvor Gutachterin Greuel. Diese konnte immerhin nachvollziehen, weshalb Sonja A. den Er-schläft-mir-ihr-Satz vielleicht vor allem verfasst hat: als argumentative Waffe, weil sie sich Jörg Kachelmann kommunikativ unterlegen gefühlt habe. Ebenso plausibel war für Greuel, dass Sonja A. Angst gehabt hat: Angst davor, dass ihr niemand den ganzen Rest glaubt, wenn sie die fantastisch anmutende Vorgeschichte mit dem selbst aufgesetzten Schreiben bei der Polizei zugeben würde.

Der Anlass für die Drängelei vor der grünen Tür in der Herzogenriedstraße 111 guckt von drinnen der wachsenden Masse draußen noch ein bisschen zu. Jörg Kachelmann sieht, wie mehr und mehr Reporter, Kameraleute und vor allem Gaffer auf ihn warten. Er scheint keine Eile zu verspüren, seinen Zwangsaufenthalt zu beenden. Nach 131 Tagen kommt es auf ein paar «Minütli» nicht mehr an. «Sehr lustig» sei der Abschied für die Kumpels aus dem Knast gewesen, wird Jörg Kachelmann den «Spiegel»-Lesern verraten, «weil wir im Fernsehen verfolgen konnten, wie die Kameras live den Haupteingang zur Justizvollzugsanstalt filmten.»

Professor Günter Seidler schlägt Alarm. Eben hat er von Thomas Franz, dem Anwalt seiner Patientin, erfahren, dass jemand freikommt, der in seinen Augen nicht so schnell freikommen dürfte. Einer, der nach allem was Sonja A. ihm zweimal die Woche in Therapiesitzungen berichtet, ein unberechenbarer Mensch sein muss. Für solche Ferndiagnosen und ihre Folgen wird der renommierte Gerichtspsychiater Hans-Ludwig Kröber, Professor an der Charité in Berlin, Seidler scharf kritisieren: Der Therapeut aus Heidelberg agiere hier und nicht nur hier als juristischer Helfer.

Günter Seidler nimmt nicht nur die angebliche Todesdrohung ernst, von der ihm Sonja A. erzählt hat. Er macht sich auch Gedanken darüber, ein Treffen der Expartnerinnen Jörg Kachelmanns zu organisieren. Aus seinen Therapieaufzeichnungen geht hervor, dass «Opferanwalt» Franz und er einer Art Betrogenen-Zusammenkunft beiwohnen könnten. So liesse sich vielleicht, notiert Seidler, die «Multiplizität des Herrn Kachelmann» rekonstruieren und auch eine psychiatrische Begutachtung initiieren. Von all diesen seidlerschen Bemühungen im Besonderen und von den Traumatologen im Allgemeinen hält Kröber gar nichts. Doch die Gedanken aus der Hauptstadt zum «lokal tätigen Wissenschafter» Seidler und zur Traumatologie werden erst am Tag des Prozessauftakts gegen Jörg Kachelmann bei der Mannheimer Justiz eintreffen. Und so lange steht das «Gutachten» Seidlers mehr oder weniger unwidersprochen im Raum. Eineinhalb weitere Monate lang zählt die Meinung des Therapeuten von Sonja A. viel. Er hält Jörg Kachelmann wohl für einen antisozialen Typen. Auf diese Charakterisierung deutet zumindest eine Buchempfehlung Seidlers an seine Patientin hin.

Die Menschentraube vor der grünen Tür wächst und wächst. Weshalb alles so lange gedauert habe, wird Jörg Kachelmann am Tag darauf gefragt. Er habe, antwortet er, nicht wegrennen wollen von seinen «Bezugspersonen», er habe sich «von allen angemessen verabschiedet», von seinem Kumpel, ja neuen Freund René, mit dem er viel geschrubbt und geredet habe, von den anderen, den Mördern und Erpressern, auf die er nicht herunterschauen wolle.

Therapeut Seidler hat Sonja A. in einer der ersten Therapiestunden ein Buch der amerikanischen Psychologin Martha Stout ans Herz gelegt. «Der Soziopath von nebenan» handelt von netten Menschen, die in Wahrheit gefühlskalt sind. Das ist der Jörg! Das habe sie gedacht, wird Sonja A. sagen, als sie es las. Kachelmann ist ihr Soziopath von nebenan. Dieser besondere Charme! Diese ständige Mitleidsmasche!

Vielleicht wäre ihr alles nicht passiert, wird Sonja A. auch erklären, wenn sie das Buch früher gelesen hätte. Nach der Lektüre steht für sie fest: Jörg Kachelmann muss immer als Sieger vom Platz gehen. Aber das dürfe nicht sein. Diesmal nicht.

Sie, die Nebenklägerin, wird sich Stouts Buch vor das Gesicht halten, als sie zum 12. Prozesstag in die Tiefgarage des Mannheimer Landgerichts gebracht wird. Die Beifahrerin im dunkeln BMW will so ein stummes Zeichen setzen. Die Bilder laufen auf allen Kanälen. Der «Soziopath von nebenan» ist am nächsten Tag, als Buchcover vor den blonden Haaren von Sonja A., in unzähligen Zeitungen zu sehen. Der Untertitel, klein geschrieben, weil lang, ist schwer zu lesen in den Fernsehaufnahmen und auf den Pressefotos. Er lautet: «Die Skrupellosen: ihre Lügen, Taktiken und Tricks.» Viele werden sich fragen: Lässt sich das auf Jörg Kachelmann beziehen oder vielleicht doch eher auf die Frau mit dem Buch vor dem Gesicht oder sogar auf beide? Psychiater Hartmut Pleines, der den Angeklagten begutachten wird, hält das Buch für «gut geschrieben», aber es kennzeichne «nicht Herrn Kachelmann».

«Durch diese Tür muss er kommen», heißt es auch bei RTL. Wieder und wieder schaltet der Sender direkt nach Mannheim vor die JVA. Die Mitgefangenen, denen Jörg Kachelmann Adieu sagt, können Punkt 11.57 Uhr verfolgen, wie ein schwarzer Range Rover mit Kölner Kennzeichen vorfährt. Er parkt, so nahe es geht, vor der roten Backsteinmauer. Ein Herr mit schütterem Haar und Hornbrille und eine Frau mit lockigem Haar steigen aus und bahnen sich einen Weg, zehn, zwölf Schritte durch die Kameras. Hier kommen Reinhard und Johanna Birkenstock.

Tags zuvor war das Wetter schlecht gewesen. Ohne viel Regen zwar, aber zu grau für im Hochsommer. Der Strafverteidiger und seine Frau, die Mediatorin, saßen auf einer kleinen Bank vor dem Café zwischen Landgericht und Staatsanwaltschaft, das unter Journalisten schon bald «Kachelmann-Café» heißen wird. Der Umsatz dort ist gestiegen – dank der unzertrennlichen Birkenstocks, die hier auch die eine und andere Roth-Händle verglimmen lassen. Und er wird weiter steigen – dank des Ausschlusses von Presse und Öffentlichkeit aus weiten Teilen der Hauptverhandlung gegen Jörg Kachelmann. Gerichtsreporter und Zuschauer werden sich im «Kachelmann-Café» statt im Kachelmann-Prozess die Zeit vertreiben.

Reinhard Birkenstock, den selten etwas aus der Ruhe bringt, wirkte zuversichtlich und doch irgendwie nervös auf seinem Mannheimer Stammplatz vor dem «Kachelmann-Café». «Man ist in Deutschland, wenn ein solcher Verdacht an einem hängt, schnell verhaftet», hatte Birkenstock gesagt, nachdem er den Fall seines Anwaltslebens übernommen hatte. Und er hatte hinzugefügt: «Die Enthaftung dauert in der Regel länger.» Dieser Ausspruch ist an ihm klebengeblieben wie Pech, nun schon vier lange Monate, in denen er seinen Mandanten nicht freibekommen hat. Zuletzt behaupteten böse Zungen, bei Birkenstock dauere die Enthaftung eben in der Regel länger.

Zum zwischenzeitlich angekratzten Ruf des Kölner Strafverteidigers hatte auch Günter Seidler beigetragen – wohl nicht mit Absicht, jedoch mit seiner Überzeugung, dass die Vergewaltigung von Sonja A. stattgefunden hat. Er habe, so behauptet Seidler in seinem «Gutachten», sämtliche Erkenntnisse aus den Therapiesitzungen gegen den Strich gebürstet. Und trotzdem habe er keine Anhaltspunkte gefunden, dass etwas an den Schilderungen von Sonja A. nicht stimmen könne.

Etwas stimme nicht mit dem Therapeuten mit dem kahlen Kopf, wird die Verteidigung bald schon raunen. Sie wird Sonderbares berichten aus den nichtöffentlichen Befragungsteilen Seidlers vor Gericht: Zuerst wird sich Reinhard Birkenstock verwundert zeigen über die professorale Fähigkeit, Todesangst zu riechen. Dann wird sein Nachfolger versuchen, den Hochschulprofessor lächerlich zu machen. Johann Schwenn wiederholt und wiederholt, Seidler arbeite mit «scharlataneser» Methodik. Er wird beantragen, den Pilotenkoffer des Therapeuten, der neben dem Zeugenpult steht, zu beschlagnahmen, weil darin wertvolle Beweismittel zu vermuten seien. Soweit muss es nicht kommen: Seidler öffnet sein Rollköfferchen aus freien Stücken und händigt der Strafkammer aus, was er zum Gerichtstermin mitgebracht hat: Neben zwei Kalendern, Fachbüchern und handschriftlichen Aufzeichnungen auch eine Brotdose. Seidler wird die Box, in der höchstens noch Krümel sind, hochhalten und fragen: «Darf ich die behalten?» Es wird einer der heitersten Augenblicke im Kachelmann-Prozess sein, was Schwenn sich auf der Stelle verbittet.

Als Günter Seidler das nächste Mal von der 5. Großen Strafkammer als sachverständiger Zeuge geladen wird, bringt er einen Anwalt mit. Sein Rechtsbeistand wird monieren, die Anfeindungen gegen seinen Mandanten seien «rufschädigend». Der Verteidiger wolle «einen weltberühmten Wissenschafter fertigmachen». Von «weltberühmt» sei ihm nichts bekannt, wird Schwenn entgegnen – zum Gaudi der Pro-Kachelmann-Fraktion im Publikum.

Die Richter werden um Ruhe im Saal bitten, man könnte es auch befehlen nennen. Sie selbst müssen sich nicht vorwerfen lassen, den Therapeuten von Sonja A. nicht ernst zu nehmen. Eher das Gegenteil. Die 5. Große Kammer des Landgerichts Mannheim stützte sich stark auf Seidlers «Gutachten», als sie Jörg Kachelmann, der bereits 100 Tage in der JVA saß, nicht frei ließ.

Der Leiter der Sektion Psychotraumatologie der Uniklinik Heidelberg hatte die Erwartungen erfüllt, welche die Staatsanwaltschaft in ihn gesetzt hatte. Er stopfte die Lücke, die Luise Greuel bemerkt hatte, als sie festhielt, die Angaben von Sonja A. zum Tatablauf wiesen eklatante Mängel auf. Seidler tat dies, indem er erklärte, seine Patientin leide wegen ihrer Vergewaltigung an einer posttraumatischen Gedächtnisstörung. Sie habe – vereinfacht gesagt – Informationen über ihre Misshandlung zum Teil nicht im Hirn abgespeichert, weil sie unter Schock stand. Seidler verwendet ein Erklärungsmuster, das Laien vielleicht einleuchtet, das aber unter Wissenschaftern höchst umstritten ist. Trotzdem war seine Argumentation für das Landgericht Mannheim ausschlaggebend gewesen, um Jörg Kachelmann weiterhin dringend einer Vergewaltigung zu verdächtigen und in Haft zu behalten.

«Bild» titelte: «Hat Kachelmann den falschen Anwalt?» Die Antwort auf die Frage in der Boulevard-Schlagzeile hatte in der gediegeneren «Zeit» gestanden. Reinhard Birkenstock, so meinte die Autorin Sabine Rückert in der Wochenzeitung, stelle für den höchstwahrscheinlich unschuldigen Kachelmann – neben der rachsüchtigen Opferzeugin und verbissenen Staatsanwälten – «das dritte Problem» dar. «Die spärlichen Briefe des Verteidigers an die Staatsanwaltschaft legten die Befürchtung nahe, er beherrsche nicht das gesamte der Verteidigung zu Gebote stehende Instrumentarium der Strafprozessordnung gleichermaßen virtuos.» Nicht publik gemacht hatte sie, was sie kurz zuvor an «Rechtsanwalt Birkenstock persönlich» gemailt hatte. «Wir können nur zusammenkommen, wenn Ihre Verteidigung professionalisiert wird», hatte die meinungsfreudige Gerichtsreporterin vorgeschlagen. «Dazu sollten sie sich überlegen, einen Kollegen einzubinden, der Verfahren dieser Art auch gewachsen ist. Wenn Sie mein Buch gelesen haben, wissen sie, wen ich in einem solchen Falle wählen würde.» Dann nannte sie das Kind beim Namen: «Sie sagen ja selber, Sie seien mit Herrn Schwenn gut bekannt.»

Zuvor hatte bei den Birkenstocks ein Buch mit dem Titel «Unrecht im Namen des Volkes. Ein Justizirrtum und seine Folgen» im Briefkasten gelegen. Das Werk über Fehlurteile in Vergewaltigungsverfahren hatte Autorin Rückert mit Hilfe eines kooperativen Strafverteidigers verfasst: mit Johann Schwenn. Doch all das verschwieg sie, als sie – fast schon mit schwennschem Sarkasmus – in ihrem Vorfreispruch für Kachelmann in der «Zeit» auch noch urteilte, es gäbe «wenig, was sich an Birkenstocks Verteidigung rühmen ließe.» Ein halbes Jahr später wird Johann Schwenn Jörg Kachelmanns Strafverteidiger sein und Birkenstock, der seinen Bekannten nie in seinem Team wollte, abserviert.

Doch heute ist der große Tag des Reinhard Birkenstock. Die Wolkendecke über Mannheim ist brüchig geworden. Reinhard Birkenstock, mit grüner Krawatte, und Johanna, gewohnt leger gekleidet, treten durch die grüne Tür in die JVA. Sie wirken entspannter. Die lang ersehnte Nachricht ist eingetroffen. Es gibt etwas Bedeutendes, wofür sich die Verteidigung rühmen lässt. Doch auch für die Birkenstocks heißt es: Warten auf Kachelmann. Die Enthaftung dauert doch noch etwas länger.

Im Traum von Günter Seidler ist Jörg Kachelmann bereits freigekommen. Ihr Therapeut habe davon geträumt, dass das passieren würde. So wird es Sonja A. Mitte August Hans-Ludwig Kröber erzählen, als sie einen kurzen Abend lang und am Morgen darauf von ihm befragt wird. Die Exploration und psychiatrische Untersuchung werden dreieinhalb Stunden dauern. Die 57 Seiten Kröbers werden eine weitere von mittlerweile einem Dutzend widersprüchlicher Expertisen im Fall Kachelmann sein. Es befasst sich mit der Frage, ob sich die Mängel in der Aussage von Sonja A. mit einer Traumatisierung erklären lassen. In seiner Schrift macht der gefragte Forensiker kein Geheimnis daraus, dass er für akademischen Unsinn hält, was Seidler geschrieben hat. «Ich sehe die Psychotraumatologie als Spielart der Versorgung von Menschen, die Belastendes hinter sich haben», wird er im Prozess sagen. «Da werden Glaubensüberzeugungen transportiert, die der wissenschaftlichen Überprüfung nicht standhalten.»

Kröber kann nicht nachvollziehen, weshalb Seidler in einem lila-farbenen Seidenschal, den seine Patientin trägt, wenn sie bei ihm aufkreuzt, und in wiederholten Griffen an den Hals während der Sitzungen fast schon einen Beweis sieht. Einen Beweis dafür, dass Kachelmann seine Expartnerin mit einem Messer bedrohte. Ebenso ist für Kröber denkbar, dass Sonja A. ihrem Therapeuten etwas vorspielt oder dass es Schutzgesten sind. Mit spitzer Feder unterstellt der Berliner Psychiater dem Heidelberger Traumatologen eine unprofessionelle und unterschwellig gar innige Beziehung zu der 37-jährigen Patientin aus dem Nachbarstädtchen Schwetzingen: Der Kollege laufe Gefahr, auf Frauen mit «manipulativer Potenz» hereinzufallen.

Noch immer zeigt n-tv das grüne Gefängnistor. Für ein paar Minuten lässt Ralf Höcker in Köln sein Handy klingeln und klingeln und klingeln. Er, Privatfernseh-Moderator im Nebenjob, kann nicht einmal seinem Haussender RTL genau sagen, wann sich die Tür öffnen wird, ohne dass lediglich ein Justizbeamter herauskommt, der zu Tisch geht.

Kröber hält es auch für alles andere als wahrscheinlich, dass sich ausgerechnet während einer Vergewaltigung die Wahrnehmung beim Opfer ausschaltet. Erfahrungen aus Strafprozessen zeigten genau das Gegenteil: Würden Zeugen zu Situationen befragt, bei denen es um Leben und Tod ging, imponiere immer wieder, wie klar und deutlich sie sich an hochgradig gefährliche Situationen erinnerten. Es finde, so wird er auch im Kachelmann-Prozess ausführen, eine «Fokussierung aufs Kerngeschehen» statt: auf die Bedrohung, auf die Waffe, auf den Angreifer. Die maximale Alarmierung, die höchste Aufmerksamkeit sei dem menschlichen Selbsterhaltungswillen geschuldet. Panik und Angst würden reduziert, schmerzhafte Details würden sich bei Opfern ins Gehirn einbrennen.

Die grüne Tür öffnet sich. Heraus treten wieder einmal nur hungrige JVA-Mitarbeiter.

Für Kröber ist bei Sonja A. keine posttraumatische Störung ersichtlich. Daraus kann der Sachverständige zwar unmöglich ableiten, dass das Geschehen, wie es das mutmaßliche Opfer darstellt, sich so nicht ereignet hat. Doch wenn das Gericht Kröbers Ausführungen folgt, müsste es die Erklärungen Seidlers zu den Mängeln in der Aussage von Sonja A. als absurd zurückweisen. Damit wäre die Anklage wichtiger Argumente beraubt.

Sie wäre es, wenn nicht die Verteidigung vorgesorgt hätte. Ausgerechnet die Verteidigung hat den Bielefelder Hirnforscher Hans Markowitsch beauftragt, ebenfalls ein Gutachten zur Frage einer möglichen Traumatisierung von Sonja A. zu erstellen. Professor Markowitsch wird die ganze Thematik, die ihn sein Forscherleben lang beschäftigt hat, im April 2011 als Gutachter differenziert beleuchten. Normalerweise, hier pflichtet er dem Kollegen Kröber bei, würden sich schreckliche Ereignisse im Gedächtnis Betroffener «einbrennen». Reaktionen unter Todesangst seien allerdings von Mensch zu Mensch verschieden. Sie hingen von den jeweiligen Erfahrungen und seinem Verhalten bis zu dem «Todesangstzeitpunkt» ab, erklärt Markowitsch. Manche Menschen verfallen – wie auch einige Tierarten – in Schockstarre. Andere Opfer reagieren heldenhaft: Hellwach, geradezu überaufmerksam, keine Fluchtchance, kein Detail entgeht ihnen im Augenblick der Not. Wer als Kind schon traumatisiert worden sei, könne durchaus eine «Gedächtnisblockade» gegenüber realen Geschehnissen aufbauen. Unreife Persönlichkeiten könnten sich aber auch schreckliche Erlebnisse einbilden.

Drei Wissenschaftler, drei Ansichten und viele Deutungsmöglichkeiten für die Verteidigung, die Anklage, die Richter. Was heißt das alles im Hinblick auf Sonja A.? Was heißt das bei einer Frau, die ihrem Therapeuten von einem sonderbaren Erlebnis als kleines Mädchen berichtet hat? Von einem Ereignis auf einem Felsen an einem Strand, an das sie sich nicht erinnere, das sie aber, wie ihre Familie sage, stark verändert habe.

Psychotherapeut Seidler weist den Sicherheitsdienst seiner Klinik für Psychotraumatologie an, verstärkt zu kontrollieren, wer das Gebäude betritt. Er befürchtet, dass bald ein Freigelassener hereinspaziert kommt, um sich an ihm zu rächen.

Vielleicht finden die wartenden Birkenstocks in der JVA Zeit zu studieren, was die Karlsruher Richter auf 14 Seiten festgehalten haben.

Der Senat hat so ziemlich alle ihre Argumente übernommen, während er so ziemlich alles zerzaust, was die Anklage zu Bedenken gab. So schreibt das Oberlandesgericht, die Glaubwürdigkeit von Sonja A. sei durch wahrheitswidrige Angaben in fünf Vernehmungen und auch gegenüber ihrem Therapeuten erschüttert. Das wisse die Nebenklägerin selbst.

Vieles an der aussagepsychologischen Begutachtung durch Luise Greuel hat das OLG überzeugt. Die erheblichen Mängel, welche sie in der Aussage von Sonja A. aufzeigt, könnten, so der Senat, zwar Folge einer posttraumatischen Belastungsstörung sein. Allerdings irre die Staatsanwaltschaft, wenn sie etwas Lebensbedrohliches als einzige Ursache sehe. Greuel habe nämlich festgehalten, auch das Geständnis eines mehrjährigen systematischen Betrugs könne ein seelisches Trauma auslösen – bei einer eher verschlossenen Frau, die dem Angeklagten blind vertraute. Vielleicht haben Bestrafungs- und Belastungsmotive seiner Ex-Partnerin Jörg Kachelmann über vier Monate Freiheit gekostet. Das Karlsruher Richtertrio schließt dies nicht aus: Sonja A. sei mit einer Lebenslüge konfrontiert worden. Ihr Selbstwertgefühl sei erschüttert worden. Hass und Rachegedanken könnten sie zu Vergeltung bewogen haben.

Um 13.34 Uhr geht die grüne Tür auf. Heraus kommt diesmal das Ehepaar Birkenstock, gefolgt von einem Mann, der erstmals seit dem Termin im Amtsgericht richtig zu sehen ist.

Er wirkt wie verwandelt.

Der Gejagte

Er tritt in einem schneeweißen langärmligen Sweatshirt und mit einer gesunden Bräune im Gesicht in die Freiheit. Die Kameras klicken und filmen. Schaulustige klatschen. Ein Untersuchungshäftling ist so berühmt geworden, wie es kein Wettermoderator geschafft hätte. Jörg Kachelmann ist nicht mehr der «viertklassige TV-Promi», wie er sich gern selbstironisch genannt hat.

Es kommt der Augenblick der Gesten: Jörg Kachelmann umarmt vor der grünen Tür einen Uniformierten, seinen «Stockwerksbeamten», wie er am Tag darauf verraten wird. Dann blickt er zuversichtlich geradeaus, lächelt ganz leicht und fortwährend. An seiner Stelle spricht sein wichtigster juristischer Beistand. Reinhard Birkenstock steht die Erleichterung ins Gesicht geschrieben. Mit seinem rauchigen Bass bedankt er sich bei Jörg Kachelmanns Mitgefangenen und den Beamten der JVA für die «vorzügliche Behandlung». Das Oberlandesgericht, hält Birkenstock fest, habe «einem Justizskandal Grenzen gesetzt». Den Karlsruher Richtern, so sagt er noch, «verdanken wir die Auferstehung der Unschuldsvermutung und die Rückkehr der Rechtsstaatlichkeit».

Doch allzu viel Zuversicht ist nicht angebracht. Die Beweislage beurteilt auch das OLG als «non liquet». Das bedeutet: Es ist nicht klar. Ihre Verletzungen könnte Sonja A. sich selbst beigebracht haben, findet der Senat. Aber für ihn kommt als Verursacher nach wie vor auch der Mann in Frage, dessen schneeweißes Sweatshirt laut den unvermeidlichen Gestikexperten auf Privatkanälen Unschuld symbolisieren soll. Es steht noch immer Aussage gegen Aussage. Doch aus dem Patt mit Nachteil für den Angeklagten ist ein Unentschieden mit Vorteil Kachelmann geworden. Auf der zweitletzten

Seite des Karlsruher Beschlusses heißt es: Es bestehe die Konstellation «Aussage gegen Aussage eines nur teilweise glaubwürdigen Zeugen». «Jörg Kachelmann muss eine rechtsstaatliche Hauptverhandlung nicht fürchten», findet die Kanzlei Birkenstock in einer Pressemitteilung, die nun auf ihrer Homepage erscheint. «Wahrheit, Wissenschaft und Recht stehen auf unserer Seite.»

Die Birkenstocks und Kachelmann drängeln durch die Masse Richtung Range Rover. Sie steigen ein, wollen losfahren. Sie können nicht, denn sie sind umringt. Kachelmann, auf dem Rücksitz, starrt teilnahmslos auf den Vordersitz. «Achtung!», ruft jemand aus der Meute, «die Füße!» Der Offroader rollt los – aber nicht allein. Reporter, Kamerateams, Paparazzi verfolgen ihn, von der Herzogenriedstraße III auf die A 61 Richtung Koblenz.

Jörg Kachelmann könnte sich jetzt zum Flughafen Frankfurt bringen lassen, eine Maschine nach Kanada besteigen und auf seine Ranch in British Columbia fahren. Er könnte nach Hause in die Schweiz reisen, es gibt keine Auflagen. Er könnte sich sogar nach Südamerika absetzen. Dort wäre er vor der deutschen Justiz fürs Erste sicher. Doch anders als von der Staatsanwaltschaft befürchtet, geschieht nichts davon.

Der Range Rover nimmt Kurs auf Köln, er hält an einer Raststätte namens Wonnegau. Die Verfolger beobachten, wie Johanna Birkenstock aussteigt. Zigaretten und Chips holt sie.

Am Abend warten Journalisten und Fotografen vor den – ihretwegen – mit Tüchern verhängten Scheiben des Ristorante Il Teatro in der Kölner Südstadt. Beim Stammitaliener der Birkenstocks, im Dunkeln, bei Kerzenschein, diniert Jörg Kachelmann mit einer Juristenschar. Viele, die mit ihm am Tisch sitzen, hat der Freigelassene noch nie zu Gesicht bekommen.

Ein Gast fällt besonders auf – vielleicht weniger Kachelmann, aber längerfristig in der Öffentlichkeit: Tilman Elliger. In Gutachten und Stellungnahmen hat der Kölner Psychologe und Psychiater vor allem Argumente gegen eine Anklage zusammengetragen. Jetzt ist er im Il Teatro aufgetaucht – nur auf einen Espresso, wie er später betonen wird, und um den Mann kennenzulernen, zu dessen Freilassung er beigetragen hat. Aber auch ein kurzer Kaffee ist zu viel für jemanden, der den Fall gern als unabhängiger Sachverständiger beurteilen möchte. Im Boulevard heißt Elliger bald schon «der Espresso-Gutachter». «Als letzter Gast seiner Feier», so berichtet «Bild», hechtet Kachelmann um 2.29 Uhr aus dem Ristorante in ein Taxi. Er lässt sich, so heißt es weiter, ins noble Hotel «Im Wasserturm» fahren.

Der Freigelassene ist endgültig zum Gejagten geworden. Bald wird er in Nordeuropa, wo ihn keiner kennt, und anderswo untertauchen. Eines schönen Augusttages taucht er auf einem Appenzeller Hügel wieder auf . In der Nähe seiner Firmenzentrale auf dem Schwäbrig wird er die Stoßstange eines Paparazzo touchieren, der an einer unübersichtlichen Stelle wendet. Der Fotograf, der ihm auflauern wollte, gibt sich nicht zu erkennen, er wird sagen, es sei nichts passiert. Schnell sucht er das Weite.

Vor dem Prozess fliegt Jörg Kachelmann doch noch nach Kanada. Die Medien gönnen ihm aber auch in British Columbia keine Verschnaufpause. Als sich der Angeklagte dort einige Tage zu erholen versucht, wird er für die «Bunte» in Urlauber-T-Shirt, Shorts und Mokassins fotografiert. Und so geht die Jagd weiter, für einen ganzen langen Prozesswinter. Auf den Paparazzi-Bildern ist Kachelmann oft im Lumberjack-Look zu sehen. Er sieht aus, als ginge er Holzfällen. Die Publikation der meisten dieser Aufnahmen lässt die Kanzlei Höcker durch Gerichte verbieten, da sie die Privatsphäre betreffen. Im Frühling 2011 wird Jörg Kachelmann anfangen, selber zurückzuschießen. Bilder, die er selbst auf Twitter postet, sollen dokumentieren, wie Fotografen und Journalisten ihm und seinen Nächsten nachstellen: im Garten, auf dem kanadischen Provinzflughafen Kamloops, in der Schweiz. Ein Wartender sitzt auf einem der Twitter-Bilder in einem weißen Wagen in Wollerau, hoch über dem Zürichsee. Er passt den frisch vermählten Angeklagten ab, der mit seiner dritten Ehefrau in die kleine Steueroase gezogen sein soll. Nicht zu sehen ist, wie die Kantonspolizei Schwyz in Zivil vorfährt, um den Mann wegzuschicken. Die Bilder, so twittert «JK», zeigen «die gewohnheitsmäßigen und ekelerregenden Persönlichkeitsrechtsbrecher von Gnaden ihrer Herrin Friede Springer». Mehr als ein Jahr nach seiner Freilassung wird der vom Boulevard Gehetzte auch eine E-Mail veröffentlichen, in der sich ein «Bunte»-Redakteur bei seinem kanadischen Makler beliebt macht. Er bittet um Informationen über ein für 1,4 Millionen kanadische Dollar zum Verkauf stehendes «Waterfront Retreat», das einer «German Celebrity» gehöre. Kachelmann twittert, er sei «actually Swiss».

Nie mehr hat Jörg Kachelmann die Medien so im Griff wie am zweiten Tag in Freiheit. Da tut er, was er bestens kann. Sobald die Kamera läuft, macht er ein Gesicht, das auf viele sympathisch wirkt. Viereinhalb Minuten lang beantwortet er in hellblauem Hemd arrangierte Fragen eines Interviewers. Es wirkt ein wenig wie anno dazumal, als er ankündigte: «Es flöckelt Zucker auf unsere Flachlandtannen.» Die Botschaft ist erneut eingängig. Der begnadete Wettererklärer von einst erzählt von Respekt hinter Gittern, er betont mehrfach er sei unschuldig, er lobt «seinen hervorragenden Anwalt», den er auf de , n Tag genau vier Monate nach seiner Freilassung entlassen wird. Das gefragte Interview wird an mehrere TV-Sender und Online-Portale verkauft. Schnell kommt so ein sechsstelliger Betrag zusammen.

Dem «Spiegel» erklärt Jörg Kachelmann im Hotel Im Wasserturm, er habe «keine Fehler gemacht, jedenfalls keine von juristischer Relevanz». Umgehend räumt er aber ein, er habe «diese Frau in einer Weise gekränkt, die ich in der Nachschau nur im höchsten Maße bedauern kann». Er gibt die eine und die andere Anekdote zum Besten vom Kakerlaken-Knast, den Kumpeln und von seiner 80-jährigen Besucherin in der JVA, die hätte erleben müssen, wie sie «zur Mutter eines messerstechenden, gewalttätigen, promisken Vergewaltigers wurde». Stolz sei er, «dass sie stark geblieben ist». «Die Heimatfront», sagt Kachelmann, «stand.» «Erschwert die Vorliebe für etwas härteren Sex das Gerichtsverfahren?», fragen die Interviewer. «Zum Verfahren kann ich nichts sagen», lautet die Antwort. «Fragen Sie meinen Anwalt.» Reinhard Birkenstock schaltet sich ein: «Die Damengeschichten haben keinerlei Beweiswert. Im Beschluss des Oberlandesgerichts spielen sie auch jetzt keine Rolle. Die Staatsanwaltschaft hatte anfangs immer betont, wir sind keine Moralapostel. Im Laufe des Verfahrens, als ihr die Felle davonschwammen, ist sie davon abgewichen. Mit gezielten Durchstechereien an Medien sollte meinem Mandanten geschadet werden.»

Doch allzu gut kann das nicht funktioniert haben. Der «Stern» hat bereits vor der Haftentlassung eine repräsentative Umfrage in Auftrag gegeben. 45 Prozent der Deutschen halten Jörg Kachelmann für unschuldig. Nur für 22 Prozent ist er ein Vergewaltiger. Immerhin ein Drittel der Befragten traut sich kein Vorurteil zu. «73 Prozent wollen Kachelmann am Bildschirm zurück», schreibt «Bild am Sonntag». Und in Klammern und kleinerer Schrift ist zu lesen: «Wenn er unschuldig ist».

Die Interviews vom Tag nach der Freilassung lesen sich leicht, fast zu leicht. Auf mehrere, die eben noch einen kämpferischen, aber doch nachdenklichen Mann im Gefängnis besucht haben, wirkt der Freigelassene wie ausgewechselt. Nonchalance und Überheblichkeit nehmen Nahestehende im TV- und im «Spiegel»-Interview wahr, statt der versprochenen Demut.

In der Woche zuvor hatte Jörg Kachelmann über seine Anwälte dem OLG Karlsruhe versichert, er wolle im Prozess um seine Rehabilitierung kämpfen und er wolle «zu Lebensführungsfehlern stehen». Doch zurück in Mannheim wird er lange schweigen.

Das Wiedersehen

Alle warten gespannt auf ihn, als sie durch den Seiteneingang hineinkommt. Kaum jemand unter den 86 Zuschauern auf den limitierten Schalensitzen bemerkt die hagere Frau. Und auch nur wenige der 48 zugelassenen Journalisten schauen hin, als sie erhobenen Hauptes und etwas steif zu ihrem Platz geht.

Die bekannteste Unbekannte der Republik trägt schwarz, bis auf eine lilafarbene Hose und ein auffälliges lilafarbenes Halstuch, das Gegenstand vieler Spekulationen wird. Verbirgt sie damit die Spuren einer Selbstverletzung? Oder die Narbe einer Verwundung, die ihr der Mann zugefügt hat, der in diesem Augenblick unter ihr in die Tiefgarage des Mannheimer Landgerichts gefahren wird?

Im fensterlosen Saal 1 mit dem weißlichen Deckenlicht sind jetzt auch die Schaulustigen auf sie aufmerksam geworden. «Ist das die Frau?», fragt eine ältere Zuschauerin so laut, wie sie es vielleicht aus dem Altersheim gewohnt ist.

Es ist die Frau. Das Opfer. Oder die Täterin. Die Vergewaltigte. Oder die Rufmörderin.

Kaum jemand hier hat kurz vor 9 Uhr am Montag, den 6. September 2010, mit ihr gerechnet. Die «Bild»-Zeitung, die in den Zuschauerreihen gelesen wird, hat sich zum Prozessauftakt die Frage gestellt: «Wird das mutmaßliche Opfer heute kommen?» Und sich geantwortet: «Nein.» Alice Schwarzer, die für «Bild» Kolumnen verfasst, schäkert mit Journalistenkollegen und bekommt erst mit Verspätung mit, dass das Unerwartete eingetreten, dass die Unerwartete eingetroffen ist. Auch Jörg Kachelmanns Verteidiger wirken überrascht. Rechtsanwalt Reinhard Birkenstock verlässt kurz den Raum – wohl um seinen Mandanten zu informieren: Sonja A. ist da.

Es verstreichen einige Minuten. Es bleibt Zeit, um zu lesen, wie Alice Schwarzer über eine halbe «Bild»-Seite hinweg argumentiert, weshalb sie ausgerechnet dort schreibt. Sie wolle ankämpfen gegen ein «Klima», rechtfertigt sich die Frauenrechtlerin, in dem «ein Mensch öffentlich degradiert und für vogelfrei erklärt wird». Sie bezieht ihre Worte nicht auf Jörg Kachelmann, mit dem sie auch schon vor laufender Kamera Rock'n'Roll getanzt hat und den sie – wie sie beteuert – «immer gut leiden» konnte. Ihr geht es um die 37-Jährige mit den schulterlangen blonden Haaren, die unter der Einseitigkeit der mitverteidigenden Leitmedien wie «Spiegel» und «Zeit» zu leiden habe, und um «Millionen Frauen», die betroffen seien. Die «Emma»-Herausgeberin will gegensteuern und macht sich mit Hilfe eines wenig feministischen Massenblatts zur publizistischen Nebenklägerin gegen ihren Extanzpartner. Also schreibt die Kämpferin gegen Sexismus für «Bild» über den – so die Hauptschlagzeile an diesem warmen Septembermorgen – «Prozess des Jahres». Weiter unten auf der Titelseite heißt es, «Marwan (26) aus Emmendingen» lasse sich «gern ausziehen». Sie hat bereits nicht mehr viel an. Was das «Bild Girl» des Tages «abtörnt»: «Lügen, Brustbehaarung».

Jörg Kachelmann ist, so glauben viele im ersten Augenblick, vorgefahren, im dunklen Offroader, noch dunklerer Lederjacke und mit Fusselbart. «Ich bin unschuldig», hat er, die Autoscheibe heruntergelassen, verkündet. Im Schlepptau hat er eine Schar junger Damen. Das Dutzend Begleiterinnen sieht aus wie Marwan aus Emmendingen, aber es trägt nummerierte, eng anliegende weiße T-Shirts mit roten Herzchen. Auf Brusthöhe steht: «Lausemädchen». Vor dem Gerichtsgebäude wird Jörg Kachelmann von Reportern und Schaulustigen umringt. Er wirkt ungepflegt. Er küsst seine Lausemädchen, die lächeln. Er umarmt den Justizbeamten, der ihm auf Schritt und Tritt folgt, und gibt auch ihm einen Kuss.

Irgendwann muss jedem Betrachter der morgendlichen Szene ein Licht aufgehen: Das kann gar nicht der Kachelmann sein! Und einige werden merken: Das ist doch der Olli! Oliver Pocher, der TV-

Blödler im Einschaltquotentief. Er hat sich als Kachelmann verkleidet. Die Tragödie zweier Menschen ist ihm ein paar Scherze wert.

Um 9.09 Uhr betritt der echte Jörg Kachelmann den Gerichtssaal. Er wirkt ganz anders als der Wettermann aus dem Ersten. Er ist auch nicht mehr der Kachelmann aus der Untersuchungshaft, den Oliver Pocher fünfzig Schritte entfernt zu parodieren versucht. Es ist Kachelmann der Angeklagte.

So sorgfältig frisiert und zurechtgezupft hat man ihn kaum je erlebt. In seinem dezent gestreiften Anzug strahlt der einst so stürmische Wetterentertainer Seriosität, Sorge und jene Demut aus, die viele – gerade aus seinem Umfeld – in den Medienauftritten nach der Freilassung vermisst haben. Falls er sich jetzt um eine Unschuldsmiene bemüht – der Ausdruck gelingt ihm nicht schlecht. Falls er ohne Schuld ist – man sieht es ihm an.

Es ist nicht eingetreten, was Mannheimer Staatsanwaltschaft und Richter befürchtet haben: Der Bürger von Schaffhausen hat sich nicht in die Schweiz abgesetzt und ist auch nicht in seiner zweiten Heimat Kanada geblieben.

Und so beobachten Zuschauer und Journalisten, wie zwei Menschen aufeinandertreffen, die sich elf Jahre lang alle paar Wochen sahen. Die mehr als häufig über Internet kommunizierten. Und die sich seit den ersten Stunden des 9. Februar 2010 nicht mehr gesehen haben.

Es sind zwei Menschen vor Gericht erschienen, die das wohl schrecklichste Halbjahr ihres Lebens hinter sich haben. Und die wissen, dass der Horror noch Monate, vermutlich Jahre weitergeht.

Er schaut so ernst wie sie. Er wirkt so fahl wie sie. So angespannt, abgekämpft. Das einstige Paar trennen jetzt fünf, sechs Meter. Ein Blickkontakt ist noch nicht möglich, denn zwischen ihnen stehen Kameraleute und Fotografen. Sie alle wollen Kachelmann den Angeklagten einfangen. Sonja A. haben sie schon.

Nach zwei endlosen Minuten Blitzlichtgewitter müssen sie hinaus. Der Vorsitzende Richter Michael Seidling sagt: «Wir beginnen heute mit der Strafsache gegen Jörg Kachelmann.» Der Prozess ist eröffnet. Die beiden Verlierer stehen – unabhängig vom Ausgang – bereits fest.

Sonja A. guckt für einen langen Augenblick hinüber zu dem Mann, in dem sie lange ihren Partner fürs Leben sah. Jörg Kachelmann erwidert den Blick nicht. Etwas verloren schaut er geradeaus.

Nach fünf Minuten und einem kurzen Streit über die Sitzordnung im Saal geht ein Raunen durchs Publikum. Richter Seidling hat die Verhandlung unterbrochen, weil gegen ihn und gegen seine Kollegin, Daniela Bültmann, am Wochenende ein Befangenheitsantrag eingegangen ist. Bis über das Begehren der Verteidigung entschieden ist, wird die Sitzung vertagt.

«Vier Stunden habe ich draußen gewartet», wettert ein Rentner, «und das soll alles gewesen sein?» Die Zuschauer, die sich im Morgengrauen vor dem Gericht angestellt haben, sollen nicht einmal erfahren, weshalb Jörg Kachelmann befürchtet, zwei der drei Richter seien befangen. Die Verteidigung hält ihren 67 Seiten dicken Antrag samt rund 200 Seiten Anhang unter Verschluss. «Immerhin haben wir Kachelmann gesehen», freut sich eine jüngere Frau, als sie hinausgeht. «Unschuldig» habe er ausgesehen.

Sonja A. hat sich erhoben. Sie steht einen Augenblick lang da, als wüsste sie nicht, was sie jetzt tun soll. Alice Schwarzer versucht, ihr einen warmen Blick zuzuwerfen. Doch die Verschwesterung scheitert daran, dass Sonja A. nichts davon bemerkt. Oder vielleicht auch nichts davon bemerken will. Wie kurz zuvor, als Jörg Kachelmann doch noch einen scheuen Augenblick lang zu ihr hinübergeblickt hat.

Die Blickrichtungen der Hauptpersonen werden – da es sonst nicht viel zu berichten gibt – gedeutet werden. Aber die dargestellten Sichtweisen verraten vor allem etwas über den Standpunkt der Schreibenden. «Spiegel»-Autorin Gisela Friedrichsen will gesehen haben, wie der Angeklagte während der wenigen Minuten des ersten Verhandlungstags «mehrfach den Blickkontakt – fragend und irritiert wirkend – zu seinem mutmaßlichen Opfer» suchte. Doch, so schrieb die bekannteste deutschsprachige Gerichtsreporterin, «die junge Frau, sehr dünn, blass und spitz im Gesicht, verweigerte jeglichen Blick in seine Richtung». Die «Bild»-Zeitung mit ihrem halben Dutzend Leuten in und um den Gerichtssaal hatte das alles während der knapp 300 Sekunden Prozessdauer ganz anders wahrgenommen. «Kachelmann würdigte Ex-Geliebte keines Blickes», titelte das Blatt. Und die «Bild»-Sondergesandte Alice Schwarzer hatte eine «zarte, blonde junge Frau» erblickt, das Gesicht «blass, aber gefasst, ja entschlossen.»

Für die «Bild am Sonntag» durfte die Schriftstellerin Thea Dorn in der ersten Journalistenreihe sitzen, um ein, so muss man annehmen, ernst gemeintes Kachelmann-Märchen zu dichten. Darüber wird der Titel «Zwei Verlorene im Labyrinth der Lebenslügen» stehen. «Die verzweifelte Königstochter», so lautet eine der schönsten Zeilen, «hat den Wetterfroschkönig an die Wand geworfen. Doch der verwandelte sich nicht in einen Königssohn mit schönen und freundlichen Augen. Sondern in den bösen Wolf.»

Sonja A. antwortet nicht auf die Journalistenfrage, weshalb sie heute schon erschienen ist. Sie sagt nur, dass sie nichts sagen möchte. «Ich nehme an», versucht Oberstaatsanwalt Oskar Gattner später ihre Motivation zu deuten, «sie ist gekommen, weil sie in der Öffentlichkeit stark angegriffen worden ist.» Es gehe der Frau wohl darum, mit der Präsenz zu zeigen, dass sie zu ihrer Beschuldigung stehe.

Im BMW X5 ihres Anwalts verlässt Sonja A. nun das Gericht. 15 Kilometer sind es bis zu ihr nach Schwetzingen. Keine vier Kilometer weiter wohnt Richter Seidling. Er und die Eltern von Sonja A. müssten sich über ihre kooperierenden Sportvereine kennen, steht im Befangenheitsantrag. Seidling lebt in der Nachbargemeinde der Familie A. und sitzt dort im Gemeinderat. Grund zur Sorge bereitet dem Angeklagten laut dem Schriftsatz von Verteidiger Birkenstock auch, dass Seidling in der «Schwetzinger Zeitung» bereits vom «Opfer» statt vom «mutmaßlichen» oder «angeblichen Opfer» gesprochen habe. Der Richter war im Lokalblatt zitiert worden, er kenne weder die Familie noch «das Opfer».

In ihrem Befangenheitsantrag listet die Verteidigung weitere angebliche oder tatsächliche Verfehlungen und Verbandelungen des Vorsitzenden Richters auf. An Michael Seidling und an Daniela

Bültmann moniert der Angeklagte unter anderem, dass sie bei ihm von «hoher Verurteilungswahrscheinlichkeit» ausgingen. Dies habe die 5. Große Strafkammer in ihrem Eröffnungsbeschluss festgehalten.

Draußen sind Oliver Pocher und sein Gefolge abgezogen. Aber Indira Weis, der als Sängerin der Retortenband «Bro'sis» einst kurzer Erfolg beschieden war, erklärt in die Kameras, dass sie sich «die große Kachelmann-Show» nicht habe entgehen lassen wollen. Als Interviewpartnerin ist Indira gefragt, gilt sie doch als Wettermann-Expertin, seit sie es dank ihrer «50 heißen Flirt-SMS» mit Kachelmann auf die «Bild»-Titelseite geschafft hat. Bevor der Prozess richtig losgeht, hat die Stunde der Trittbrettfahrer geschlagen.

Jörg Kachelmann nimmt in der Tiefgarage auf dem Rücksitz eines silbernen BMW Platz. Sein Jackett hat der Angeklagte ausgezogen. Was er noch nicht ahnen kann: Die Spießrutenfahrt, die jetzt gleich beginnt, wird zu einem Ritual, das er noch über achtzig Mal über sich ergehen lassen muss. Jedes Mal wenn er hinein- und herausgefahren wird, werden Kameraleute und Fotografen auf ihn, der sie nicht will, warten. Jörg Kachelmann verschränkt die Arme. Er blickt geradeaus, als würde er nicht bemerken, was um ihn herum geschieht. In Mannheim ist es jetzt halb zehn, und das Thermometer zeigt bereits 21 Grad an, warm für diese Jahreszeit, zu warm für Jörg Kachelmann. Sein Lieblingswetter ist Schneesturm.

Die Beziehungszeuginnen

«Guten Morgen», grüßt ein kleiner glatzköpfiger Mann in schwarzer Robe in den Saal. Er ist federnden Schrittes vor die drei züngelnden Löwen auf dem Wappen Baden-Württembergs getreten und sagt nun: «Wir setzen die Hauptverhandlung gegen Jörg Kachelmann fort.» Es ist derselbe Richter, der die ersten fünf Prozessminuten geleitet hat. Michael Seidling gilt demnach nicht als befangen – zumindest nicht in den Augen der Mannheimer Richterkollegen, die den Befangenheitsantrag der Verteidigung abgelehnt haben. Auch Daniela Bültmann, ebenfalls unbefangen, nimmt erneut zwischen dem Vorsitzenden Richter und einem der beiden Schöffen Platz.

Eine Woche ist seit dem kurzen Prozessauftakt vergangen. Heute sind die Zuschauer- und Pressereihen erneut bis auf den letzten Platz besetzt. Nur der fusselbärtige Kachelmann in der Lederjacke ist nicht mehr aufgetaucht. Oliver Pocher hat mit der Ausstrahlung seiner Wettermann-Parodie inzwischen eine durchschnittliche Quote eingefahren. Lange bevor das Urteil gegen den echten Jörg Kachelmann, den rasierten Anzugträger, gesprochen ist, setzt Sat 1 die «Oliver Pocher Show» ab.

Nach einem halben Jahr intensivster Untersuchungen, nach viel Vorgeplänkel und einem medialen Vorprozess ohne Beispiel, wird der Saal 1 des Mannheimer Landgerichts zum einzigen Ort der Wahrheitsfindung. So sieht es das Gesetz vor. Theoretisch. Im Fall Kachelmann ist alles ein wenig anders.

Das Drama zweier Menschen beschäftigt die Öffentlichkeit zu sehr, als dass die 5. Große Strafkammer in dessen vorläufig letztem Akt allein Regie führen könnte. Die allzumenschliche Geschichte von Liebe, Sex, männlicher Macht, weiblicher Unterwerfung, vom vermeintlich netten Schwiegersohn in spe, von den Mehrfachbeziehungen, vom Verlassenwerden, von Kränkungen, von Rache und Sühne zieht zu viele in den Bann. Der Angeklagte wird in dem ganzen Trauerspiel einen passiven Hauptdarsteller geben. Doch jetzt, am 13. September 2010 um 9.34 Uhr, ist er gezwungen, etwas zu sagen. Wer vor einem deutschen Gericht Angaben zur Person verweigert, dem droht solange Haft, bis er redet.

Seine vielleicht dreißig Worte werden für lange Zeit die einzigen sein, die Jörg Kachelmann öffentlich sagt. Kaum vernehmbar für Medienvertreter und Zuschauer äußert sich der Mann im grauen Anzug, weißen Hemd und grauer Krawatte. So geschniegelt und bekümmert, wie er wirkt, und so leise, wie er spricht, erinnert Kachelmann der Angeklagte erneut nicht an Kachelmann den Wettermoderator. Doch mit seiner ersten Antwort kehrt der Showmaster in ihm zurück.

Richter Seidling hat gesagt: «Ihr erster Vorname ist Jörg.» Und dann gefragt: «Haben Sie weitere Vornamen?»

Kachelmann antwortet: «Dem Jörg folgt ein Andreas.»

Jörg Andreas Kachelmann verrät in weiteren Antworten noch sein Alter und dass er in Weissbad in der Schweiz wohnt. Doch schon bei der Frage nach dem Zivilstand macht er große Augen und zuckt mit den Schultern. Der Richter hilft ihm auf die Sprünge: «Geschieden?»

«Ja.»

«Was für einen Beruf haben Sie gelernt?», will Seidling wissen.

«Ich habe mich», holt der Selfmade-Wetterexperte und Studienabbrecher aus, «immer als Meteorologe bezeichnet.»

Der Richter fragt: «Sind Sie Geschäftsführer einer eigenen Firma?»

«Nein.»

«Sind sie Gesellschafter oder Inhaber?»

«In der Schweiz wäre die schönste Umschreibung Verwaltungsratspräsident.»

Der Richter will wissen, was diese schöne Umschreibung in Deutschland bedeutet.

«Fällt mir nicht ein», behauptet der in Schaffhausen Eingebürgerte – als ob er gerade nicht wüsste, dass er im Land seiner Eltern Vorstandsvorsitzender eines Wetterdienstleisters wäre. Über seine Anteile am Unternehmen schweigt er sich aus. Als Seidling nach den Einkommensverhältnissen fragt, sagt er nichts.

Verteidiger Birkenstock assistiert: «Geregelt.»

Jörg Kachelmann hat damit, etwas störrisch zwar, angegeben, was er angeben muss. Ab sofort macht er vom Recht eines jeden Angeklagten Gebrauch, zu den Vorwürfen zu schweigen. Reinhard Birkenstock begründet dies damit, sein Mandant habe bereits kurz nach seiner Verhaftung umfassend zu den Vorwürfen Auskunft gegeben. Es gäbe, zumindest vorläufig, «nichts Weiteres zu sagen». An Stelle des Angeklagten werden neben Birkenstock der zweite Wahlverteidiger, Klaus Schroth aus Karlsruhe, und seine Pflichtverteidigerin Andrea Combé sprechen.

Jörg Kachelmann starrt geradeaus, als Staatsanwalt Lars-Torben Oltrogge 21 Zeilen aus der Anklageschrift verliest. Sonja A. fixiert die ganze Zeit die Tischplatte vor ihr, auf der nichts liegt. Ganz leicht zittert sie. Oltrogge liest hastig: Jörg Kachelmann habe früh am 9. Februar 2010 «die Geschädigte Sonja A. nach vorangegangenem Beziehungsstreit» in ihrer Küche an den Haaren gepackt. Er habe sie mit einem Messer bedroht, ins Schlafzimmer geschoben und dort «ungeschützten Vaginalverkehr mit der Geschädigten gegen deren erkannten Willen bis zum Samenerguss durchgeführt». Dabei habe er die Verletzungen von Sonja A. «billigend in Kauf genommen». Dies sei «strafbar als Verbrechen der besonders schweren Vergewaltigung».

Kaum ist der Anklagesatz verlesen, passiert etwas, was selten passieren wird in der langen, langen Hauptverhandlung: Thomas Franz bittet um das Wort. Der massige Anwalt an der Seite von Sonja A. erklärt, seine Mandantin werde nun den Saal verlassen. Normalerweise dürfen Zeugen bis zu ihrer Vernehmung überhaupt nicht an einer Verhandlung teilnehmen, damit ihre Aussage unbeeinflusst bleibt. Als Nebenklägerin hätte das mutmaßliche Opfer jedoch ein Recht auf Anwesenheit. Sonja A. steht auf und verlässt mit erhobenem Kinn den Gerichtssaal.

Zurückkehren wird sie erst am neunten Prozesstag. Für den 13. Oktober, in über einem Monat erst, haben die Richter ihre Aussage angesetzt. Genau das stößt Kachelmanns Verteidigerteam sauer auf. «Wir sind in einer Situation, in der alles danach schreit, dass jetzt Frau A. gehört wird», sagt Kachelmanns Anwalt Birkenstock, kaum hat die Hauptbelastungszeugin den Saal verlassen. Er kenne, so der altgediente Strafverteidiger, «keine Verhandlung, in der nicht nach der angeklagten Person zuallererst derjenige gehört wird, der behauptet, verletzt worden zu sein.»

Birkenstock beantragt, Sonja A. wenigstens vor der Schar der anderen «Beziehungszeuginnen» aussagen zu lassen, die nach Planung des Gerichts zuerst an der Reihe sind. Am allerliebsten wäre ihm, die Kammer würde all die Parallel- und Nacheinanderpartnerinnen seines Mandanten umgehend wieder ausladen. Kein Wort könnten sie zur angeblichen Tat sagen, findet der Verteidiger. Sie dienten einzig dazu, «den Angeklagten in ein schlechtes Licht zu rücken».

Staatsanwalt Oltrogge erwidert, die Aussagen der Frauen seien wichtig, damit sich das Gericht ein Bild von der Persönlichkeit des schweigenden Angeklagten machen könne. Der außergewöhnlich spät angesetzte Auftritt des mutmaßlichen Opfers sei dem gedrängten Terminplan des Gutachters Hans-Ludwig Kröber geschuldet. Dieser, der bei der Aussage von Sonja A. zwingend da sein müsse, ist bis Mitte Oktober verhindert.

So kommt es, dass an den ersten Verhandlungstagen die zwei jüngsten Zeuginnen ihren Auftritt haben. Sie könnten unterschiedlicher kaum sein. Zuerst tritt, in rotweiß gestreifter Bluse, die Frau in den Zeugenstand, die ein halbes Jahr später Frau Kachelmann sein wird. Es ist Marta G., jene Studentin der Psychologie mit den dunklen Locken, die den Rückkehrer aus Vancouver auf dem Frankfurter Flughafen abgepasst hat und die bei der Verhaftung im Parkhaus in Tränen ausgebrochen ist. Jetzt wirkt sie für ihre 24 Jahre und in der schwierigen Situation sehr selbstsicher. Mit fester Stimme sagt die Frau, sie sei ledig, nicht verlobt mit dem Angeklagten. Unter anderem erklärt sie, dass die Sachen, die mit Jörg Kachelmann im Bett passierten, immer einvernehmlich gewesen seien.

Er habe sie nie zu etwas gedrängt, er sei, im Gegenteil, stets rücksichtsvoll.

Als Nächste erscheint eine große, blonde Frau mit dunkel geschminkten Augen, die, im ersten Moment, unruhig umherblicken. Anders als bei der ersten «Beziehungszeugin» huscht Jörg Kachelmann kein Lächeln übers Gesicht, als sie hereinkommt. Es ist jene 23-jährige Saarländerin Eliane V., die sagt, sie habe als 18-Jährige mit dem Angeklagten eine Liaison gehabt. Ihre Version ihres letzten Treffens mit Jörg Kachelmann im Mai 2006 ging, so wie sie es der Polizei schilderte, in die Anklageschrift ein. Die Staatsanwaltschaft hat ihre Angaben als Hinweis interpretiert, dass der Angeschuldigte eben nicht – wie er behaupte – «überhaupt nicht fähig» wäre zu einer Tat wie in Schwetzingen. Es zeige sich, dass er sich bei Streit nicht immer zurückziehe.

In der Anklageschrift steht, Eliane V. habe beim Austausch von Zärtlichkeiten Jörg Kachelmann gesagt, sie wolle lieber reden. Sie habe geweint, doch der Beschuldigte habe den Geschlechtsakt fortgesetzt. So hat die Zeugin den angeblichen Vorfall aus dem Mannheimer Nobelhotel Steigenberger auch gemäß dem Protokoll dargestellt, das sie am Schluss ihrer Aussage bei der Schwetzinger Polizei am 29. März 2010 unterzeichnete. In der «Bild am Sonntag» jedoch hieß es bald darauf, «nach einem Streit» habe Kachelmann «auf Sex bestanden», doch die junge Frau hätte «Nein» gesagt. Und in der «Bunten» wurde eine Woche vor Prozessbeginn aus dem «Nein» der damaligen Schülerin ein mehrfaches «Nein, hör bitte auf». Der Münchner Illustrierten hat die Auszubildende genau einen Monat vor ihrer Aussage in Mannheim für mehrere Tausend Euro ein Interview über ihre Beziehung zum Angeklagten gegeben und sich ablichten lassen. Im Heftinnern sieht Eliane V. aus wie ein Engelchen, mit Sonnenbrille im Haar. Vor Gericht hält die Zeugin an ihrem «Nein» aus den Medien fest – obwohl im Protokoll, das sie bei der Schwetzinger Kripo unterzeichnet hat, etwas anderes steht. Ob sie sicher sei, hat die Polizei nachgefragt, dass sie Jörg Kachelmann gesagt habe, sie wolle nicht mit ihm schlafen. «Nicht explizit», soll Eliane V. darauf geantwortet haben, aber sie habe geweint.

Strafrechtlich ist das ein entscheidender Unterschied. Hätte sie tatsächlich im entscheidenden Moment «Nein» und «Hör bitte auf» gesagt, läge zumindest eine sexuelle Nötigung vor. Wohl auch deshalb wird sich die Polizistin, welche die Befragung durchführte, später im Zeugenstand genau erinnern, wie sie an diesem Punkt mehrmals nachgefragt hat. Von einem «Nein» habe die Zeugin auch dann nichts erzählt, sagt sie.

Die Verteidigung wird fordern, die Staatsanwaltschaft solle gegen Eliane V. ein Verfahren wegen Falschaussage eröffnen. Staatsanwalt Oltrogge wird darauf den Angeklagten schriftlich auffordern, sich zum Vorfall zu äußern. Doch Jörg Kachelmann, die andere Person, die weiß, was damals im Mannheimer Hotelzimmer vorgefallen ist, wird vermutlich auch hierzu schweigen.

Am siebten Verhandlungstag muss eine Lehrerin aussagen, mit der er Mitte der 90er-Jahre eine Affäre gehabt hatte. Am selben Tag tritt eine Moderatorin in den Zeugenstand, zu der Jörg Kachelmann ein Jahrzehnt später eine Beziehung unterhielt. Beide können – darin sind sich Anklage und Verteidigung ausnahmsweise einig – wenig bis gar nichts zur Wahrheitsfindung im Vergewaltigungsfall beitragen.

Manchmal hat es in den ersten Prozesstagen den Anschein, als sollte die Zeit überbrückt werden, bis endlich Sonja A. an der Reihe ist. Eine Aufzeichnung ihres Notrufs ist längst abgespielt worden, ihre Eltern haben ihren schweren Gang in den Gerichtssaal hinter sich gebracht. Der Leiter der Spurensicherung hat berichtet, wie er und die Kollegen ihre Dachwohnung untersucht hätten. Andere Zeugen kamen und gingen, darunter drei Schwetzinger Polizisten. Eine Angestellte des Holiday Inn Express Frankfurt-Airport hat vom «sympathischen Smalltalk» mit dem Angeklagten vor dem Morgengrauen des 9. Februars 2010 berichtet.

Die Kammer scheint nicht unglücklich, als sie am vierten Verhandlungstag bereits zu Mittag Schluss machen kann oder muss. Der baden-württembergische Justizminister will sich auf einem Podium im Gerichtssaal 1 zum Thema Patientenverfügung äußern. Der «Prozess des Jahres» hat keine Priorität. Ein anderes Mal schicken

Kachelmanns Richter einen Zeugen schon an einem Freitagmittag nach Hause und vertagen die Verhandlung auf die kommende Woche. Die Justizbeamten, die jeden durchsuchen müssen, der in den Gerichtssaal will, machen freitags schon um 14.30 Uhr Feierabend. So muss der Prozess, ursprünglich angesetzt auf 15 Verhandlungstage in den Monaten September und Oktober, bis Weihnachten verlängert werden.

Die Verzögerungen und Verlängerung muss die acht, neun so unterschiedlichen Damen und Herren ärgern, die stets aufmerksam vorne im Gerichtssaal sitzen und vieles mitschreiben, was gesagt wird. Eine stolze Professorenschar reist für jeden Prozesstag an, obwohl die meisten an Universitäten zwischen Boden- und Nordsee lehren und forschen müssten. Manch einer von ihnen fragt sich, ob sich die Anfahrt am Vortag oder der Flug frühmorgens gelohnt hat, wenn nach einem Morgen voller juristischem Geplänkel am Mittag schon wieder Schluss ist.

Die Gelehrten sollen psychologische, psychiatrische und rechtsmedizinische Aspekte des Falls beurteilen. Wer zur Crème de la Crème der deutschen Forensik gehört, will in Mannheim als Sachverständiger dabei sein. Während in schweizerischen und bei etlichen anderen deutschen Gerichtsverhandlungen Experten für wenige Stunden oder Minuten vorbeischauen, wenn ihr Fachwissen gefragt ist, herrscht im Mannheimer Mammutverfahren für die Gutachter – außer für Hans-Ludwig Kröber – mehr oder weniger Anwesenheitspflicht.

Am neunten Tag soll endlich die Nebenklägerin aussagen, doch tags zuvor fährt die Justiz nacheinander zwei weitere «Beziehungszeuginnen» hinter abgedunkelten Scheiben durch einen Hintereingang ins bunkerartige Landgericht. Lena G. aus Hamburg und Heidi T. aus Zürich verbindet Vieles: Beide verbrachten – ohne voneinander zu wissen – die letzten Weihnachtstage in Kanada. Beide mit Jörg Kachelmann. Die eine mehr, die andere weniger: Während der Angeklagte mit der einen Weihnachten feierte, ließ er die andere mit einer Ausrede sitzen, was beide kränkte, als sie davon erfuhren.

Mit ihrer Enttäuschung über ihren Partner und ihrem Trennungsschmerz gingen sie anders um. Während die eine, Lena G., ihre Trauerarbeit öffentlich vom «Bunte»-Titelblatt leistete, mied die Schweizer Öffentlichkeitsarbeiterin die Öffentlichkeit. Heidi T. meldete sich diskret bei den Ermittlern. In einem Polizeivermerk zu ihrer Aussage heißt es, die Zeugin habe entspannt und ohne zu Zögern Auskunft gegeben. Für Kachelmann empfände sie Ekel und Verachtung. In der Hauptverhandlung kommt sie lockeren Schrittes in den Gerichtssaal. Als würde sie alte Bekannte begrüßen, ruft sie: «Hallo». Dann relativiert die über 40-Jährige im schwarzen engen Einteiler einen Teil ihrer drastischen Einschätzungen Jörg Kachelmanns gegenüber der Polizei, die damals in ihrer großen Enttäuschung entstanden seien. Doch davon bekommt die Öffentlichkeit nichts mit. Bei jeder «Beziehungszeugin» schließt die Kammer die Öffentlichkeit aus. Die Richter wollen die Privat- und Intimsphäre der Frauen und des Angeklagten schützen. Selbst Zeuginnen, die sich in der «Bunten» haben ablichten lassen und die dort ihre Beziehungsgeschichte mit dem Angeklagten preisgaben, schirmt das Gericht ab.

Es gibt aber auch «Beziehungszeuginnnen», die sich erfolgreich dagegen wehren, in den Medien genannt oder gezeigt zu werden. Das gilt für eine ehemalige «Miss DDR» und es gilt für jene Frau, mit der Jörg Kachelmann im Appenzellerland ein Haus geteilt hat. Sie wird in ihrer Aussage, kurz bevor er eine andere heiratet, noch immer zu ihm stehen.

Am Schluss, nach über einem halben Prozessjahr, werden zehn aktuelle und vor allem ehemalige Geliebte ihren meist unfreiwilligen Auftritt vor Gericht gehabt haben. Die Kammer gehe mit «voyeuristisch anmutender Genauigkeit» vor, wird sich der neue Verteidiger Johann Schwenn echauffieren. «Unappetitlich und abstoßend» findet er es. Überhaupt seien die Befragungen all dieser «Selbstanbieterinnen», wie er findet, «irrelevant» – mit Ausnahme jener der Nebenklägerin.

Am 13. Oktober 2010 findet das Warten auf Sonja A. ein Ende. Um 10.39 Uhr tritt sie in den Gerichtssaal. Sie trägt einen schwarzen

Jeansrock, schwarze Stiefel, eine schwarze Strickjacke und pinkfarbenen Lippenstift. Bevor sie auf dem Stuhl vor dem Richtertisch Platz nimmt, versucht sie zu lächeln.

In ihrem Rücken sitzen acht Gutachter. Auf einer Leinwand können alle im Saal beobachten, wie Sonja A. mit ihren dunkel geschminkten Augen entschlossen geradeaus blickt. Jede kleinste Regung können sie verfolgen, analysieren, interpretieren. Eine Kamera überträgt alles, gnadenlos und gelbstichig. Sie ist frontal auf das Gesicht gerichtet, das noch knochiger wirkt als zum Prozessauftakt.

Auch Jörg Kachelmann betrachtet die doppelte Sonja A., die echte und die auf der Leinwand. Der Angeklagte schaut mit ernsten, irgendwie schweren Augen. Es scheint, als wolle er seine ehemalige Geliebte nicht anstarren, aber auch nicht ignorieren. Ähnlich aktiv-passiv hatte der Angeklagte zuvor andere Zeuginnen betrachtet, die noch seine Partnerinnen waren, als er sie zuvor das letzte Mal gesehen hatte.

Sonja A. hat sich erneut ein eng anliegendes Halstuch umgelegt, diesmal ein schwarzes. Sie gibt die Personalien an, welche die meisten bereits kennen: ihren Namen, dass sie 37 Jahre alt ist, ledig, Radiomoderatorin, aus Schwetzingen. Sie zieht die Augenbrauen hoch, als der Vorsitzende Richter auch ihr die Standardfrage stellt, ob sie mit dem Angeklagten verwandt, verschwägert oder verlobt sei. Entschieden, fast spöttisch antwortet sie: «Nein».

Sonja A. sagt vier Tage lang aus, zwanzig Stunden insgesamt. Währenddessen leuchtet neben der bewachten Haupttür zum Gerichtssaal milchig die Anzeige: «Öffentlichkeit ausgeschlossen».

Im «Kachelmann-Café» bilden sich Kaffeekränzchen. Auffallend viele rüstige Rentnerinnen spekulieren dort, im Gerichtsfoyer und auch in Internetblogs darüber, was sich in Saal 1 abspielt. Aus der Schweiz angereiste Kachelmann-Anhängerinnen haben sich mit deutschen Gleichgesinnten gefunden. «Jetzt werden ihre Lügen wie ein Kartenhaus zusammenbrechen», prognostiziert eine eifrige Eidgenossin beim Latte Macchiato. «Niemals», entgegnet eine Einheimische, «sie wird immer weiter lügen.»

Am 27. Oktober, dem 13. Prozesstag, um 13.30 Uhr beendet Sonja A. ihren Aussagemarathon. Verteidiger Birkenstock spricht danach in die Mikrophone: «Sie hat uns dem Ziel der Rehabilitierung Kachelmanns sehr viel näher gebracht.» Staatsanwalt Oltrogge erwidert: «Ich halte das für Wunschdenken.»

Wer Recht hat, können Außenstehende nicht abschätzen, denn durch den umfassenden Zeuginnenschutz ist das Verfahren längst zu einem Geheimprozess verkommen. Zwei Drittel der Aussagen finden ohne Publikum und Presse statt. Medien können so die Justiz nicht kontrollieren oder fundiert kritisieren, was in einem Rechtsstaat grundlegend wäre. Journalisten bekommen von der Verteidigung und der Anklage, die nichts nach draußen tragen dürfen, nur Interpretationen, dargestellt als Wahrheiten, zu hören.

Im Fall Kachelmann läuft alles verkehrt: Während der Strafuntersuchung, eigentlich geheim, ist fast alles publik geworden, während des Prozesses, eigentlich öffentlich, bleibt das meiste geheim.

Nur einmal in der ersten Prozesshälfte erhalten Medien und Zuschauer indirekt Informationen über die Wahrnehmungen einer der «Beziehungszeuginnen».

Am Mittwoch, den 10. November 2010, sagt eine Frau mit Wuschelkopf und brauner Fellweste aus, bei der es keine Privat- und Intimsphäre zu schützen gilt. Denn sie begegnet Jörg Kachelmann im Gerichtssaal zum ersten Mal in ihrem Leben. Die Studentin bezeichnet sich als «beste Freundin» von Jana B., der Försterin aus Norddeutschland, die zwei Tage zuvor im Landgericht Aufsehen erregt hat. Jana B. habe, so wird Kachelmanns Anwalt Birkenstock berichten, «frech lächelnd» verneint, dass sie in Kontakt mit der «Bunten» stehe. Als er gedroht habe, «den Exklusivvertrag beschlagnahmen zu lassen», habe der Anwalt der Zeugin die vertrauliche Abmachung herausgerückt. Der Vertrag garantierte Jana B. 8500 Euro und der «Bunte Entertainment GmbH» einen weiteren «exklusiven» Bericht einer Kachelmann-Ex, den dritten bereits. «Ich war die Megazicke unter den Lausemädchen», heißt es zwei Ausgaben später in der Illustrierten. «Ich möchte meinen Seelenfrieden wiederhaben!», steht als Titel neben einem Bild der «selbstbewussten» Jana B. Ladylike blickt die Försterin die Leserinnen an. In Seide gehüllt schaut sie nicht mehr aus wie damals bei den wilden Auftritten, die ihr die deutsche Meisterschaft im Luftgitarrespielen einbrachten. Sie ähnelt auch nicht mehr der Umweltaktivistin, die sich an Bäume neben einer Allee bei Berlin kettete und hundertjährigen Spitzahorn vor der Kettensäge bewahrte.

Ihre beste Freundin kennt Jörg Kachelmann nur aus dem Fernsehen und aus den vielen Erzählungen Janas. Die Studentin lächelt ihn an, als sie zwei Tage nach Jana B. in den Zeugenstand tritt. Kachelmann schaut ausdruckslos zurück. Jana B. habe Kachelmann Ende 2006 kennengelernt, weiß die Zeugin, und bis Anfang 2010 eine Beziehung zu ihm gepflegt. Die Studentin berichtet von einem Anruf Kachelmanns vom 9. Februar 2010, dem Tag nach der angeblichen Vergewaltigung, von der ihr Jana unmittelbar danach, «gegen Mittag» erzählt habe. Jörg Kachelmann, so habe sie vernommen, sei «ganz komisch gewesen» und «total bedrückt und fahrig», und Jana sei deswegen «verwirrt» gewesen. Nach dem «sehr kurzen Telefonat» habe Jana gedacht, «dass da irgendwas Dolles passiert sein muss»: «was mit den Kindern sei, irgendwas, das total an die Substanz geht». Sechs Wochen später, nach der Verhaftung, sei Jana zuerst «sehr erschrocken». Dann aber sei sie «erleichtert» gewesen, erzählt ihre Freundin, «weil sie verstand, was da wirklich los war». Jana habe immer gedacht, «dass da irgendwann die Bombe hochgeht». Sie habe immer gemeint, «Kachelmann laufe herum wie ein gejagter Hund». Die beiden Freundinnen seien sich einig gewesen: «Wenn jemand so lebt, muss es irgendwann umkippen.»

Allerdings hatte auch Jana B. zu jenen Frauen gehört, die unabhängig voneinander, unmittelbar nach der Festnahme den Anwälten Kachelmanns mitteilten, Jörg sei niemals gewalttätig, sondern immer freundlich, höflich und nett. «I stand by you», hatte sie ihm ins Gefängnis übermitteln lassen, «and my family too.» Bereits nach wenigen Wochen stand sie aber nicht mehr zu Jörg Kachelmann, und ihre Familie wohl ebenso wenig. Zu seinem 52. Geburtstag, Mitte Juli, schickte sie ihm Kondome und Intimseife ins Gefängnis. Ihre beste Freundin sieht darin «vielleicht einen zynischen Wink mit dem Zaunpfahl» und ergänzt, sie «hätte etwas anderes geschenkt». Jörg Kachelmann stützt sein Kinn mit beiden Händen. Reinhard Birkenstock, der das letzte Mal im Gerichtssaal neben ihm sitzt, erklärt: «Ich empfinde es als Geschmacklosigkeit, einem früheren Freund aus Hass Kondome und Lotion in die U-Haft zu schicken.»

Jana B. selbst rechtfertigte sich in der «Bunten»: «Mein Geschenk sollte Jörg daran erinnern, wie ekelhaft und unverantwortlich er sich uns Frauen gegenüber verhalten hat.» Das «auffällige Aussageverhalten» von Jana B., so sagt Reinhard Birkenstock, erinnere ihn an Sonja A. Er wolle «kein Plädoyer vorwegnehmen, aber so etwas passiert selten». Dann nutzt er die Gelegenheit, um aus der nichtöffentlichen Befragung der Hauptbelastungszeugin gegen seinen Mandanten zu berichten. Als ein Richter Sonja A. gefragt habe, ob sie nicht mal in den Taschen von Jörg Kachelmann gekramt habe, um Hinweise auf sein Fremdgehen zu finden, «schleuderte sie ihm ‹Unverschämtheit› entgegen».

Fünf Monate später wird Sonja A. nochmals als Zeugin vor der 5. Großen Strafkammer erscheinen müssen. Am 34. Prozesstag wird sie mit Erkenntnissen aus der Verhandlung seit ihrer zwanzigstündigen Aussage konfrontiert. Nochmals zwei Stunden lang. Mehrfach erhält Sonja A. von der Kammer die Gelegenheit, ihre Aussage zu korrigieren. Das tut sie nicht. Als sie entlassen ist, werden Publikum und Presse wieder in den Gerichtssaal gebeten. Es kommt zu einem Novum. Der Vorsitzende Richter Michael Seidling fasst das Geschehen zusammen – in einem Satz: «Sie ist bei ihrer Aussage geblieben.»

Leise rieselt der Schnee

Jörg Kachelmann steigt ins Flugzeug nach Kanada. Endlich, nach 15 Verhandlungstagen in zwei Monaten, kann er seine beiden Jungen jenseits des Atlantiks wieder besuchen. Zu verdanken hat er die Prozesspause von drei Wochen einem Schöffen. Der Laienrichter wollte nicht auf einen geplanten ausgedehnten Novemberurlaub verzichten.

Über den Wolken lässt Jörg Kachelmann vielleicht die vergangenen Wochen Revue passieren. Vielleicht überdeckt bald eine leise Angst die Vorfreude auf das Wiedersehen mit den Kindern. Vielleicht überkommt diese leise Angst den Weatherman auch erst in der Neuen Welt. Jedenfalls wird er eine Entscheidung fällen, die eine der größten Überraschungen in dem alles andere als überraschungsarmen Verfahren ist.

Längst nicht alles ist zuletzt gut gelaufen für ihn in seiner Rolle als passiver Angeklagter. In den ersten Prozesswochen hat er zwei seiner wichtigsten Gutachter eingebüßt: den Psychiater und den Rechtsmediziner, die sich am meisten für ihn engagiert haben. Tilman Elliger werde darlegen, dass die Aussagen von Sonja A. «hinsichtlich ihrer Vergewaltigung nicht glaubhaft sind». So hatte es Rechtsanwalt Reinhard Birkenstock angekündigt. Nachdem die Staatsanwaltschaft mit einem Befangenheitsantrag drohte, zog er den unnahbar wirkenden Psychiatrieprofessor aber zurück. Der Verteidigung war vielleicht ihr Verhalten im Moment des juristischen Triumphs zum Verhängnis geworden. Seit Elliger beim feierlichen Essen nach der Freilassung Kachelmanns vorbeigeschaut hatte, machte er als «Party-Gutachter» Pressekarriere oder – weil er beim feinen Italiener nur kurz einen Kaffee getrunken haben wollte –

als «Espresso-Gutachter». Als Sachverständiger jedoch kam er nicht mehr infrage.

Am siebten Prozesstag kam es zu einem noch schwereren Schlag. Das Gericht lehnte Bernd Brinkmann, einen der renommiertesten Rechtsmediziner weltweit, als befangen ab. Die Kammer ließ verlauten, sie zweifle an dessen Unabhängigkeit im Fall Kachelmann. Bleich verließ der weißhaarige Brinkmann den Saal. Vor dem «Kachelmann-Café» bat er, der bis dahin nichtrauchend aufgefallen war, das Ehepaar Birkenstock um mehr als eine Roth-Händle.

Reinhard Birkenstock setzte daraufhin alle juristischen Hebel in Bewegung, um den «Beckenbauer der Rechtsmedizin», wie er Brinkmann nannte, doch noch in der Defensive einsetzen zu können. Es nützte nichts.

Zum Verhängnis geworden war dem Duo Birkenstock – Brinkmann eine ihrer kürzeren Eingaben ans Gericht, vier Seiten nur. Als Staatsanwalt Oltrogge im Sommer diese Stellungnahme das erste Mal gelesen hatte, soll er zu einem Kollegen gesagt haben, dass der Gutachter sich damit aus dem Verfahren verabschiedet habe.

Dabei hatte damals im Juni 2010 – aus Sicht der Verteidigung, Brinkmanns und auch Elligers – alles so logisch ausgesehen, zu logisch vielleicht.

Eine Auswertung der gespiegelten Festplatte von Sonja A. hatte nicht nur offenbart, dass die Anzeigeerstatterin exakt ein Jahr vor der angeblichen Tat, am 8. Februar 2009, bereits nach Lena G., ihrer Nebenbuhlerin, gegoogelt hatte. In ihrem Laptop-Speicher fanden sich auch zwei gelöschte Digitalaufnahmen. Ein Unternehmen für forensische Informatik, beauftragt von der Verteidigung, stellte fest: Zwischen der Suche nach Lena G. und dem Entstehen der Bilder waren nur zwei Wochen verstrichen. Das eine Foto sei am 23. Februar 2009 um 9.41 Uhr erstellt worden, das andere 33 Minuten später.

Für die Verteidigung schien die Sache sonnenklar: Irgendwann und irgendwie – vermutlich Anfang 2009, vielleicht weil sie in Jörg Kachelmanns Tasche wühlte – war Sonja A. auf den Namen Lena G. gestoßen. Dann suchte sie im Internet nach ihr. Zwei Wochen später experimentierte sie mit Selbstverletzungen, um ihrem untreuen Partner eine Vergewaltigung anzuhängen. Ein Jahr später führte sie den hinterhältigen Plan aus.

Birkenstock legte Brinkmann die gefundenen Aufnahmen samt Zeitangaben vor. Der Rechtsmediziner analysierte sie: Zu sehen sei auf den Fotos zweimal derselbe linke weibliche Oberschenkel mit einer bläulich-grünlichen Verfärbung. Der Kamerawinkel lasse Selbstaufnahmen vermuten. «Zweifellos», so schreibt Brinkmann, handle es sich dabei um Aufnahmen eines Hämatoms «in einer Wachstumsphase». Abbildung 1 sei zuerst gefertigt worden, Abbildung 2 eine gute halbe Stunde später.

Sollte es sich, so Brinkmann, um das linke Bein von Sonja A. handeln, sei etwas interessant: Dass dieselbe Region verfärbt sei wie nach der angeblichen Tat. Es läge deshalb nahe, dass es sich um «eine Art experimentelle Verletzung» handle. Der gesamte Vorgang müsse «mit hoher Wahrscheinlichkeit» an eine «Selbststudie» denken lassen. Die Person habe wissen wollen, wodurch Hämatome entstehen und wie sie sich mit der Zeit verändern. Die Fotos seien, so schließt Brinkmann, «eigentlich ein Beweis dafür, dass die so genannte Tatverletzung gleichermaßen eine experimentelle Verletzung darstellt».

Sonja A. bestritt all dies, als Staatsanwalt Lars-Torben Oltrogge sie daraufhin mit den Bildern und den Folgerungen der Verteidigung konfrontierte. Ein einziges Mal in ihrem Leben nur, beteuerte sie, habe sie sich selbst verletzt: Nachdem Professor Brinkmann behauptet habe, sie habe sich ihre Halsverletzung mit dem Fingernagel selbst zugefügt. Als sie davon hörte, habe sie sich mit dem Fingernagel so fest am Arm gekratzt, wie sie nur konnte. Das Ergebnis sei ein roter Striemen gewesen. Nach eineinhalb Stunden sei er wieder verschwunden gewesen.

Staatsanwalt Oltrogge legte Sonja A. die beiden Aufnahmen ihrer Oberschenkel mit den blaugrünen Flecken vor. Er fragte, wie diese Hämatome entstanden seien. Sie habe diese Bilder selbst gemacht, in ihrem Wohnzimmer, antwortete Sonja A. Wann genau, wisse sie nicht mehr, vielleicht nach Sex mit Jörg Kachelmann oder aber nach einem Gerangel mit ihrem Neffen. Manchmal habe sie

Kachelmann solche Digitalaufnahmen gemailt. Schon als Kind hätten sie die Selbstheilungskräfte des Körpers fasziniert. Blaue Flecken habe sie immer wieder aufgenommen, um zu sehen, wie sich Verletzungen entwickelten. Später wird sie sagen, die abgebildeten Hämatome könnten auch eine Woche vor der Aufnahme entstanden sein, beim Geschlechtsverkehr mit Jörg Kachelmann im Auto. Oder durch ihren zweieinhalb Jahre alten Neffen, der sehr wild sei.

Solche Möglichkeiten hatte Brinkmann in seinem Kurzgutachten nicht diskutiert. Staatsanwalt Oltrogge warf ihm deshalb in seinem Befangenheitsantrag vor, er habe «auf ein Szenario hingearbeitet, das den Wünschen seines Auftraggebers» entspreche. Das Gericht schloss sich dieser Auffassung an. Es hielt es für durchaus möglich, dass die Digitalbilder Verletzungen nach Geschlechtsverkehr dokumentierten. Im Gutachten, das die Verteidigung eingereicht habe, so Richter Seidling, liege eine «Überbetonung des eigenen Standpunkts» vor.

Drei Wochen nach dem Ausschluss als Sachverständiger zeigte sich, dass Brinkmann mit seiner These von einer «Verlaufstudie» falsch gelegen hatte. Staatsanwalt Oltrogge hatte einen Informatiker der Polizeidirektion Heidelberg gebeten, zu überprüfen, ob die Aufnahmen der Oberschenkel tatsächlich mit 33 Minuten Zeitunterschied gemacht wurden. Es stellte sich heraus: Die Angaben des Unternehmens für forensische Informatik stimmten nicht. Sonja A. hatte innerhalb von 33 Sekunden zweimal abgedrückt.

Vielleicht erinnert sich Jörg Kachelmann auf seinem ersten Kanada-Flug seit Längerem an solche Begebenheiten aus dem zähen juristischen Ringen in den ersten zwei Prozessmonaten. Manch ein Verhandlungstag war sonderbar verlaufen. Aber der letzte vor der großen Pause war skurriler gewesen als alle vorherigen.

Ganz am Schluss war vor dem Gerichtsgebäude ein Reporter der Nachrichtenagentur dpa festgenommen worden. Der Prozess war schon unterbrochen, als er mit einem Mikrophon ausgerechnet vor dem Fenster eines Zimmers hantierte, in dem sich, hinter Jalousien, die 5. Große Strafkammer beriet. Der Reporter wollte einen Radiobeitrag sprechen. Doch der Beisitzende Richter Joachim Bock, der ihn erspähte, meinte, der Journalist wolle die Beratungen der Kammer belauschen. Er ließ den Nichtsahnenden verhaften. Die Staatsanwaltschaft wurde eingeschaltet. Sie befragte den Reporter, ließ ihn aber, da unverdächtig, laufen. Mit einem Versuch fand sie zudem heraus, dass Abhören bei geschlossenem Fenster unmöglich war, und stellte das Verfahren ein.

Als letzter Zeuge vor der dreiwöchigen Unterbrechung hatte einer der engsten Mitarbeiter Jörg Kachelmanns beim MDR ausgesagt. Der Unterhaltungsredakteur hatte die Talksendung «Kachelmanns Spätausgabe» betreut. Er hatte auch jene kryptische E-Mail als Kopie erhalten, in der Jörg Kachelmann dem MDR-Fernsehdirektor Wolfgang Vietze mitteilte, er könne keine längere oder andere Sendungen mehr als das Wetter moderieren. Das Gericht zeigte sich sehr interessiert, weshalb der Angeklagte kurz nach der angeblichen Tat in seiner Absage geschrieben haben könnte, er wolle nicht Gefahr laufen, «als Deisler reloaded oder als Heulsuse der Nation oder Schlimmeres in die Geschichte einzugehen». Der Unterhaltungsredakteur versuchte die Botschaft einzuordnen – als harmlos: Kachelmanns Nein zu einer Fortsetzung der Spätausgabe sei nicht überraschend gewesen, es hätte sich abgezeichnet, unter anderem «weil die Quoten dahindümpelten».

Der genaue Inhalt und der Wortlaut der sonderbaren E-Mail-Absage kamen zunächst nicht zur Sprache. Die Schöffen, die meisten Journalisten, die Zuschauer kannten die Zeilen nicht, die sich für den Angeklagten auch nachteilig unvorteilhaft auslegen ließen – bis Reinhard Birkenstock das Wort ergriff und den Text seines Mandanten von A bis Z verlas. Prompt nahmen die Medien die verwirrende Botschaft als belastendes Indiz in ihre Berichterstattung auf. Birkenstock hätte die Nachricht nicht vortragen müssen. Aber er tat es, was Jörg Kachelmann mit ausdruckslosem Gesicht verfolgte.

Es sollte das letzte Mal sein, dass die beiden vor Gericht nebeneinander saßen.

Die Richter erkundigten sich beim MDR-Redakteur, ob er je Anhaltspunkte für psychische Probleme des Angeklagten bemerkt habe. Der Journalist verneinte. Aber, so fügte er hinzu, seit einer Sendung sei ihm bewusst gewesen, «dass was gewesen sein muss.» Jörg Kachelmann sei einmal in Tränen ausgebrochen, als er einen Talk moderierte.

Kaum war der MDR-Redakteur als Zeuge entlassen, beschwerte sich Verteidiger Birkenstock, bei der Kammer: «Sie scheuen keine Mühe, um die Persönlichkeit meines Mandanten auszuleuchten.» Er wolle die «DVD mit dem Heulauftritt» dem Gericht übergeben. Kachelmanns tränenreiche Spätausgabe aus dem Herbst 2004 jedoch dürfte er zu diesem Zeitpunkt kaum im Detail gekannt haben.

In besagter Talksendung war die ostdeutsche Sängerin und Moderatorin Inka Bause zu Gast gewesen. Sie kam auf ihren verstorbenen Vater zu sprechen. Moderator Kachelmann, ihr gegenüber sitzend, erzählte seinerseits, sein Vater sei 1984 gestorben. Darauf übermannten ihn die Gefühle. Immer wieder wischte er sich Tränen aus dem Gesicht. Er brachte keine Frage mehr zustande. Gast Bause sprang als Gesprächsleiterin ein. «Sie sind ja richtig süß, Herr Kachelmann», bemerkte sie. «Nee, nee, das ist alles nur Mache», antwortete Kachelmann, «das hab ich trainiert, um menschlich rüberzukommen.» Inka Bause wandte sich ans Publikum: «Das nehmen wir ihm nicht ab, stimmts?» Die Zuschauer lachten.

Nach der Aussage des MDR-Redakteurs begann Reinhard Birkenstock E-Mails zu verlesen. Die geschäftlichen und privaten Nachrichten Jörg Kachelmanns über Probleme mit Wettermessungen und der Katze, die aus dem Maul blutet, sollten in seinen Augen aufzeigen, dass der Verfasser «normal funktionierte» in den Stunden und Tagen nach der angeblichen Vergewaltigung. Birkenstock hinterließ einen fahrigen Eindruck. Kachelmann flüsterte seinem Anwalt immer wieder etwas zu. Noch an diesem 15. Prozesstag hatten sie wie ein Herz und eine Seele gewirkt, wenn sie tuschelten. Doch jetzt hatte es den Anschein, als setze sich Birkenstock zum Teil über Anweisungen Kachelmanns hinweg.

Ganz zum Schluss überreichte der Strafverteidiger dem Gericht

Geschäftspapiere seines Mandanten. Drei Zentimeter dick ist der Stapel mit den Ausdrucken der Korrespondenz aus der Zeit zwischen angeblicher Tat und Inhaftierung. «Wenn Sie das lesen, werden Sie sehen», das sind Birkenstocks letzte Worte in diesem Gerichtssaal, «dass Jörg Kachelmann als normaler Mensch nach Kanada geflogen ist und nicht wie ein Gestörter.»

Jetzt, sieben Monate nach der Nacht von Schwetzingen, ist Jörg Kachelmann wieder unterwegs an die kanadische Westküste: Kaum am Pazifik angekommen, erreichen ihn neue schlechte Nachrichten aus Mannheim. Seine Hauptverhandlung soll mehr als dreimal so lange dauern wie vorgesehen. Auf eine Verlängerung haben ihn seine Anwälte zwar vorbereitet. Doch nun nimmt es die Kammer sehr genau. Statt zwei Monate mit Gerichtsterminen sollen es plötzlich sieben werden – und später noch mehr.

«Angeklagt sein», hatte Birkenstock einmal im Gerichtsfoyer gesagt, «ist nicht schön – auch wenn man von mir verteidigt wird.» Ein derartiger Prozess stellt für jeden Angeklagten eine massive Belastung dar, nicht nur psychisch, sondern auch finanziell. Jörg Kachelmann beschäftigt nicht nur ein Anwaltsquartett, sondern auch eine rekordverdächtig große Gutachterschar. Auch nachdem Rechtsmediziner Brinkmann und Gerichtspsychiater Elliger ausgeschieden sind, sitzen meist vier oder fünf Sachverständige auf der Seite der Verteidigung im Gerichtssaal. Rechtsanwalt Birkenstock hatte in weiser Voraussicht vorgesorgt. Davon kann sein Nachfolger profitieren. Doch all die Juristen, Rechtsmediziner, Psychologen und Hirnforscher sind teuer. Bereits jetzt, nach zwei Monaten, sollen sich die Verfahrenskosten für den Angeklagten auf über eine halbe Million Euro belaufen. Und jetzt soll es noch drei bis vier Mal so lange gehen?

Die Ausgaben steigen, die Einnahmen nicht. Meteomedia fehlt Kachelmanns Arbeitskraft, weil sich der Angeklagte vorübergehend aus dem Geschäft zurückgezogen hat, um sich auf den Prozess zu konzentrieren. Er selbst rechnet nicht damit, auf den Bildschirm zurückzukehren: «Ich werde nach all dem keine Wettersendungen mehr moderieren können. Nachdem Staatsanwaltschaft und Medien mein angebliches Privatleben gewaltsam öffentlich gemacht haben, wär's mit dem Blumenkohlwolken-Onkel wohl schwierig. Das Kapitel Fernsehen ist dadurch für mich beendet worden.» Seinen unfreiwilligen Rückzug verkündet Jörg Kachelmann in der «Bild»-Zeitung – ausgerechnet in dem Blatt, von dem sein Medienanwalt eben noch «wegen medialer Hetzjagd» eine Millionen-Entschädigung verlangt hat. Statt Konfrontations- ist jetzt Schmusekurs angesagt. Kachelmann darf der Massenleserschaft sein «Hochgeschwindigkeitsleben» samt «Durcheinander im Liebesleben» beichten. Er gibt seine Vorsätze preis (darunter: «monogam leben») und Pläne für die Zeit nach dem Prozess («vielleicht erst mal mit meiner Mutter zusammenwohnen»).

Kachelmanns Meteomedia sind zwar die Kunden nicht davongelaufen. Die meisten warten ab, wie der Prozess ausgeht. Aber ein Vertrag mit dem Schweizer Verlagshaus Ringier kam im letzten Moment, vermutlich wegen der Verhaftung, nicht zustande. Die Querelen unter den Aktionären im Wetterunternehmen ziehen unschöne Abgänge in der Führungsetage nach sich. Wirtschaftsauskunftsdienste stufen Meteomedia tiefer ein.

Um zu Geld zu kommen, bietet Jörg Kachelmann noch während der Prozesspause sein Zwei-Zimmer-Appartement auf Hiddensee zum Verkauf an. «Die lichtdurchflutete Dachgeschoss-Maisonette-Wohnung mit Meerblick» wird auf der Homepage der Immobilienfirma des Bruders von Kachelmanns Medienanwalt Ralf Höcker angepriesen. Die knapp 80 Quadratmeter Wohnfläche auf der Ostseeinsel werden dort auch Monate später noch für 395 000 Euro angeboten.

Abbauen lassen musste Jörg Kachelmann auch die Wetterstation auf seinem Grundstück im Schwarzwald. Sein braunweißes Haus in Herrenschwand soll ebenfalls verkauft werden.

Dann dringt noch eine weitere Hiobsbotschaft nach Kanada. Eine Woche bevor der Prozess weitergeht, hat die Staatsanwaltschaft beantragt, eine Zeugin aus Zürich zu laden, von der zuvor nie die Rede war. Am 22. November 2010 schreibt Staatsanwalt Oltrogge, es sei davon auszugehen, dass die Schweizerin «mit dem Angeklagten in der Zeit vom Oktober 2009 bis kurz vor der angeklagten Tat eine Beziehung unterhalten hat und es bei einem intimen Zusammensein am 17.01.2010 zu gewalttätigen Übergriffen gekommen ist, in deren Folge die Zeugin mehrere Wochen arbeitsunfähig erkrankt war.» Von diesen Angaben stimmt zwar einiges nicht ganz, aber das wird sich erst später herausstellen. Im ersten Augenblick muss die Verteidigung fürchten, dass wegen dieser Sache auch ein Strafverfahren gegen ihren Mandanten in der Schweiz eröffnet worden ist. Jörg Kachelmann soll deswegen, um einer möglichen Verhaftung in seinem Heimatland zu entgehen, über Amsterdam zurück nach Europa reisen.

Reinhard Birkenstock wehrt sich gegen die Ladung der Zürcherin. Fünf Tage, bevor die große Prozesspause zu Ende geht, am 24. November 2010, schreibt er dem Gericht, die Zeugin sei als «völlig ungeeignetes Beweismittel» abzulehnen.

Am selben Tag schickt um 23.18 Uhr ein Karosseriebauer aus Norddeutschland eine E-Mail ab. «Sehr geehrter Herr Kachelmann», hat er geschrieben, «ich bin vor kurzem vom Landgericht Lüneburg von dem Vorwurf der Vergewaltigung freigesprochen worden, dank meines Verteidigers Johann Schwenn aus Hamburg.» So zumindest skizziert «Die Zeit» jenen Vorgang, der zum überraschenden Verteidigerwechsel beigetragen haben soll. «Ich verfolge Ihren Fall mit großem Interesse», zitiert die Hamburger Wochenzeitung weiter aus den Zeilen des Freigesprochenen, «und ich glaube, Sie sind nicht in besten Händen mit Ihrem Anwalt.»

Jörg Kachelmann hat im vergangenen dreiviertel Jahr Dutzende solcher und ähnlicher E-Mails und Briefe bekommen – auch von Rechtsanwälten. Sie haben einen schlechten Strafverteidiger, stand oft darin. Und: Ich weiß einen besseren. Nämlich diesen und jenen. Oder: Nämlich mich. Jörg Kachelmann ging nie auf solche Ratschläge von Bekannten und Unbekannten ein, und auch nicht auf die unter Juristen verpönte Eigenwerbung.

Doch nun ruft er den Karosseriebauer an, der von Johann Schwenn nach fünfeinhalb Jahren aus dem Gefängnis geholt worden war. Das Gespräch dauert laut «Zeit»-Autorin Sabine Rückert keine zehn Minuten. Am Schluss soll Kachelmann zum Karosseriebauer gesagt haben: «Sie sind schuld, wenn es nächste Woche einen Medienknall gibt.»

Am Tag darauf greift Jörg Kachelmann erneut zum Hörer. Er wählt die Nummer von Rechtsanwalt Johann Schwenn in Hamburg.

Doch wie soll er es den Birkenstocks sagen? Seine Entscheidung wird das Ehepaar kränken, das ihm in den vergangenen sieben Monaten so loyal zur Seite gestanden ist. Die Birkenstocks haben ihn, den Nomaden, nach der Freilassung und während des Prozesses sogar zeitweise bei sich wohnen lassen, in ihrem herrschaftlichen Haus am Kölner Rhein. Fast väterlich und mütterlich betreuten sie den 52-jährigen Angeklagten in all den schwierigen Monaten. Vielleicht sind sie ihm dabei zu nahe gekommen, werden Menschen sagen, die den Angeklagten und seinen Umgang mit Weggefährten lange kennen.

Wie soll er es ihnen sagen? Für Mitverteidiger Klaus Schroth, der bei Kachelmanns Freilassung eine prägende Rolle spielte, muss zunächst eine SMS reichen, für die Birkenstocks wohl auch. Allerdings hat Medienanwalt Ralf Höcker am Montag, den 29. November 2010, die Größe und vielleicht den schwierigen Auftrag, Reinhard Birkenstock persönlich aufzusuchen. Am Abend verschickt Birkenstock eine Pressemitteilung: Er sei «nicht mehr Verteidiger von Herrn Kachelmann». Höcker teilt mit, die Aufgabe habe Johann Schwenn übernommen.

Es gibt einen «Medienknall». Alle spekulieren, weshalb es zum Verteidigerwechsel gekommen ist. Thomas Franz, der sonst so schweigsame Anwalt von Sonja A., sagt gegenüber Journalisten einen seiner seltenen Sätze: «Vielleicht schätzt der Angeklagte seine Situation realistischer ein, als sie seine Verteidiger bisher darstellten, zumindest gegenüber der Öffentlichkeit.»

Viele erinnern sich aber auch an die Vorgeschichte: «Zeit»-Autorin Sabine Rückert hatte Reinhard Birkenstock bereits im Mai empfohlen, «einen Kollegen einzubinden, der Verfahren dieser Art gewachsen ist». Für sie gab es dafür vor allem einen: «Herrn Schwenn», mit dem sie eine Art publizistisch-juristische Zusammenarbeit pflegt. Birkenstock dachte nicht daran, darauf einzugehen, worauf Rückert prompt in ihrem Wochenblatt schrieb, wie schlecht Kachelmann doch verteidigt sei. Nachdem Johann Schwenn das prestigeträchtige Mandat übernommen hat, beteuert Reporterin Rückert, dass auch sie vom Verteidigerwechsel überrascht worden sei. Und Schwenn sagt: «Denken Sie nicht daran, dass ich etwas damit zu tun habe.» Deutschland liegt unter einer weißen Decke, als Reinhard Birkenstock Sabine Rückerts Geschichte von Kachelmann und dem Karosseriebauer vernimmt. Er sagt dazu nur: «Leise rieselt der Schnee.»

Im Tornado

«In feinstes Tuch gewandet, mit schneeweißen Krawatten ausstaffiert, entspringt er seinem Mercedes-Zweisitzer» – so hatte Sabine Rückert in der «Zeit» einst den Auftritt Johann Schwenns beschrieben. Und so, oder ähnlich, tritt Theaterliebhaber Schwenn jetzt in Mannheim auf, seinen Namen in den edlen Wintermantel eingestickt, manchmal mit roten Socken, immer gekleidet wie ein Gentleman.

Nicht so gentlemanlike sind seine Umgangsformen. Vom ersten Tag an scheint Johann Schwenn alles darauf anzulegen, seinem Ruf als «Quälgeist der Justiz» mit der «Lust am Duell, am Hauen und Stechen, am Kräftemessen, am Sport, am Sieg» (beides Zitate von Schwenn-Kennerin Rückert) gerecht zu werden. Diesen Ruf hat sich der kleingewachsene Silberhaarige hart erarbeitet – unter anderem als Rechtsvertreter des RAF-Terroristen Peter-Jürgen Boock, des Linksparteilers Gregor Gysi, des Vaters der Ex-Tennisspielerin Steffi Graf, des DDR-Spionagechefs Markus Wolf, des Liedermachers Wolf Biermann oder des gestrauchelten Radrennfahrers Jan Ullrich. Nun gesellt sich zu den so unterschiedlichen Charakteren auf der Mandantenliste Jörg Kachelmann. Johann Schwenn hatte etwas geleistet, um zu seinem neuen Mandanten zu kommen. Wie durch Zufall erschien just in den Tagen, in denen der 63-Jährige in Kachelmanns Dienste trat, im Magazin «Cicero» ein Essay zum juristischen Umgang mit sexuellem Missbrauch, der «Pest unserer Tage». Die Zeilen, verfasst von einem Johann Schwenn, lesen sich wie ein Bewerbungsschreiben an den Meteomedia-Chef. Der Autor geißelt darin bereits ein erstes Mal die Mannheimer Staatsanwaltschaft für ihr «dilettantisches Herumermitteln».

Einen Tornado erleben wolle er, hat Jörg Kachelmann gern im Bekanntenkreis erzählt, als er noch ein angesehener TV-Moderator war. Jetzt sitzt ein Tornado in Person neben ihm. Schwenn ist berühmt und berüchtigt dafür, dass er loswirbelt, bevor eine Gerichtsverhandlung beginnt. Und dass er nicht mehr aufhört, selbst wenn das Urteil gesprochen ist.

Schlagfertigkeit ist sein Trumpf. Aber an seinem ersten Tag in Mannheim sticht er mit Schachtelsätzen, welche durchaus zitierbar sind, lässt man die zahlreichen «Ähhs» weg. Mit scharfen Worten, häufig nuschelnd vorgetragen, provoziert er die Gegenseite. «Mir erscheinen Sie», beginnt Johann Schwenn und blickt über seine randlose Brille zur Staatsanwaltschaft, «als Verfahrensbeteiligte, um nicht zu sagen Partei, die gemeinsam mit dem Haus Burda anstrebt, Herrn Kachelmann fertigzumachen.» Oberstaatsanwalt Gattner runzelt die Stirn, Staatsanwalt Oltrogge setzt ein «Der-soll-sagen-was-er-will»-Lächeln auf.

«Ich hatte nicht den Eindruck», sagt Thomas Franz, der Rechtsanwalt von Sonja A., «dass Birkenstock einen Schmusekurs gefahren ist.» Doch die Stimmung wird mit Schwenn gereizter. Der Jurist mit dem gesunden Selbstvertrauen raunzt sogar eine Zuschauerin an, die husten muss: «Nun reicht es aber.» Die ältere Frau, eine der treuen Kachelmann-Anhängerinnen im Publikum, errötet. Schwenn wirft Richterin Daniela Bültmann vor, «geradezu schmerzverzerrt dreinzublicken». Immer wieder droht er, der Revisionsspezialist, der Kammer mit höherer Instanz. Immer wieder mahnt er: «Das Gericht sollte auf der Hut sein!»

Kaum ein Prozesstag wird vergehen, ohne dass sich Schwenn über die angebliche Verschwörung zwischen der Staatsanwaltschaft und der Herausgeberin von «Focus» und «Bunte» auslässt. In seiner zweiten Woche in Diensten des Wettermanns verlangt er sogar, die Redaktionsräume der beiden Zeitschriften zu durchsuchen. «Focus» bezeichnet die angestrebte Beschlagnahmung interner Schriftstücke und Datenträger als «Ablenkungsmanöver». Die «Bunte» sieht das ähnlich. Deren Chefredakteurin versucht die Coming-outs der Ex-Partnerinnen Kachelmanns im Promi-Blatt zu rechtfertigen mit einem «überragenden öffentlichen Informationsinteresse, das gerade durch solche Interviews angemessen befriedigt werde.» Kaschiert als Frage behauptet Schwenn, der große alte Mann des Münchner Verlags, Hubert Burda, habe sich früher einmal beim Intendanten des Mitteldeutschen Rundfunks dafür stark gemacht, dass Jörg Kachelmann in seinem Sender vom Bildschirm verschwinde. Als Zeuge antwortet MDR-Fernsehdirektor Wolfgang Vietze, er habe noch nie von einer solchen Intervention gehört. Ein Burda-Verlagssprecher lässt aus Bayern verlauten: «Herr Schwenn kann von seinem Recht auf Narrenfreiheit Gebrauch machen, wenn er meint, dass es seinem Mandanten hilft.» Die Kammer lehnt die Durchsuchung der Redaktionen ab.

Johann Schwenn ist keiner, der laut wird, wenn er deutlich wird. Mit still vorgetragenen Provokationen schafft er es, dass andere in Mannheim die Nerven verlieren. Am 20. Verhandlungstag brüllt Richter Bock Staatsanwalt Oltrogge an, weil Oltrogge gerade Schwenn angebrüllt hat. «Es reicht!», weist Bock Oltrogge zurecht.

Jörg Kachelmann sitzt im Auge des Sturms und beobachtet, wie alles um ihn herum aufgewirbelt wird. Ein Lächeln verkneift er sich. Streitthema ist eine Nebensache, weit weg vom Tatvorwurf: Es geht um die Frage, wer dafür verantwortlich sein soll, dass Professor Brinkmann drei Monate zuvor intensiv durchsucht worden war, als er den Gerichtssaal das erste Mal betreten wollte.

Zwanzig Verhandlungstage später hat der Rechtsmediziner einen etwas anderen Auftritt, als er es sich damals bei Prozessauftakt vorgestellt hatte. Nie hätte Brinkmann erwartet, dass die Kammer ihn für befangen erklärt.

Nun, am 13. Dezember 2010, darf er im Status des sachverständigen Zeugen zumindest noch darlegen, mit welchem Ideenreichtum und Einsatz er sich im Fall Kachelmann an die Arbeit gemacht hat. Seine Experimente würden eine gute Grundlage geben für das Drehbuch einer Forensiker-Fernsehserie wie CSI. Brinkmann ließ wenig unversucht, um die Verletzungen von Sonja A. zu imitieren. Oder andersherum: Um zu zeigen, dass die Schürfung am Hals, die

Schnitte an Arm, Bein und Bauch und die Hämatome nicht so entstanden sein können, wie die Anzeigeerstatterin es behauptet.

Die Verteidigung hatte keinen Aufwand gescheut, um Brinkmann dabei zu unterstützen. Das Tramontina-Messer aus dem Küchenset von Sonja A. war in Deutschland nicht lieferbar. Noch-Verteidiger Reinhard Birkenstock ließ eines aus den USA einfliegen. Damit ging Brinkmann zu einem Messerschleifer, der die gleichen drei Zacken entfernte wie bei der angeblichen Tatwaffe.

Damit versuchte er sich ein ähnliches Verletzungsmuster beizufügen, wie Sonja A. am Hals aufgewiesen hatte. Brinkmann drückte sich die stumpfe Seite der Klinge in den Arm und auch die scharfe, er kratzte und schabte – «ohne Erfolg», wie er sagt: Es hätten sich keine Schürfungen wie bei Sonja A. gezeigt.

Für den Fall Kachelmann beauftragte Brinkmann auch ein Ingenieurbüro: Er ließ sich einen Apparat bauen, in dem er den schwarzen Plastikgriff des Messers aus den USA einspannen konnte, um Druck in verschiedenen Stärken zu simulieren. Brinkmann schraubte das Messer mit vier Muttern waagrecht fest, die Maschine presste ihm die stumpfe Seite der Klinge in die Innenseite des Arms. Sofort tat es, so erinnert sich der sachverständige Zeuge, «fürchterlich weh». Trotz des Schmerzes wiederholte er das Experiment mehrfach, an Bizeps und Unterarm, er steigerte den Druck noch. Die Spuren, Rötungen der Haut, waren nach drei, vier Stunden verschwunden. Bei Sonja A. war die Kratzverletzung am Hals auch bei einer Kontrolluntersuchung nach zwei Tagen noch deutlich zu sehen gewesen.

Auf einem der Fotos seiner Experimente, die Brinkmann dem Gericht nun zeigt, sieht er aus, als läge er unter eine Guillotine. Die obersten Knöpfe seines weißes Hemds – oder ist es ein Arztkittel? – sind offen, seine Augen sind geschlossen. Direkt über dem Hals, oberhalb des Kehlkopfs des weißhaarigen Gelehrten, ist das Messer waagrecht in den Apparat eingespannt. Die Klinge ist sicherheitshalber in einen dünnen Karton eingepackt.

Der 71-Jährige erklärt nun, wie einer seiner Mitarbeiter die Maschine über ihm startete. Das Messer presste sich in den Hals. Der Mitarbeiter erhöhte den Druck. Bei 3,3 Kilogramm Belastung schnürte es Brinkmann den Atem ab. Der Mitarbeiter brach das Experiment ab. Fünf weitere Probanden ließen das gleiche Prozedere über sich ergehen. Sie mussten ebenfalls nach wenigen Sekunden Druck auf den Hals aufgeben. Bei niemandem entstanden länger sichtbare Verletzungen.

Brinkmann berichtet im Mannheimer Landgericht auch von seinen «Faustschlagexperimenten»: Er zog sich Stoffhandschuhe an, tunkte seine Fäuste in blaue Farbe und boxte sich damit gegen die Oberschenkel. Es bildeten sich Flecken, die in der Form den Hämatomen an den Oberschenkeln von Sonja A. ähneln. Ihre Beinverletzungen, so mutmaßt Sonja A. aber, seien am ehesten entstanden, weil Jörg Kachelmann auf ihr gekniet habe. Brinkmann versuchte auch dies nachzustellen, malte seine Knie blau an, und drückte sie gegen einen zusammengerollten Arztkittel. Es bildeten sich Farbkreise, deren Form sich in den Augen Brinkmanns stark von den Hämatomen bei Sonja A. unterscheiden.

Wenn Rechtsmediziner auf die populären TV-Serien über ihren Berufsstand angesprochen werden, behaupten sie gern, vieles sei nicht realitätsgetreu und übertrieben. Im Spezialfall Kachelmann jedoch verdichtet sich der Eindruck, die Fernsehrealität sei untertrieben. Jeder Forensiker scheint den anderen an Einfallsreichtum und Eifer übertreffen zu wollen.

Angeregt durch Brinkmanns Ausführungen fängt nun auch Rainer Mattern nochmals an zu experimentieren. Der einzige Rechtsmediziner, der auf der Seite der Verteidigung sitzt, hatte Sonja A. wenige Stunden und nochmals zwei Tage nach der mutmaßlichen Tat untersucht und das erste Gutachten im Fall Kachelmann geschrieben. Brinkmann machte in seinen Schriften keinen Hehl daraus, dass er von Matterns Expertise wenig hielt. Vor Gericht betonte er den Nachnamen des Heidelberger Kollegen und Konkurrenten konsequent falsch auf der ersten Silbe.

Staatsanwalt Oltrogge hingegen hat Mattern als «Uwe Seeler der Rechtsmedizin» bezeichnet – in Anlehnung an Birkenstocks «Beckenbauer» Brinkmann. Professor Mattern war zwar auch zu dem Schluss gekommen: «Alle Verletzungen sind durch Selbstbeibringung möglich.» Seine Schriftsätze deuten aber eher darauf hin, dass er eine andere Variante für wahrscheinlicher hält: dass sich «die Verletzungen mit dem geschilderten Tatgeschehen in Einklang bringen lassen».

Ein dreiviertel Jahr nach seiner ersten Untersuchung hat Mattern Sonja A. nochmals zu sich ins Institut gebeten. Er hat die Zeugin, wie er sagt, zu einem Versuch «überredet». «Ich muss bei allem mitmachen», habe Sonja A. erklärt, «sonst glaubt mir doch keiner.» Mattern wollte überprüfen, ob die Acht-Zentimeter-Klinge des Tramontina-Messers überhaupt zu ihrer Schürwunde passt.»

Mattern hat die angebliche Tatwaffe, das Original, auf seinem Schreibtisch bereitgelegt, nicht offen, etwas versteckt. Dann hat er das Messer genommen und der einen Kopf größeren Frau vor ihm waagrecht an die Halsmitte gehalten. Sonja A., so erzählt Mattern, ist «sofort in Tränen ausgebrochen, sie begann zu zittern, ihre Stimmlage kletterte in die Höhe». Mit wachen großen Augen verfolgt Jörg Kachelmann, wie Mattern sagt, dass er daraufhin seinen Versuch abgebrochen habe.

Mattern hat bei sich im Institut eine Mitarbeiterin gebeten, sich mit der stumpfen Seite des Tramontina-Messers am Hals zu schaben – so heftig, wie es sich ertragen lässt. Der Frau gelingt es laut Mattern, eine ähnliche Verletzung zu produzieren, wie er sie bei Sonja A. gesehen hatte. Allerdings ist auch die Schürfung der Mitarbeiterin schnell wieder verschwunden. «Mit dem Messerrücken können solche Befunde erzeugt werden», ist Mattern – im Gegensatz zu Brinkmann – überzeugt. «Man muss aber schon fest drücken.»

Jörg Kachelmann beschäftigt sich im Gerichtssaal immer öfter mit seinem iPad. Nach zehn Monaten Pause hat er wieder angefangen zu twittern: nicht über die Verhandlung oder über das Verfahren, sondern fürs Erste über das Wetter.

Mattern räumt ein, dass auch andere Werkzeuge für eine solche Halsverletzung in Frage kommen: Weniger ein Fingernagel, wie Brinkmann findet, aber eine Feile oder vielleicht eine Kordel, wie andere Rechtsmediziner vermuten.

Um Weihnachten 2010 herum bestreicht auch Rainer Mattern seine Kniescheiben mit blauer Fingerfarbe. Seine Ehefrau liegt bereit. Er drückt ihr mit den bemalten Knien die Schenkel auseinander. Die blauen Abdrücke, die so an ihren Beinen entstehen, schauen – so findet Mattern – den Hämatomen von Sonja A. «entfernt ähnlich».

* Mehrfach stößt der 65-Jährige seiner Gattin mit seinen Knien zwischen die aneinander gepressten Oberschenkel. Bis es schmerzt und er aufhören muss. Im Gericht wird der Sachverständige mit Scheitel und schnatternder Stimme erklären: «Ich durfte nicht so heftig drücken, wie es vielleicht notwendig gewesen wäre.» Es entstehen keine Blutunterlaufungen.

Jörg Kachelmann verschickt Twitter-Nachrichten am laufenden Meter. Am Tag vor Matterns Auftritt als Gutachter ging seine 44. Kurzbotschaft innerhalb einer Woche raus. «Nicht wundern, wenn es bei der Wetterlage in der Nähe von Industriegebieten aus dem Hochnebel schneit», hat er doziert. «Das ist Industrieschnee, sehr örtlich.»

«Ich kann weder nachweisen, dass der Angeklagte die Verletzungen bei der Nebenklägerin beigebracht hat», so lautet Matterns Fazit aus eineinhalb Tagen Befragung, «noch kann ich nachweisen, dass sie sich die Verletzungen selbst beigebracht hat.» In Mannheim fällt Industrieschnee.

Am nächsten Prozesstag gibt es, wieder einmal, großes Theater. Als ginge es nicht um ein menschliches und strafrechtliches Drama, bekommt das Publikum im Saal 1 des Mannheimer Landgerichts eine Tragikkomödie geboten. Die weibliche Hauptrolle übernimmt Alice Schwarzer. Das Gericht verweist sie des Saales. Schwarzer erhebt sich von ihrem Pressesitz, vor dem der Aufkleber «Bild TV» klebt. Sie trägt einen Designer-Pulli aus Paris mit – darauf wird sie Wert legen – «asymmetrischem Lochmuster», sie lächelt und schüttelt gleichzeitig den Kopf, sagt «Ui» und «Donnerwetter» und «Das nimmt ja Formen an» und zieht von dannen. Der Vorsitzende Richter hat die Kachelmann-Kolumnistin rausgeschickt, weil Verteidiger Schwenn Schwarzer als Zeugin benannt hat.

Und so muss Alice Schwarzer, die ohnehin eher selten im Saal anwesend ist, vorerst draußen bleiben. Vor Prozessauftakt hatte sie den Angeklagten belehrt: «Auch nette Männer vergewaltigen manchmal, Kollege Kachelmann.» Von dieser Maxime scheint sie sich leiten zu lassen in ihren wöchentlichen «Bild»-Meinungstexten. Vor Gericht soll sie aber nicht davon erzählen, sondern von ihren Kontakten zu Sonja A. und zum Therapeuten Günter Seidler. Johann Schwenn, so meint ein «Bild»-Jurist dazu, «fantasiert ein Medien-Komplott herbei.»

All das trägt wenig zur Klärung dessen bei, was am frühen 9. Februar 2010 in der Schwetzinger Dachwohnung geschah. Aber die Zuschauerreihen sind gut besetzt, als Alice Schwarzer exakt ein Jahr danach, am 9. Februar 2010, in den Zeugenstand tritt. Die meistangeguckte Zeitung im deutschen Sprachraum wirbt an diesem Tag auf der Titelseite mit der Schlagzeile «So sexy war BILD noch nie». Beigelegt ist ein zweiseitiges Poster mit Barbusigen.

Die bekannteste Frauenrechtlerin im deutschen Sprachraum schaut Jörg Kachelmann lange und ernst an.

Um 15.12 Uhr fragt der Vorsitzende Richter: «Was machen Sie beruflich?»

Es kommt die erwartete Antwort: «Journalistin.» Alter? «68.»

«Verwandt oder verschwägert mit dem Angeklagten?»

«Mit wem?»

«Mit dem Angeklagten?»

«Nein.»

Dann beruft sich Schwarzer auf ihr Recht als Journalistin, die Aussage zu verweigern. Nach drei Minuten wird sie als Zeugin entlassen. In ihrer nächsten Kolumne hat sie Exklusivinformationen: «Im Zeugen-Raum 18 gibt es Kuscheltiere.»

Die Kammer kann sich wieder wesentlicheren Dingen zuwenden. «Es ist sicher nicht verkehrt, dass hier noch weitere Rechtsmediziner sitzen», hat schon am Morgen Rainer Mattern gesagt. Unmittelbar vor und nach Alice Schwarzers Kurzauftritt sind seine Professorenkollegen an der Reihe. Markus Rothschild aus Köln und Klaus Püschel aus Hamburg, beide von der Verteidigung eingebracht, betonen vor allem eines: Es kann nicht so gewesen sein, wie Sonja A. es erzählt.

Die Hauptbelastungszeugin hat sich stets nur vage erinnern können oder wollen, wie ihre Verletzungen entstanden sind. Somit fehlen der Rechtsmedizin die «Anknüpfungstatsachen». Sonja A. hat kaum etwas geschildert, was sich medizinisch nachprüfen ließe. Das Gericht fragt aber immer wieder nach Varianten, die sich nicht aus der oberflächlichen Darstellung der angeblichen Tat in der tagelangen Aussage ergeben.

Zwar ist für die beiden Institutsleiter denkbar, dass die Halsverletzung von Sonja A. von einem Messer stammt. Rothschild zeigte sich verwundert darüber, dass durch das angeblich dauernde Andrücken der Klinge vor und während der Vergewaltigung nur eine Schürfung von zwei Zentimeter Breite entstanden sein soll. «Warum landet das Messer immer wieder an derselben Stelle, warum nicht mal deutlich drüber oder drunter?»

Kaum vorstellbar ist für Rothschild wie Püschel, dass Jörg Kachelmanns Knie die Hämatome an den Oberschenkeln von Sonja A. verursacht haben. «Was suchen die Knie eines 1,90 Meter großen Mannes», fragt Rothschild, «oberhalb der Knie einer 1,70 Meter großen Frau?» Oberstaatsanwalt Gattner erinnert ihn daran, er habe in seinem ersten Gutachten festgehalten, die Verletzungen seien «für eine Selbstbeschädigung äußerst ungewöhnlich». Rothschild sagt, das sei korrekt. Die «stumpfe Gewalt», die auf die Oberschenkel eingewirkt haben müsse, lasse «eher an Fremdbeibringung denken.»

Am deutlichsten werden die Sachverständigen, die auf der Seite Kachelmanns sitzen, bei den Schnittverletzungen. Sonja A. war mit je einem Schnitt am Bauch, an einem Arm und einem Bein zur Polizei gekommen. Wie die Hämatome an den Oberschenkeln will sie einen Teil dieser Verletzungen erst in Gegenwart von Professor Mattern bemerkt haben.

Für Klaus Püschel sind ihre Schnitte «zum Teil eindeutig nachgezeichnet». Typisch für solche Ritzungen sei, dass sie oberflächlich und völlig ungefährlich seien. «Das Muster», so schließt er, «spricht ganz eindeutig für Selbstbeschädigung.» Er sähe «viele Anhaltspunkte für Manipulation».

Zurück in der Vergangenheit

«Füdlichalt» werde es in den nächsten Tagen, prophezeit am 21. Januar 2011 eine bekannte Stimme in Schaffhauser Mundart. Jörg Kachelmann ist zum ersten Mal seit langer Zeit öffentlich zu hören. Nach fast einem Jahr gibt er sein Comeback als Wetterexperte – nicht für die ARD, sondern beim kleinen Radio Basel. Beim Privatsender seines treuen Freundes Christian Heeb darf er freitagmittags das «Wochenendwetter» ansagen und auch den schweizerischen Ausdruck für «arschkalt» verwenden.

«Arschkalt» ist es am 14. Februar 2011 in Mannheim, als eine Schar lokaler Justizvertreter eine ihrer seltenen Dienstreisen ins Ausland antritt. «Füdlichalt» ist es am nächsten Tag, kurz nach 9 Uhr, als dieselben acht Deutschen einen Zebrastreifen im Zürcher Kreis 4 überqueren. Auf dem Bürgersteig zieht das Grüppchen im Gänsemarsch seine Rollköfferchen für den Zwei-Tage-Trip hinter sich her. Im Gepäck finden sich auch Akten mit dem Zeichen 404 Js 3608/10.

Vorne zieht der Vorsitzende Richter Michael Seidling mit einem Ersatzrichter los, ihnen dicht auf den Fersen sind zwei, die im Gerichtssaal Gegenspieler sind: der schweigsame Thomas Franz, der Anwalt von Sonja A., und Andrea Combé, die Pflichtverteidigerin Jörg Kachelmanns. Hinterher marschieren die Staatsanwälte und die übrigen Richter. Die Schöffen durften nicht mit in die Schweiz. Deswegen haben sie sich ernsthaft überlegt zu streiken.

Obwohl Ort und Zeit des Rechtshilfetermins hätten geheim bleiben sollen, wird die Gruppe bereits erwartet. Die «Bild»-Zeitung hat herausgefunden, wo und wann der Termin stattfindet, und gleich zwei Fotografen an die Limmat entsandt. Zwei Schweizer Kollegen sind ebenfalls mit Kameras anwesend. Eifrig lichten sie die «Kachelmann-Karawane» – so heißt es bald in der Online-Ausgabe von «Bild» – ab. Der Kanton Zürich ist mit einem Großaufgebot präsent: Ein Dutzend Polizisten in Uniform und in Zivil ist aufmarschiert und sichert heute das Gebäude an der Gartenhofstrasse 17 in Zürich, in dem die Staatsanwaltschaft einen Sitz hat.

Am Eingang stoppt die Polizei die Karawane. Ausweiskontrolle. «Da müssen wir jetzt durch», ruft einer aus der Schar mit Vorfreude in der Stimme. Er herrscht fast ein wenig Klassenfahrtstimmung. Kaum sind alle kontrolliert und drinnen, braust ein Volvo mit Appenzeller Kennzeichen heran. Am Steuer sitzt Jörg Kachelmann, Beifahrer ist Strafverteidiger Johann Schwenn. In Mannheim ist die Sitzordnung umgekehrt.

Alle sind angereist, um eine Frau zu hören, über die so viele Geschichten kursieren. Die Schweizer Zeugin habe verlangt, dass Jörg Kachelmann während ihrer Aussage eine dunkle Sonnenbrille aufsetzen müsse, damit sie seinen eisigen Blicken nicht ausgesetzt sei. So zumindest steht es am nächsten Tag in einer Zeitung aus Berlin. Die Staatsanwaltschaft Zürich, die die Befragung leitet, habe den Antrag gutgeheißen. Auch das schreibt das Blatt aus der Hauptstadt. Das Dumme daran: Es stimmt nicht. Denn so absurd geht es nicht einmal in diesem Kachelmann-Prozess zu. Die Berliner Redaktion hat einen Jux einer Internet-Satireseite ernst genommen und ungeprüft übernommen. Bereits einmal hatte eine Kölner Zeitung eine Scherz-Meldung zu Kachelmann als Wahrheit weitervermittelt: Eines der «Lausemädchen» plane zusammen mit einem Boulevardjournalisten, in Buchform über ihre Kamasutra-Erlebnisse mit dem Angeklagten auszupacken.

Am 15. Februar 2011 geht es in Zürich um alles andere als asiatische Liebeskunst. Es geht um etwas, was sich 13 Monate zuvor auf jenem Hügel der Stadt ereignet haben soll, auf dem die Zeugin Jolanda R. lebt. Zum angeblichen Vorfall in ihrer Wohnung soll sie heute hinter verschlossener Tür befragt werden. Jolanda R. ist bereits, ohne Sonnenbrille, durch die Tiefgarage in das Gebäude spaziert. Auf dem Gang, gegen den sie sich lange, aber erfolglos gewehrt hat, begleitet sie Valentin Landmann, ein stadtbekannter Zürcher

Anwalt, der gerne auch Personen aus dem Sexmilieu verteidigt. Am linken kleinen Finger trägt er einen Ring mit einem Totenkopf. Seine Mandantin hat in die Kameras gestrahlt an diesem grauen Tag. Sie kennt die Situation aus umgekehrter Perspektive: Als Fotografin muss sie auch manchmal Menschen auf ihrem Gang zur Justiz – wie es im Reporterjargon heißt – «abschießen».

Auf die Zürcher Zeugin waren die Ermittler spät gestoßen, weil sie es monatelang nicht schafften, eines der Handys des Angeklagten zu knacken. Jörg Kachelmann rückte den Pin-Code nicht heraus. «Vergessen» habe er ihn, hatte er nach seiner Verhaftung seinen früheren Anwalt ausrichten lassen.

Erst im Herbst 2010, als der Prozess schon lief, gelang es dem Kriminalistischen Institut des Bundeskriminalamts, wenigstens Teile des Speichers des Nokia E51 zu ergründen. Im gelöschten Bereich stießen die BKA-Tüftler auf Kachelmanns SMS-Austausch mit Frauen. Staatsanwalt Oltrogge hielt es nicht für notwendig, diese Kontakte alle zu überprüfen. Oberstaatsanwalt Oskar Gattner aber machte sich an die Arbeit. Am 28. September 2010 wählte er eine Schweizer Handynummer. Es meldete sich Jolanda R.

Nach dem Telefongespräch geschah fast zwei Monate lang nichts. Dann beantragte Staatsanwalt Lars-Torben Oltrogge, Jolanda R. als Zeugin nach Mannheim zu laden. Denn, so hielt er fest, «bei einem intimen Zusammensein» des Angeklagten und der Schweizerin sei es «zu gewalttätigen Übergriffen gekommen». In der Strafakte fand sich aber kein Vermerk, worüber Oberstaatsanwalt Gattner mit Jolanda R. gesprochen hatte. Erst eine Woche nach Oltrogges Antrag notierte sein Vorgesetzter, was ihm die Fotografin gesagt haben soll. Jörg Kachelmann sei am 17. Januar 2010 ihr gegenüber «für kurze Zeit ein anderer Mensch geworden», er sei «so anders geworden», «sein Blick habe gewechselt» und sie habe «Angst empfunden, wie sie sie vorher noch nie gehabt habe». Nur, so macht die Verteidigung publik, stimme es nicht damit überein, was die Zeugin in Zürich erzählt hat. Rechtsanwalt Schwenn sieht im ganzen Vorgang mit der Schweizer Zeugin auch ein Paradebeispiel dafür, wie die Staatsanwaltschaft mit ausgewählten Medien zusammenarbeitet.

Am 8. Dezember 2010 hätte Jolanda R. in Mannheim aussagen sollen. Wenige Tage davor hatte sie sich entschieden, nicht zu kommen. Unmittelbar nach ihrer Absage erschien im «Focus» ein Bericht über die bislang unbekannte «neue Zeugin gegen Kachelmann». Im Text nahm das mitanklagende Nachrichtenmagazin zuerst eine Standortbestimmung vor. Es schrieb, dass die Nebenklägerin Sonja A. «in ihrer mehrtägigen Aussage vor Gericht einen ziemlich überzeugenden Eindruck hinterlassen» habe und «dass es dem Juristentross des Angeklagten partout nicht gelingen will, die objektive Spurenlage (Messer, Verletzungen etc.) zu entwerten». Nun, wusste «Focus», sei im Umfeld des Angeklagten Panik ausgebrochen. «Wenn die Geschichte von Jolanda R. stimme und sich belegen lasse», hieß es, «wäre für Kachelmann und seine Anwälte Panik auch die einzige angemessene Reaktion.» «Focus» schilderte detailliert, was die Frau dem Oberstaatsanwalt am Telefon erzählt habe.

Es ging weiter wie so oft im Medienfall Kachelmann. Die «Bild»-Zeitung zog nach und titelte: «Brutalo-Sex: Neue Vorwürfe gegen Kachelmann» und «Wird ihm dieses Handy zum Verhängnis?» Im Bericht wurde auch Kachelmanns Medienanwalt Ralf Höcker zitiert: «Keiner der Vorwürfe ist wahr. Hinter der ‹Focus›-Berichterstattung steckt eine üble Kampagne des Hubert-Burda-Verlags.»

Jolanda R. ist keine klassische «Beziehungszeugin», keine eigentliche Parallelpartnerin Jörg Kachelmanns. Sie traf den Wettermann zweimal: Die erste Begegnung fand im Fotostudio für ihren Arbeitgeber statt, mit ihm vor und ihr hinter der Kamera. Der zweiten – an die sie sich ungern erinnert – misst die Staatsanwaltschaft Mannheim große Bedeutung zu, zumal sie nur drei Wochen vor der angeklagten angeblichen Vergewaltigung stattgefunden haben soll.

Am 15. Februar 2011 in Zürich sagt Jolanda R. acht Stunden lang aus. «Gesittet» sei es zu und her gegangen, wird ihr Anwalt Valentin Landmann danach erklären, trotz des einen oder anderen «verbalen

Schlagabtauschs». Ansonsten dringen keine Informationen über die Vernehmung nach draußen. Die Staatsanwaltschaft Zürich hat allen Beteiligten eine Schweigepflicht bis zur Urteilverkündung in Mannheim auferlegt. Es dauert aber keinen Tag, da findet die Online-Ausgabe des mitverteidigenden «Spiegel»: Die Schweizreise der Justiz habe «nicht das von der Staatsanwaltschaft erhoffte Ergebnis gebracht». Es habe sich herausgestellt, dass sich Jörg Kachelmann und die Fotografin beim Fotoshooting «gut verstanden und beim Abschied geküsst» hätten. «Dieser Annäherung Kachelmanns, die sie angeblich nicht beabsichtigt hatte, habe sie sich nicht widersetzt.» Zu weiteren Treffen, so schreibt «Spiegel online», sei es nicht gekommen. Sein Fazit: «Außer Spesen nichts gewesen.»

Zwei Wochen später erfolgt der publizistische Gegenschlag: «Focus» berichtet, «was die Zeugin erzählte» («eine unheimliche Episode»), «Bild am Sonntag» schreibt, was die «gefährliche Zeugin» ausgesagt haben soll («Jolanda R. soll über ihr Erlebnis schockiert gewesen sein»), und «Der Sonntag» aus der Schweiz titelt: «Kachelmann demütigte Schweizerin». Stimmen die detaillierten Berichte, hat die Online-Redaktion des «Spiegel» nicht nur vieles falsch dargestellt, sondern die Schilderung der Zeugin auch grob verharmlost. Die Kanzlei Höcker jedoch mahnt alle drei Blätter ab, weil sie «stigmatisierend» über das vermeintliche Sexualleben ihres Mandanten schrieben und so irreparablen Schaden anrichteten. Das Landgericht Köln verbietet zentrale Passagen aus den Artikeln.

Wenige Tage nach diesen negativen Berichten über ihn und Jolanda R. heiratet Jörg Kachelmann. Bald beginnt er über die Atomkatastrophe in Fukushima zu twittern. Per Kurzmitteilungen erhebt er Vorwürfe an die japanischen Behörden: «In Japan werden die entscheidenden Daten zensiert.» Kachelmann referiert, wie viel Strahlung ein Mensch «auf die Mütze kriegen» kann, ohne daran Schaden zu nehmen. Und er warnt: «Regenschauer in der verstrahlten Region, was zu regional extrem erhöhten Radioaktivitätswerten führen wird.»

Vieles scheint wie vor 25 Jahren, als er, der Journalist gewordene Umweltschützer, für den «SonntagsBlick» schrieb: «Also doch! Verstrahlte Milch landete in Rahm und Butter» und «Mehr Krebs! So verändert Tschernobyl unser Leben». Der Frischverheiratete macht auch in Deutschland wieder Radiowetter: für den Privatsender «Primavera» in Aschaffenburg. Jörg Kachelmann ist zurück in der Vergangenheit.

Im Namen des Volkes

Plötzlich ist sie wieder da. Um 9.02 Uhr am 18. Mai 2011 betritt sie den Saal 1 des Mannheimer Landgerichts, in schwarzer Bluse, lilafarbener Hose und schwarzen Turnschuhen, mit ernster Miene, ohne Halstuch. Alle Blicke sind auf sie gerichtet.

Er war kurz durch die gegenüberliegende Seitentür verschwunden. Nun taucht er wieder auf, das Haar kürzer als in den ersten zähen Verhandlungsmonaten, «Konfirmandenschnitt» werden sie schreiben, dezent dunkelblau ist der Anzug. Einen knappen ernsten Blick nur wirft er zu ihr hinüber.

41 Tage lang hat die 5. Große Strafkammer des Mannheimer Landgerichts herauszufinden versucht, was zwischen den Beiden vorgefallen ist, ganz früh am 9. Februar des Vorjahres. Zwei Sitzungen bleiben, dann müssen die drei Berufsrichter und die beiden Schöffen urteilen. Die vier Männer und die eine Frau, die nun eintreten, beneidet niemand. Nach über acht Monaten Hauptverhandlung steht noch immer Aussage gegen Aussage, Indizien gibt es einige, in die eine und in die andere Richtung, eigentliche Beweise fehlen. 15 Monate haben Polizei, Staatsanwaltschaft und Richter mit enormem Aufwand abgeklärt, wie es gewesen sein könnte. Bei kaum einem Vergewaltigungsvorwurf in der Geschichte der Bundesrepublik ist so intensiv ermittelt worden. Doch die Wahrheit über die Nacht von Schwetzingen kennen noch immer nur zwei Personen. Und beide haben nicht die Wahrheit über die letzten gemeinsamen Stunden gesagt.

Nun schaut sie aus den Augenwinkeln zu ihm. Vielleicht sieht sie den goldenen Ehering an seiner linken Hand. Einen ähnlichen hatte er früher jeweils getragen, wenn er sie traf. Eingraviert stand «Sonja».

Die Lügen der Sonja A. kennt mittlerweile jeder Zeitungsleser in Deutschland und in der Schweiz. Doch auch Jörg Kachelmann hat in seiner einzigen Aussage nicht alles richtig dargestellt – das offenbart nun das letzte Duell im vollbesetzten Gerichtssaal 1, hart, aber fair ausgetragen, zwischen Staatsanwalt Lars-Torben Oltrogge und Pflichtverteidigerin Andrea Combé.

Als Erster erhebt er sich zu seinem Plädoyer, sie wird eine Woche später erwidern. Oltrogge erklärt, weshalb er nur wenig von dem glaubt, was der Wettermoderator 14 Monate zuvor beim Haftrichter diktiert hatte. Die einzigen Angaben des Angeklagten zum Vorwurf seien «in wesentlichen Punkten falsch» gewesen. Dies fange an bei Jörg Kachelmanns Schilderung, wie Sonja A. ihn zum letzten Mal empfangen habe. Dafür habe der Angeklagte, so spekuliert Oltrogge, vielleicht eine literarische Vorlage verwendet: den Roman «Ruf! Mich! An!» der Journalistin und Ex-Wettermoderatorin Else Buschheuer. Buschheuer hat in wenigen Zeilen eine ähnliche Szene geschildert wie Jörg Kachelmann im Amtsgericht: Ihre Hauptfigur wartet bei angelehnter Tür auf dem Bett liegend auf ihren Sexualpartner, der das so bestimmt hatte. Gemäß einer Zeugin, so sagt Oltrogge, soll Jörg Kachelmann an Buschheuers «Roman für stinknormale Großstädter» mitgearbeitet haben.

Doch was lässt sich daraus schließen? Eine solche Inszenierung ist damals im Chat mit Sonja A. nicht verabredet worden. Das ausgemachte Programm für die Stunden um Mitternacht hat laut Staatsanwaltschaft darin bestanden, die Nudeln, bereits «vorgekocht», zu essen und dann die «Hauptaufgabe» zu erledigen.

Die Verteidigung wird die entscheidenden Zeilen im nicht eindeutigen Onlinedialog zwischen Jörg Kachelmann und Sonja A. – wie fast alles – genau umgekehrt deuten: zuerst Sex, dann Nudeln. Und dann Streit, dann Trennung, alles ohne Zwang, ohne Gewalt.

Jörg Kachelmann hatte in seiner einzigen Einvernahme beteuert, er habe Sonja A. in jener Nacht nur eine einzige Parallelbeziehung gestanden. Woher aber, wenn nicht von ihm, wussten die Radiomoderatorin und ihre Eltern bereits Stunden oder Tage später bei der Polizei von mehreren?

Pflichtverteidigerin Andrea Combé mutmaßt, dass ihr Mandant im Amtsgericht in diesem Punkt nicht die ganze Wahrheit gesagt haben könnte – und sie liefert eine Begründung: Als öffentliche Person sei Jörg Kachelmann selbst im Verhör auf sein Image bedacht gewesen. Das erwähnt die Rechtsanwältin aus Heidelberg zwar nur als Variante und nur am Rande. Spinnt man ihren Gedanken aber weiter, könnte es sein, dass Jörg Kachelmann, besorgt um seinen Ruf, sich unglaubwürdiger machte, als er es war. Hat er sich gar seine 132 Tage Untersuchungshaft zum Teil selbst zuzuschreiben?

Solchen Fragen stellt sich die Verteidigung in ihren Plädoyers nicht. Eingehender widmet sie sich den falschen Angaben von Sonja A.: Weshalb, möchte Combé wissen, hat die Anzeigeerstatterin bei den Flugticket-Kopien und dem angeblich anonymen Begleitschreiben «Er schläft mit ihr!» auch ihre Eltern angelogen? «Vielleicht deshalb», fragt die Anwältin rhetorisch, «weil sie ihre Lüge über Zeugenaussagen lancieren will?»

«Die Staatsanwaltschaft ist nicht so blöd, nicht zu erkennen», erklärt Lars-Torben Oltrogge, «dass die Nebenklägerin in vielen Punkten gelogen hat.» Sonja A., mit dem Rücken zum Publikum, atmet schwer, als der Ankläger direkt neben ihr fortfährt: «Diese Lügen sind mit einer gewissen Beharrlichkeit erfolgt.» Man müsse aber, findet Oltrogge, «diese Frage losgelöst von der Frage nach dem Tatgeschehen bewerten.» Der Staatsanwalt nimmt es der Zeugin ab, dass sie den Begleitbrief einzig und allein mit der Absicht angefertigt habe, Jörg Kachelmann zur Rede zu stellen. Sonja A. hätte «unmissverständliche Argumente» gebraucht, denn sonst wäre der Angeklagte, wie in vergleichbaren Situationen zuvor, einer Diskussion ausgewichen. Er habe tatsächlich so reagiert wie erwartet, als sie ihm die Ticketkopien vorgehalten habe: mit der Behauptung, das seien Fälschungen, Geld könne man auch fälschen.

«Ein unverzeihlicher Fehler» seiner Mandantin, sagt Nebenklage-Vertreter Thomas Franz, sei es gewesen, die falsche Angabe bei den Ermittlern aufrechtzuerhalten. Die Verteidigung sieht dies ganz anders: «Kaltschnäuzigkeit» und «schauspielerisches Talent» habe Sonja A. bereits bewiesen, als sie unter dem falschen Namen Christina Brandner auf Facebook Lena G. kontaktierte, deren Name auf einem der Tickets gestanden hatte. «Sie räumte», betont Combé, «im Verfahren ihre Lügen erst ein, als die Beweislage schon erdrückend war.» «Einem Beschuldigten», sagt die Verteidigerin, «würde man bei einem solchen Verhalten eine hohe kriminelle Energie unterstellen.»

Auch die Staatsanwaltschaft hat erkennen müssen, dass Sonja A. «ihre Lügengeschichte aufrechterhalten hat» und «bei Bedarf korrigiert, ohne dabei offensichtlich unglaubwürdig zu erscheinen». Allerdings findet die Anklagebehörde: «Man kann nicht wegen Lügen in Teilbereichen den Stab über Frau A. brechen und sagen, dass man ihr in keinem Punkt glauben kann.»

Bis Prozessende bleibt das große Rätsel bestehen, wer letztlich mit den Flugschein-Kopien den Fall Kachelmann ausgelöst hat. Sonja A. hat stets beteuert, sie habe die Tickets in ihrem Briefkasten gefunden. Doch das nimmt ihr kaum jemand ab. Sogar die Staatsanwaltschaft zweifelt an der Version ihrer Hauptbelastungszeugin. «Es erscheint denkbar», erklärt Lars-Torben Oltrogge, «dass sie ihm vielleicht doch mal in die Taschen schaute und es uns nicht eingestehen wollte, um nicht noch schlechter dazustehen.» Für möglich hält es Oltrogge, dass ein unbekannter Dritter oder eine unbekannte Dritte

Sonja A. und Lena G., deren Name auf einem der Lufthansa-Tickets stand, gegeneinander ausspielen wollte.

«Völlig unplausibel» scheint der Verteidigung die Sache mit dem angeblichen anonymen Anruf, bei dem eine Männerstimme Sonja A. gefragt haben soll, ob sie Lena G. sei. Aus solchem Verhalten werde erneut ersichtlich, dass Sonja A. Lügengeschichten erfinde, um ihre Ziele zu erreichen. «Warum», merkt Combé an, «soll das bei der Vergewaltigungsgeschichte anders gewesen sein?»

Jörg Kachelmann sitzt kerzengerade da und fixiert seine Expartnerin. Sonja A. hat sich von ihm ab- und dem Staatsanwalt zugewendet und hört ihre eigenen Worte, die Lars-Torben Oltrogge verliest: «Er schob mich ins Schlafzimmer, warf mich aufs Bett.» Ab da, sagt Oltrogge über die Aussage von Sonja A., «bleibt sie statisch und oberflächlich, sie macht Rückschlüsse, vermag Fragen nicht mehr zu beantworten». Im Kern habe sie gesagt, dass sie sich nur am Anfang gewehrt habe, «sie habe das Gefühl des Messers am Hals gehabt, obwohl sie wisse, dass das nicht so gewesen sein kann».

Die Aussage zum «Kerngeschehen», findet Oltrogge, bleibe «dürftig». Rechtsanwalt Thomas Franz nimmt sich einen Fisherman's Friend, Sonja A. lehnt ab.

Die Anzeigeerstatterin habe bewusst spärliche Angaben gemacht, behauptet die Verteidigung, weil sie sich nicht in Widersprüche verstricken wollte. Die Staatsanwaltschaft liefert ein ganz anderes Erklärungsmodell: Kachelmanns Geständnis der vielen Parallelbeziehungen und die Todesdrohung hätten Sonja A. so schockiert, dass sie Teile der Vergewaltigung nicht im Gedächtnis gespeichert habe. Der «Wahrnehmungsfokus» des Opfers sei auf die Drohung mit dem Messer gerichtet gewesen. Deshalb habe Sonja A. auch nichts dazu sagen können, wie die großen und sicherlich sehr schmerzhaften Hämatome entstanden seien.

Die Verteidigung hält entgegen, es sei «unplausibel, dass sie den Schmerz nicht gefühlt haben will», denn von Schmerzen im Unterleib, der unverletzt blieb, habe sie berichtet. Combé verweist auf den Gutachter Hans-Ludwig Kröber, der ausgeführt hat, dass bedrohliche Momente sich im Gedächtnis eines Menschen einbrennen. Der Berliner Psychiatrieprofessor hätte die Exploration mit der Radiomoderatorin wie ein «Geschäftsgespräch» empfunden.

Sonja A. ballt die Fäuste.

Für die Staatsanwaltschaft passt es nicht zusammen, dass Sonja A. sich vorsätzlich selbst an den Beinen malträtiert hat, sich aber keine Geschichte ausdenkt, wie die Verletzungen entstanden sein könnten. Die Verteidigung verweist aber auf einen «abenteuerlichen Erklärungsversuch»: Sonja A. habe Rechtsmediziner Rainer Mattern gesagt, sie habe sich ihre Hämatome vielleicht beim Aufräumen, beim Anstoßen an einer Kante, zugefügt. Die Anzeigeerstatterin sei, so zeigt sich für Andrea Combé, fähig zu manipulieren. Sonja A. schüttelt langsam den Kopf, als sie das hört.

Die Staatsanwaltschaft kommt auf das mutmaßliche Tatmesser zu sprechen. An der Klinge fanden sich nur winzige Blutreste, am Griff eine «Mischspur» von Sonja A. und vermutlich von Jörg Kachelmann. Am Messerrücken und an der Spitze ließ sich kein Erbgut feststellen. «Kommt das Messer gleichwohl als Tatwerkzeug in Betracht?», fragt sich Lars-Torben Oltrogge und er antwortet: «Dann müsste ein Spurenverlust eingetreten sein.» «Die Rechtsmediziner» hätten «die Möglichkeit, dass die Halsverletzungen durch das Messer verursacht worden sind, bejaht.» Oltrogge hält es für ausgeschlossen, dass Sonja A. sich die Verletzung selbst mit dem Messer beigebracht hat: Dann hätte sie ihre Hemmschwelle und Schmerzgrenze massiv überschreiten müssen und sie hätte DNA-Spuren von sich am Messerrücken entfernen müssen. Für «sehr naheliegend» hält es Oltrogge, dass Jörg Kachelmann seine Tatwaffe bewusst oder unbewusst an der Bettdecke abgewischt hat.

Andrea Combé hingegen weist darauf hin, dass Sonja A. ausgesagt hatte, sie habe das Messer während des Geschlechtsverkehrs «immer» an ihrem Hals gespürt. Zuerst habe sie behauptet, es sei die Schneide gewesen, später war sie sich nicht mehr sicher. Combé schließt daraus, dass Sonja A. ihre Angaben den Ermittlungsergebnissen angepasst hat. Doch in jedem Fall, sagt die Strafverteidigerin, hätte bei so intensivem Kontakt mehr DNA von Kachelmann am Messer gefunden werden müssen. Die «Mischspur an der Nachweisgrenze» am Griff jedoch sei ein «Null-Befund».

Jörg Kachelmann fixiert Sonja A., sie blickt zu Boden.

Zum «Nachtatverhalten» eines Vergewaltigers passt für die Staatsanwaltschaft seine Schilderung der Hotelsuche. Der Beschuldigte hatte ausgesagt, bei einem ersten Hotel habe er «eine schwierige Parkplatzsituation vorgefunden, wo er sein Gepäck über eine weite Strecke hätte transportieren müssen». Deshalb sei er zum Holiday Inn beim Frankfurter Flughafen weitergefahren. Dort aber habe er kaum Gepäck mit aufs Zimmer genommen. «Dieses Problem hat sich gar nicht gestellt», folgert Oltrogge.

Ebenfalls verdächtig kommt ihm vor, wie Kachelmann am Mittag danach am Handy auf Jana B., die Försterin aus Norddeutschland, gewirkt habe: «komplett aufgelöst», was auf «eine außergewöhnliche Gemütslage» hindeute. Die Verteidigung stellt Jana B. als «eine sehr auffällige Persönlichkeit» dar, die ihrem Expartner nicht wohlgesinnt sei. Zum angeblichen Gespräch könne die Zeugin nur sagen, seine Stimme sei «auffällig» gewesen. Vielleicht aber sei Jörg Kachelmann kurz vor dem Abflug nach Kanada «emotional betroffen» gewesen, weil er nach dem Auffliegen seiner Mehrfachbeziehungen bei Sonja A. «Konsequenzen für seine öffentliche Reputation fürchtete».

«Vielleicht», mutmaßt Combé, «litt er auch selbst unter seinem promiskuitiven Lebenswandel.» Ihr Mandant habe damit rechnen müssen, dass sich Sonja A. mit Lena G. in Verbindung setze. Deshalb habe er «zu seinem bekannten Exkulpationsmechanismus» gegriffen: Kaum in Kanada teilte er Lena G. in Hamburg mit, es gehe ihm gar nicht gut. In der kryptischen E-Mail an den Fernsehdirektor des Mitteldeutschen Rundfunks sieht die Verteidigung ebenfalls kein Indiz für eine vorangegangene Tat: Ein älterer E-Mail-Verkehr mit einer MDR-Redakteurin zeige, dass Jörg Kachelmann sich schon länger entschieden habe, keine Talkshows mehr zu moderieren.

Bis zum Plädoyer der Staatsanwaltschaft blieb unbekannt, dass Jörg Kachelmann «vorsätzlich», so betont Oltrogge nun, alle empfangenen SMS – bis auf eine harmlose – aus vier bewegten Wochen gelöscht haben soll. Verschwunden sind auf seinem Nokia E51 auch alle Nachrichten von zwei besonderen Frauen: von Jolanda R. aus Zürich und von Sonja A. Fotografin Jolanda R. hatte ausgesagt, sie habe am 17. Januar 2010 ein «unschönes Zusammentreffen» mit Jörg Kachelmann gehabt. Sonja A. hatte ihrem Noch-Partner am 8. Februar um etwa 22 Uhr das letzte Mal geschrieben. Auf Jörg Kachelmanns Handy fehlen aber nicht nur ihre Nachrichten, sondern ausgerechnet alle SMS-Eingänge aus dem Zeitraum vom 16. Januar 2010 bis zum 12. Februar 2010. Hunderte älterer und neuerer SMS – auch solche verflossener Liebschaften – fanden sich jedoch im Speicher. Die Staatsanwaltschaft vermutet deshalb einen «Versuch des Angeklagten, gezielt Spuren zu beseitigen». «Dieses Argument», entgegnet Andrea Combé, «ist völlig verfehlt.» Eine Löschung des SMS-Speichers sei «von Zeit zu Zeit notwendig, weil sonst keine SMS mehr empfangen werden können».

Ebenso wie Jolanda R. haben laut Staatsanwaltschaft weitere Zeuginnen von «Grenzüberschreitungen» Jörg Kachelmanns berichtet: Försterin Jana B., die junge Saarländerin Eliane V. und die Berliner Zeugin erzählten von Erfahrungen mit dem Angeklagten, die «weder abgesprochen noch im Einvernehmen» geschehen seien. «Die vier herausgepickten Zeuginnen haben ihre Aussagen von Mal zu Mal dramatischer dargestellt», erwidert Andrea Combé. Sie seien «kein Beleg für sexuelle Grenzüberschreitungen – und selbst wenn es die gab, verbietet sich ein Rückschluss auf sein Verhalten in dieser Nacht». Die Verteidigung tritt der Interpretation der Staatsanwaltschaft entgegen, Jörg Kachelmann sei «eine von Macht und Dominanz geprägte Persönlichkeit» und ein Mensch, der bei Kontrollverlust in eine Krise stürze.

Besondere Bedeutung misst Staatsanwalt Oltrogge dem «warum. doc» zu. Die «tagebuchähnliche Datei» von Sonja A. stelle kaum eine Gedankenstütze einer Falschbeschuldigerin dar, denn die Verfasserin beschreibe offen ihre Feindseligkeit und wünsche sich Rache und Vergeltung. Für die Verteidigung offenbaren solche Stellen gerade, dass Sonja A. von «Rache und Hass» getrieben ist.

«Ich will mein Leben zurück», zitiert Oltrogge aus dem «warum. doc», «oder sterben.» Jörg Kachelmann blickt mitleidig zu Sonja A. Sie stützt nun ihren Kopf mit der rechten Hand und bedeckt ihr Gesicht vor ihrem vermeintlichen Peiniger.

«Mit dieser Zeugin», steht für Combé fest, «kann ein Tatnachweis nicht geführt werden.»

Um 15.34 Uhr am 18. Mai 2011 resümiert Oberstaatsanwalt Oskar Gattner: «Die gebotene Gesamtschau lässt keine vernünftigen Zweifel zu, dass sich der Angeklagte des Verbrechens der besonders schweren Vergewaltigung in Tateinheit mit gefährlicher Körperverletzung schuldig gemacht hat.»

Pflichtverteidigerin Andrea Combé kommt zu einem ganz anderen Schluss: «Die Beweisaufnahme hat ergeben», dass Sonja A. «Jörg Kachelmann bewusst falsch belastet hat». Im Gerichtssaal klatschen einzelne Zuschauer. Der Vorsitzende Richter Micheal Seidling unterbindet den Applaus. Beisitzer Joachim Bock sagt: «Wir sind hier nicht im Theater.» Ein Zuschauer entgegnet leise: «Doch.»

Das Strafmaß für schwere Vergewaltigung liegt bei fünf bis 15 Jahren. Doch die Anklagebehörde hält es für angebracht, Jörg Kachelmann eine Art «Medienrabatt» zu gewähren: Wegen seiner Prominenz sei der Wettermoderator in Untersuchungshaft, so führt Staatsanwalt Oltrogge aus, durch die Medien belästigt und diffamiert worden und er habe sein Privatleben verloren. Deshalb sei von einem «minderschweren Fall» und von einem Strafrahmen von einem bis zehn Jahren auszugehen. «Die Staatsanwaltschaft», sagt Lars-Torben Oltrogge und Jörg Kachelmann starrt in sein iPad, «hält vier Jahre und drei Monate Haft für tat- und schuldangemessen.»

Wahlverteidiger Johann Schwenn beantragt, Jörg Kachelmann freizusprechen und den Wettermoderator und dessen Gutachter zu entschädigen.

Richter Seidling fragt den Angeklagten, ob er das letzte Wort wünsche. Jörg Kachelmann antwortet: «Nein, danke.» Es klingt, als hätte freundlich ein Tasse Kaffee abgelehnt.

Der 31. Mai 2011 ist ein schwüler Tag. «Eine Kaltfront ist unterwegs», wird Jörg Kachelmann bald twittern. Um 9.06 Uhr, verkündet Michael Seidling «Im Namen des Volkes»: «Der Angeklagte Jörg Andreas Kachelmann wird freigesprochen.» Sonja A. senkt den Kopf. Jörg Kachelmann zeigt keine Regung. Zuschauer jubeln, sie jauchzen. Richter Seidling droht, den Saal räumen zu lassen.

«Der heutige Freispruch», betont er, nachdem Ruhe eingekehrt ist, «beruht nicht darauf, dass die Kammer von der Unschuld von Herrn Kachelmann und damit im Gegenzug von einer Falschbeschuldigung der Nebenklägerin überzeugt ist.» Es bestünden aber Zweifel daran, dass Jörg Kachelmann seine Expartnerin misshandelt hat. Deshalb sei er nach dem Grundsatz «in dubio pro reo» vom Vorwurf der schweren Vergewaltigung und der gefährlichen Körperverletzung freizusprechen.

Dann teilt das Gericht, das in den vergangenen Monaten viel einstecken musste, aus. Es kritisiert voreingenommene und pauschalisierende Medien und zahlreiche selbsternannte Kachelmann-Experten, die den Respekt vor der Justiz hätten vermissen lassen. Eine Spitze richtet sich gegen Johann Schwenn, der Kammer und Staatsanwaltschaft permanent angegriffen hatte: Die Verdachtsmomente hätten sich, so betont Michael Seidling, ohne Zutun des Hamburger Anwalts verflüchtigt. Tatsächlich hatte Schwenn weniger am Kurs geändert, den Reinhard Birkenstock eingeschlagen hatte, als die verbalen Attacken gegen seinen Vorgänger vermuten ließen. Die Gutachter, die Birkenstock organisiert hatte, übernahm er alle bis auf einen. Schwenn grinst breit, als er die richterliche Kritik vernimmt.

Sowohl die Anzeigeerstatterin als auch der Angeklagte haben nach Ansicht der 5. Großen Strafkammer im Verfahren «die Unwahrheit gesagt». In vielen Punkten schenkt das Gericht nicht Jörg Kachelmann, sondern – trotz «Brieflüge» – Sonja A. Glauben.

Der Wettermoderator habe «unwahre Angaben zum Kennenlernen» und zur elfjährigen Beziehung mit der Radiomoderatorin gemacht, in der er seine «manipulatorischen Fähigkeiten» immer wieder bewiesen habe. Falsch sind laut der Urteilsbegründung aber auch Angaben Jörg Kachelmanns zur letzten gemeinsamen Nacht: beispielsweise, dass Sonja A. in jener Nacht auf dem Bett und im Strickkleid auf ihn gewartet habe. Nicht ausschließen kann das Gericht jedoch, dass es dennoch zu einvernehmlichem Geschlechtsverkehr gekommen sei. Zum Streit um Mitternacht herum habe aber die Nebenklägerin und nicht Jörg Kachelmann die Wahrheit gesagt.

Offen bleibt für die Kammer, was danach passiert ist. Das Gericht sieht Anhaltspunkte dafür, dass Jörg Kachelmann die Dachwohnung «ohne strafbare Handlung» verlassen hat. Mit den Angaben von Sonja A. und ihren Verletzungen ließe sich kein Verdacht gegen ihn erhärten. Die Hämatome an den Oberschenkeln könnten Fremd- wie Selbstverletzungen sein. Die Kammer hält es für möglich, dass die Radiomoderatorin bei bereits bestehenden blauen Flecken nachgeholfen hat, um Jörg Kachelmann zu belasten. Noch eher scheint dies für die Richter bei den Kratzern der Fall zu sein, welche die «These der

Selbstbeibringung durch die Nebenklägerin» stützten. Diese Verletzungen seien «ein weiteres Mosaiksteinchen», das auf eine Manipulation durch Sonja A. hindeute. Eigentliche Beweisketten – in die eine oder andere Richtung – rissen aber immer wieder ab. «Sicherlich nicht fernliegend», aber auch «nicht zwingend» ist für das Gericht, dass Jörg Kachelmann gezielt SMS löschte, um Indizien zu beseitigen. Aber auch hier gibt es eine ebenfalls einleuchtende harmlosere Variante: Vielleicht habe Kachelmann nicht Hinweise auf eine Tat zum Verschwinden bringen wollen, sondern die Erinnerung an zwei Frauen.

«Zulasten des Angeklagten» wertet das Gericht, dass Sonja A. schnell Anzeige erstattete, obwohl sie sich bewusst sein musste, was medial auf sie zukommen würde. Oder dass sie zuerst den Namen des Beschuldigten nicht preisgeben wollte. Doch nichts davon ist, so schließt Seidling seine Begründung, für sich «gesehen geeignet, die Schuld oder gar die Unschuld des Angeklagten zu belegen».

Dann sagt der Richter noch etwas, was ihm am Herzen liegt: «Wir sind überzeugt, dass wir die juristisch richtige Entscheidung getroffen haben.» Sonja A. nimmt sich ein Taschentuch. Jörg Kachelmann wirkt wacher als zu Beginn der Urteilsverkündung. «Befriedigung verspüren wir dadurch jedoch nicht. Wir entlassen den Angeklagten und die Nebenklägerin mit einem möglicherweise nie mehr aus der Welt zu schaffenden Verdacht, ihn als potenziellen Vergewaltiger, sie als potenzielle rachsüchtige Lügnerin.» Im Saal ist es ganz still. «Wir entlassen den Angeklagten und die Nebenklägerin aber auch mit dem Gefühl, ihren jeweiligen Interessen durch unser Urteil nicht ausreichend gerecht geworden zu sein. Bedenken Sie, wenn Sie künftig über den Fall reden oder berichten, dass Herr Kachelmann möglicherweise die Tat nicht begangen hat und deshalb zu Unrecht als Rechtsbrecher vor Gericht stand. Bedenken Sie aber auch umgekehrt, dass Frau A. möglicherweise Opfer einer schweren Straftat war.»

Jörg Kachelmann verlässt als Erster den Saal 1. Sonja A. sitzt noch da und weint.

Nachwort

Der Vorhang in der unfreiwilligen Peepshow ist gefallen. Jörg Kachelmann hat das Gericht als freier Mensch, aber gezeichnet verlassen.

Er ist unschuldig – ohne Wenn und Aber.

Ein Verfahren wie es in Mannheim stattfand, ruiniert fast jeden Angeklagten – finanziell und psychisch. Ein mutmaßliches Opfer quält es. Die unsäglich lange Prozessdauer von neun Monaten und die penetrante Belästigung durch die Medien machen den Ausnahmefall Kachelmann zu einem Justiz- und Medienskandal, dem das Gericht mit seinem Urteil ein Ende zu setzen versuchte. Jörg Kachelmann und vielleicht auch die Frau, die ihn angezeigt hat, werden Getriebene bleiben. Die anonymen Diffamierungen in Kampfblogs im Internet, in deutscher Sprache in dieser Dimension unbekannt, werden weiter existieren, die Verschwörungsgeschichten nicht vergessen.

Deutsche Leitmedien, darunter die angesehensten und meistgekauften Zeitungen und Zeitschriften der Republik, begleiteten den Fall vielfach einseitig, manchmal faktenarm, immer meinungsstark und überraschend willfährig. Die Berichterstattung verkam allzu oft zur Selbstdarstellung. Die traditionellen Medien kämpften um die Wahrheit, statt dass sie versuchten, die Realität abzubilden und zu hinterfragen. Aus der Schlammschlacht gingen alle beschmutzt hervor – insbesondere Jörg Kachelmann, mit Promi-Malus, und Sonja A.

Das Ansehen der Medien und der Justiz hat gelitten. Der Mannheimer Strafverfolgung kann niemand vorwerfen, sie hätte die Wahrheitssuche nicht ernst genommen. Viel eher lässt sich die Kammer dafür kritisieren, dass sie es zu genau nahm. Die Richter ließen sich in dieser medial-juristischen Tragikkomödie vorführen. Vom öffentlichen Hochdruck waren sie überfordert – ebenso wie Staatsanwalt und Verteidigung. Lange Zeit agierte das Gericht umständlich und wenig souverän. Und belastete so die Betroffenen mehr, als es für die Urteilsfindung nötig war.

Die denkwürdige Justizepisode erregte in der Bundesrepublik Aufsehen wie kaum eine andere. Trotzdem scheint sich kaum jemand in Deutschland zu fragen, ob an einem Rechtssystem etwas faul ist, das einen solchen Monsterprozess nicht nur zulässt, sondern geradezu verlangt. Das juristische Unmittelbarkeitsprinzip, das es so in der Schweiz nicht gibt, macht es notwendig, dass fast jedes Untersuchungsschrittchen vor Gericht nochmals erläutert wird. So treten in der Hauptverhandlung unnütze Zeugen auf und manchmal wird mit dem Verlesen von Akten viel Zeit vertrödelt. Jeder im Gerichtssaal weiß, dass viele dieser Schritte nichts bringen, aber der Vollständigkeit halber wird alles nochmals durchgekaut. Ein Angeklagter muss den amtlich verlangten Korrektheitswahn über sich ergehen lassen, ein mutmaßliches Opfer ebenso.

Vielleicht liefert der Extremfall Kachelmann Anlass, ein Rechtssystem zu überdenken, das den Anforderungen des Medienzeitalters nicht mehr gewachsen ist. Dann würde aus der Peepshow, die Schaden in so vieler Menschen Leben angerichtet hat, immerhin ein Lehrstück.

Chronologie

8./9. Februar 2010: Die Nacht von Schwetzingen

9. Februar 2010: Kachelmann fliegt nach Kanada. Sonja A. zeigt ihn wegen Vergewaltigung an

20. März 2010: Kachelmann kehrt zurück und wird festgenommen

22. März 2010: Verteidigung: Vorwürfe sind frei erfunden

24. März 2010: Kachelmann im Amtsgericht: «Ich bin unschuldig»

15. Mai 2010: Sonja A. wird der «Brieflüge» überführt

19. Mai 2010: Staatsanwaltschaft Mannheim erhebt Anklage

1. Juli 2010: Landgericht lehnt Haftbeschwerde ab

9. Juli 2010: Landgericht eröffnet das Hauptverfahren

29. Juli 2010: Nach 132 Tagen U-Haft wird Kachelmann entlassen. Oberlandesgericht Karlsruhe gibt seiner Haftbeschwerde statt

6. September 2010: Prozessbeginn

18. Oktober 2010: Erste Vernehmung des mutmaßlichen Opfers

29. November 2010: Verteidigerwechsel von Birkenstock zu Schwenn

20. Dezember 2010: Gutachter: Messer ohne eindeutige DNA-Spuren

1. Februar 2011: Rechtsmediziner Mattern: Fremdverletzungen möglich

9. Februar 2011: Rechtsmediziner Rothschild und Püschel halten es für naheliegend, dass Sonja A. sich selbst verletzte

15. Februar 2011: Gericht reist zur Vernehmung einer Zeugin nach Zürich

5. Mai 2011: Gutachter: Kachelmann ist nicht psychisch beeinträchtigt

18. Mai 2011: Staatsanwaltschaft fordert 4 Jahre und 3 Monate Haft

24. Mai 2011: Verteidigung verlangt Freispruch

31. Mai 2011: Urteil: Freispruch «Im Zweifel für den Angeklagten»

Abbildungsnachweis

Seite 125: RDB/Marcel Studer
Seite 126, links oben: RDB/Christian Lanz
Seite 126, rechts oben: RDB/teutopress
Seite 126, unten: RDB/Thomas & Thomas
Seite 127: Dukas/Action Press
Seite 128, oben: Dukas/Action Press
Seite 128, unten: Keystone/DPA/Thomas Schulze
Seite 129, oben: People Image/Gisela Schober
Seite 129, unten: Dukas/Action Press
Seite 130: Getty Images/Alex Grimm
Seite 131, oben: Getty Images/Alex Grimm
Seite 131, unten: Keystone/EPA/DPA/Ronald Wittek
Seite 132: Keystone/AP/Thomas Lohnes